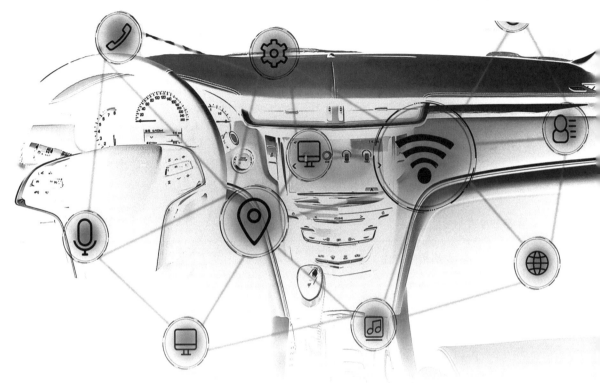

无人驾驶车辆理论与设计：
慕课版（第2版）

THEORY AND DESIGN OF
UNMANNED GROUND VEHICLES
(SECOND EDITION)

熊光明　龚建伟　陈慧岩 ◎ 主编

北京理工大学出版社
BEIJING INSTITUTE OF TECHNOLOGY PRESS

内 容 简 介

本书是《无人驾驶车辆理论与设计》一书的修订版，同时也是"无人驾驶车辆"慕课配套教材，慕课网址：http://www.icourse163.org/course/BIT-1207432808。

课程内容是北京理工大学智能车辆研究所在出版的系列教材和专著并参考国内外公开资料的基础上，针对初学者进行精心制作的。内容包括：无人驾驶车辆国内外发展历程、应用前景、体系结构，车辆底盘无人化改造，无人驾驶车辆电子电气架构及其硬件，环境感知，定位导航，决策与规划，运动控制，智能网联，无人驾驶车辆的设计与测试。

为了使初学者更好地理解和掌握基本知识，课程设置了丰富的案例，理论联系实际，尽量做到通俗易懂。

本书可作为高等院校车辆工程、交通工程、自动化、计算机等专业的参考教材；也可为各类对无人驾驶车辆感兴趣的人员提供入门参考。

版权专有　侵权必究

图书在版编目（CIP）数据

无人驾驶车辆理论与设计：慕课版 / 熊光明，龚建伟，陈慧岩主编. —2 版. —北京：北京理工大学出版社，2021.4（2024.3重印）

ISBN 978-7-5682-9559-8

Ⅰ. ①无… Ⅱ. ①熊…②龚…③陈… Ⅲ. ①汽车驾驶-无人驾驶-高等学校-教材 Ⅳ. ①U471.1

中国版本图书馆 CIP 数据核字（2021）第 029458 号

出版发行 / 北京理工大学出版社有限责任公司
社　　址 / 北京市海淀区中关村南大街 5 号
邮　　编 / 100081
电　　话 / （010）68914775（总编室）
　　　　　（010）82562903（教材售后服务热线）
　　　　　（010）68944723（其他图书服务热线）
网　　址 / http://www.bitpress.com.cn
经　　销 / 全国各地新华书店
印　　刷 / 廊坊市印艺阁数字科技有限公司
开　　本 / 787 毫米 × 1092 毫米　1/16
印　　张 / 16.25
彩　　插 / 6
字　　数 / 359 千字
版　　次 / 2021 年 4 月第 2 版　2024 年 3 月第 4 次印刷
定　　价 / 78.00 元

责任编辑 / 孙　澍
文案编辑 / 孙　澍
责任校对 / 周瑞红
责任印制 / 李志强

图书出现印装质量问题，请拨打售后服务热线，本社负责调换

第 2 版前言
PREFACE

本书是《无人驾驶车辆理论与设计》一书的修订版,全书立足无人驾驶技术的迅猛发展,致力培养优秀的车辆技术人才,服务国家新兴产业战略规划。据不完全统计,第 1 版已经被近 20 所高校作为教材连续使用。同时第 1 版也获得 2019 年第七届兵工高校精品教材和北京理工大学精品教材。

本书同时也是"无人驾驶车辆"慕课的配套教材。

2019 年 5 月,在北京理工大学教务部的大力支持下,无人驾驶车辆课程慕课建设项目入选"2019 年北京理工大学教育教学建设项目——信息技术与教育教学深度融合专项"项目支撑计划。6 月,课程组进行了广泛的调研,包括兄弟院校、汽车企业、互联网企业等。7 月、8 月,课程组在已经出版的系列教材和专著并参考国内外公开资料的基础上,针对初学者精心选材制作,按照慕课的要求对知识点进行了梳理、分解、碎片化整合等工作。9 月到 11 月,完成了视频录制、检查修改、补录重录以及网站建课等。

在慕课中,为了使初学者更好地理解和掌握基本知识,专门设置了一些案例,如激光雷达 V–REP 仿真示例、基于霍夫变换的车道线检测 Matlab 示例、基于 Haar + Adaboost 的 OpenCV 车辆检测实例、卡尔曼滤波 Matlab 示例、基于深度学习的 Stop 标志检测 Matlab 示例、视觉和毫米波雷达融合 Matlab 示例、动态窗口算法 ROS + V–REP 仿真示例、纯跟踪方法 Matlab + V–REP 仿真示例、Carsim + Matlab 联合仿真、Prescan + MATLAB 联合仿真。

2019 年 12 月,课程组制作的"无人驾驶车辆"慕课正式在中国大学 MOOC 网站上线。截至 2020 年 7 月底,已完成了春季和夏季 2 期的教学。很多在校生以及社会从业人员参加了本课程的学习。我们也收到了一些意见和建议,在此表示感谢。

"无人驾驶车辆"慕课由熊光明、龚建伟、陈慧岩统筹,课程组教师吕超、邱慧军、吴绍斌,实验室研究生陈晨、黄书昊、孙博帆、何刚、王羽纯、关海杰、于洋、廖俊博、韦家明、叶坤鸿等参加了部分内容的讨论、制作。

作为配套教材,本书汇编了慕课的主要内容,并在附录 A、B 中分别补充了激光雷达 VREP 仿真示例和纯跟踪方法 MATLAB + VREP 仿真示例的详细过程。在附录 C 中增加了 MATLAB 自动驾驶工具箱的一些案例。

本书的出版得到北京理工大学 2020 年"特立"系列教材、教学专著立项资助。本书部分成果来源于教育部产学合作协同育人项目"基于 MATLAB 自动驾驶工具箱的无人驾驶车辆课程建设（201901159001）"和"2020 年北京理工大学教育教学建设项目——信息技术与教育教学深度融合专项"（《无人驾驶车辆》MOOC 持续改进）。本书也参考了国内外公开发表的资料，在此向相关资料的作者表示感谢。

由于无人驾驶车辆技术在不断发展之中，加之作者水平和能力有限，书中不当之处，望广大读者批评指正。

编　者
2020 年 7 月

目 录
CONTENTS

第1章 绪论 … 001
1.1 发展历程 … 001
1.1.1 国外发展历程 … 001
1.1.2 国内发展历程 … 002
1.2 应用前景及体系结构 … 003
习题 … 006

第2章 车辆底盘无人化改造 … 007
2.1 转向系统无人化改造 … 008
2.1.1 液压助力转向系统 … 008
2.1.2 电控液压助力转向系统 … 009
2.1.3 电动助力转向系统 … 012
2.1.4 主动前轮转向系统 … 014
2.1.5 线控转向系统 … 015
2.2 油门无人化改造 … 016
2.2.1 机械式节气门系统 … 016
2.2.2 电子节气门系统 … 017
2.3 制动系统无人化改造 … 019
2.3.1 传统制动系统 … 019
2.3.2 线控制动系统 … 020
2.3.3 线控制动系统实例 … 022
2.4 案例介绍 … 027
习题 … 028

第3章　无人驾驶车辆电子电气架构及其硬件 029

3.1 环境感知常用传感器 029
3.1.1 激光雷达 029
3.1.2 毫米波雷达 035
3.1.3 车载相机 037
3.2 定位导航常用传感器 038
3.3 车载通信系统 039
3.3.1 无人驾驶车辆常用的通信方式 040
3.3.2 无人驾驶车辆常用设备所采用的通信方式 040
3.3.3 无人驾驶车辆常用的信号转换设备 041
3.3.4 以太网交换机 042
3.4 车载计算平台 043
3.5 车载供电系统 045
习题 047

第4章　传感器标定 048

4.1 相机标定 049
4.1.1 单目相机标定 049
4.1.2 双目相机标定 055
4.2 激光雷达标定 057
4.2.1 单线激光雷达的标定 057
4.2.2 多线激光雷达的标定 059
4.3 相机与激光雷达联合标定 060
习题 063

第5章　环境感知 064

5.1 基于相机的环境感知 064
5.1.1 图像预处理 064
5.1.2 车道线检测 067
5.1.3 车辆检测 074
5.2 卡尔曼滤波与状态估计 083
5.2.1 基本概念 083
5.2.2 Matlab 案例 085
5.3 基于激光雷达的环境感知 089
5.3.1 障碍物检测 089
5.3.2 激光雷达回波强度的应用 091

5.4 深度学习与目标检测 ··· 093
　5.4.1 概述 ··· 093
　5.4.2 深度学习基本知识 ··· 094
　5.4.3 STOP 标志检测 ··· 097
5.5 多传感器融合 ··· 103
　5.5.1 引言 ··· 103
　5.5.2 毫米波雷达与相机融合 ······································· 104
　5.5.3 激光雷达与相机融合 ··· 107
习题 ··· 110

第 6 章 无人驾驶车辆定位导航 ·· 111

6.1 基于 GPS 的定位 ·· 111
　6.1.1 GPS 定位基本原理 ··· 111
　6.1.2 GPS 定位特性 ··· 112
6.2 基于 GPS/DR 的组合定位 ·· 114
　6.2.1 航迹推算定位 ··· 114
　6.2.2 GPS/DR 组合方式 ··· 115
6.3 高精度地图 ··· 116
6.4 SLAM 技术 ··· 119
　6.4.1 激光雷达 SLAM ··· 119
　6.4.2 视觉 SLAM ··· 126
习题 ··· 128

第 7 章 无人驾驶车辆决策与规划 ·· 129

7.1 无人驾驶车辆行为决策 ··· 129
7.2 无人驾驶车辆路径规划 ··· 130
　7.2.1 环境地图表示方法 ··· 131
　7.2.2 基于搜索的路径规划算法 ····································· 133
　7.2.3 基于采样的路径规划算法 ····································· 139
7.3 无人驾驶车辆运动规划 ··· 143
习题 ··· 146

第 8 章 无人驾驶车辆运动控制 ·· 147

8.1 车辆模型 ··· 147
8.2 纯跟踪与 Stanley 算法 ·· 149
　8.2.1 纯跟踪算法 ··· 149
　8.2.2 Stanley 算法 ·· 150

8.3　PID 控制 ·········· 151

8.4　模型预测控制 ·········· 154

习题 ·········· 156

第 9 章　智能网联 ·········· 157

9.0　概述 ·········· 157

9.1　V2X 简介 ·········· 158

9.2　智能网联应用场景 ·········· 159

9.3　案例分析 ·········· 162

习题 ·········· 170

第 10 章　设计、测试与评估 ·········· 171

10.1　无人驾驶车辆设计方法 ·········· 171

10.2　仿真测试 ·········· 172

10.3　实车测试 ·········· 173

10.4　机遇与挑战 ·········· 175

习题 ·········· 176

附录 A　激光雷达 V-REP 仿真 ·········· 177

A.1　车辆模型 ·········· 177

A.2　激光雷达模型 ·········· 182

A.3　道路和交通标志模型 ·········· 183

A.4　行人模型 ·········· 184

A.5　仿真 ·········· 185

附录 B　纯跟踪控制仿真实验（Matlab + V-REP 联合仿真） ·········· 186

B.1　准备工作 ·········· 186

B.2　编写程序 ·········· 189

B.3　联合仿真 ·········· 193

B.4　绘制曲线 ·········· 194

附录 C　Matlab 自动驾驶工具箱案例介绍 ·········· 196

C.1　自动驾驶工具箱简介 ·········· 196

C.2　自动驾驶场景搭建 ·········· 197

C.3　路径规划案例 ·········· 221

C.4　路径跟踪案例 ·········· 227

参考文献 ·········· 245

第 1 章
绪　　论

无人驾驶从广义上可以分为地面、空中、水上及水下等多种形式。本课程针对的是地面无人驾驶车辆。

1984 年，美国国防高级研究计划局（The Defense Advanced Research Projects Agency，DARPA）发布了"星球大战"计划架构下的战略计划，该计划旨在将人工智能技术与超级计算机技术应用到军事领域中。自主地面车辆（Autonomous Land Vehicle，ALV）即是其中的重要组成部分，其目的一方面在于开发出能够在战场漫游并发现敌军部队或设备的陆地车辆，另一方面在于通过研发 ALV，促进人工智能技术、控制技术、计算机技术等学科的交叉与协作。作为上述 ALV 计划等的主要参与者，美国卡内基·梅隆大学（Carnegie Mellon University，CMU）的 NavLab（Navigation Laboratory）实验室先后开发了 NavLab 系列实验平台。Nitao 等人在其 1985 年发表的论文 "An Intelligent Pilot for an Autonomous Vehicle System" 中提到了一个重要概念——自主车辆（Autonomous Vehicle）。

根据 2011 年美国内华达州第 511 法案，"自主车辆"是指在没有人工干预的情况下，依靠人工智能、车载传感器和全球定位系统实现自动驾驶的机动车辆。2012 年加利福尼亚州参议院 1298 号法案指出，"自主车辆"是指使用计算机、传感器和其他技术和设备，使车辆在没有驾驶员的主动控制和连续监测下可以安全行驶的车辆。可以看出，无人驾驶是自主驾驶的一种表现形式，它具有整个道路环境中所有与车辆安全性相关的控制功能，不需要驾驶员对车辆实施控制。

40 年来，无人驾驶车辆技术取得了长足进步，本章简要介绍无人驾驶车辆国内外发展历程以及应用前景和体系结构。

1.1　发展历程

1.1.1　国外发展历程

下面以一些代表性的案例为例，介绍国外无人驾驶车辆的发展历程。

20 世纪 80 年代，美国卡内基·梅隆大学研发了 NavLab-1。其计算机系统由 Warp、Sun3、Sun4 组成，用于完成图像处理、图像理解、传感器信息融合、路径规划和车体控制；采用的传感器主要包括彩色摄像机、激光雷达、超声波传感器、陀螺、光码盘、GPS 等。NavLab-1 系统在典型结构化道路情况下运行速度为 28 km/h。

1987 年，美国"星球大战"计划中的"自主地面车辆"，基于视觉导航技术，在一条包括转弯、直线、宽度变化并有障碍物的道路上，平均速度 14.5 km/h，最高速度 21 km/h。

1992—2000 年，美国实施"Demo"计划，其中 Demo Ⅲ 在结构化道路上行驶速度为 65 km/h，在野外环境下为 35 km/h。

1997 年美国卡内基·梅隆大学研发的 NavLab-5，首次进行横穿美国大陆的长途自主驾驶试验，其自主驾驶行程为 4 496 km，占总行程的 98.1%。车辆的纵向控制由驾驶员完成，而车辆的横向则完全实现自动控制。

1998 年，意大利 Parma 大学研发的 ARGO 试验车，进行了 2 000 km 的道路试验，无人驾驶里程达到总里程的 94%。在试验中，ARGO 试验车的最高车速为 112 km/h。

2004 年，CMU 的 Sandstorm 无人驾驶车辆在 2004 年 Grand Challenge 比赛中自主行驶了 7.4 英里[①]，取得第一名。在 2005 年 Grand Challenge 比赛中，CMU 的 Sandstorm 和 Highlander 无人驾驶车辆分获第二名和第三名。2007 年，CMU 的 Boss 无人驾驶车辆在 Urban Challenge 比赛中夺得第一名，其平均速度为 22.53 km/h。

2010 年左右，谷歌开始研发无人驾驶车辆，一类是由有人驾驶车辆改装成的无人驾驶车辆，另一类是全新设计的、没有方向盘的无人驾驶车辆。

2011 年，美国内华达州第 511 号法案为无人驾驶汽车在内华达州内申领执照和驾驶要求提供了法律依据。

2013 年，奥迪、宝马、奔驰等国际知名汽车企业吹响了进军无人驾驶的号角，一些企业研发的无人驾驶汽车相继亮相。

2014 年，美国汽车工程师学会（Society of Automotive Engineers，SAE）制定了自动驾驶汽车分级标准，将自动驾驶分为驾驶辅助、部分自动驾驶、有条件自动驾驶、高度自动驾驶以及完全自动驾驶五个级别。

2017 年，美国众议院通过了美国首部自动驾驶汽车法案，奠定了联邦自动驾驶汽车监管的基本框架，表明联邦立法者开始认真对待自动驾驶汽车及其未来。也是从这一年开始，汽车科技成为国际消费类电子产品展览会展（CES）中的重要主题，众多企业推出无人驾驶原型车，象征着无人驾驶汽车是改变未来人们生活方式的重要部分。

美国交通部分别于 2017 年和 2018 年推出"自动驾驶系统 2.0：安全愿景"和"为未来的交通做准备：自动驾驶汽车 3.0"，为自动驾驶技术的安全和创新提供指导原则。

2020 年 1 月，美国发布"自动驾驶 4.0"计划，旨在确保美国在自动驾驶领域的技术领先地位。"自动驾驶 4.0"计划还提出了发展自动驾驶汽车的联邦原则，主要包括 3 个核心领域：优先考虑安全和保障、推动创新和确保一致的监管方法。实现自动驾驶的巨大潜力，需要行业合作伙伴、州和地方政府、学术界、非营利组织、标准制定组织和联邦政府之间的协作和信息共享。

1.1.2 国内发展历程

到目前为止，国内无人驾驶车辆的发展主要分为四个大的阶段。

第一个大的阶段，在"八五""九五"国家规划期间，也就是 20 世纪 90 年代，由南京理工大学、浙江大学、清华大学、国防科技大学和北京理工大学等单位联合研制出我国第一代、第二代无人驾驶车辆。

---

① 1 英里 = 1.609 344 千米。

第二个大的阶段，是自2009年以来，国家自然科学基金委员会联合相关单位举办的"中国智能车未来挑战赛"。该赛事举办十多年来，参赛单位除了包括上述参加中国第一代、第二代无人驾驶车辆研发的单位外，还有很多科研院所也参与进来，如西安交通大学、上海交通大学、武汉大学、湖南大学、中科院合肥物质科学研究院、军事交通学院、长安大学、北京联合大学等。该赛事极大地推动了我国无人驾驶技术的发展。

第三个大的阶段，自2013年以来，互联网企业，如百度、华为、阿里、腾讯等，车企，如上汽、一汽、宇通等，以及很多创业公司，纷纷开始无人驾驶车辆的研发和测试。

2015年以来，"中国制造2025"等一系列与无人驾驶相关的政策出台，进一步推动了我国无人驾驶技术的发展。可以看到，我国无人驾驶技术呈现出百花齐放、百家争鸣的发展态势。

2019年9月，中共中央、国务院印发了《交通强国建设纲要》，明确提出要"加强智能网联汽车（智能汽车、自动驾驶、车路协同）研发，形成自主可控的完整产业链"。2020年2月，国家11部委联合印发了《智能汽车创新发展战略》，对智能汽车进行了定义："通过搭载先进传感器等装置，运用人工智能等新技术，具有自动驾驶功能，逐步成为智能移动空间和应用终端的新一代汽车。智能汽车通常又称为智能网联汽车、自动驾驶汽车等。"并明确提出了以中国标准为特色的智能汽车发展方向与战略目标：到2025年，中国标准智能汽车的技术创新、产业生态、基础设施、法规标准、产品监管和网络安全体系基本形成；到2050年，中国标准智能汽车体系全面建成、更加完善，安全高效绿色文明的智能汽车强国愿景逐步实现。

1.2 应用前景及体系结构

1. 自动驾驶分级

2014年，美国汽车工程师学会将自动驾驶分为驾驶辅助、部分自动驾驶、有条件自动驾驶、高度自动驾驶以及完全自动驾驶五个级别。

L1辅助驾驶，车辆负责对方向盘和加减速中的一项操作，人类驾驶员负责其他驾驶动作。L2则是车辆负责对方向盘和加减速中的多项操作，人类驾驶员负责其他驾驶动作。L3是限制条件下的自动驾驶，驾驶员不需要持续监测但必须时刻处于可以随时恢复对汽车控制的位置，自动驾驶系统在一定的条件下可以控制汽车的纵向和横向驾驶任务。

L4是在一定条件下，汽车驾驶不需要驾驶员存在，自动驾驶系统控制着汽车的纵向和横向的驾驶任务。L5则是在所有工况行驶过程中不需要驾驶员存在，自动驾驶系统控制着汽车的纵向和横向驾驶任务。

从人的参与来看，L1是逐步释放手脚。L2全部释放手脚，但不释放注意力。L3是驾驶员必须响应接管请求。L4则驾驶员可以不响应接管请求。L5完全不需要人参与。

2016年9月，SAE对这套分级标准进行了修改，使自动驾驶汽车的分级更加细化。新版的分级标准充分考虑系统失效的可能性，并定义失效时的最小化风险路径，不同等级系统的特性很大程度上取决于它是否能提供这个路径，还是需要人类驾驶员的协助。其中做的主要修改是对动态驾驶任务（Dynamic Driving Task，DDT）的细节定义，如L2级除了要求自动驾驶车辆可以控制方向盘和加减速，还应能执行部分目标检测功能，并且 L3、L4 和 L5 级继续对这一功能进行了细化。L3 级要求在遇到紧急情况时，自动驾驶系统不能立即退出，应由系统的 DDT fallback-ready user 进行干预，给予驾驶员足够的时间来接管方向盘和制动踏板。L4 级要求在遇到系统故障时，自动驾驶汽车在自动召唤紧急援助之前，应通过打开危险闪光灯，操纵车辆行驶到路边并停车，以使风险降到最低。

2018 年 6 月，SAE 对此标准再次进行修改，进一步细化了每个分级的描述，并强调了防撞功能。此标准中同样提到了动态驾驶任务，并依据动态驾驶任务中各角色的任务分配情况和人类使用者与自动驾驶系统之间的响应来定义自动驾驶处于的级别，认为驾驶中有三个主要的参与者：用户、自动驾驶系统以及车辆其他系统和组件。L1 级、L2 级中人类驾驶员仍执行部分 DDT 任务，自动驾驶系统进行辅助；在 L3－L5 级中，当自动驾驶系统开启后，其完成整个 DDT 任务。在本次 SAE 标准中，诸如电子稳定控制和自动化紧急制动等主动安全系统以及其他某些类型的驾驶员辅助系统均不在此次自动驾驶分级的范围之内。此外，干预型主动安全系统在内的防撞功能可以包含在任何级别的配备自动驾驶系统的车辆中，例如，对于执行完整 DDT 的自动驾驶系统功能（即级别 L3－L5），防撞功能是自动驾驶系统功能不可或缺的一部分。

2020 年 3 月，工业和信息化部发布《汽车驾驶自动化分级》推荐性国家标准报批公示，该标准明确了我国汽车驾驶自动化系统的术语和分级定义、分级原则、要素、划分流程及判定方法，以及各等级的技术要求。

2. 无人驾驶与智能交通

交通事故频发是切实影响人们生活的重要问题，在汽车技术开发领域人们普遍认为，技术比人类更可靠，较完备的无人驾驶技术在交通安全方面有较大需求。无人驾驶汽车与车联网相结合，形成一个庞大的移动车联网络，再加上现有的智能交通系统提供的丰富的道路交通信息，反过来将形成更加智能的交通系统。其价值和意义在于：大幅提高公路的通行能力，大量减少公路交通堵塞、拥挤，降低汽车油耗。

车联网是指车与车（V2V）、车与路面基础设施（V2I）、车与人（V2P）、车与传感设备的交互，实现车辆与公众网络通信的动态移动通信系统。

无人驾驶与车联网结合有利于形成智能交通系统。智能交通系统能够为无人驾驶汽车提供先验信息，提高无人驾驶汽车的识别效率和识别准确率，促进无人驾驶汽车的安全可靠运行。

3. 无人驾驶的应用

无人驾驶车辆在矿区、园区等区域有着广泛应用。

在无人驾驶矿车的使用场景中，无人驾驶矿车可以进行连续作业，在有效减少采矿过程中事故发生率的同时，还可以降低开支，提高生产率。

除了在矿区的应用，无人驾驶车辆还逐渐应用于景区、园区等半封闭场所。

此外，无人驾驶车辆在国家安全领域也有广泛应用。

4. 体系结构

体系结构是一个系统的"骨架"，它描述了系统各个组成部分的分解和组织以及各组成部分之间的交互；定义了系统软硬件的组织原则、集成方法及支持程序。比较经典的体系结构有分层递阶式体系结构、反应式体系结构和二者结合的混合式体系结构。

应用于 Demo Ⅲ 的四维实时控制系统（4-Dimensional Real-time Control Systems，4D/

RCS）是一种混合式的体系结构。被美国汽车工程师协会采纳的无人系统联合体系（Joint Architecture for Unmanned System，JAUS）则是基于分层递阶式的体系结构。

Boss 的软件结构可以分为感知层、任务规划层、行为执行层和运动规划层等部分，如图 1-1 所示。其中感知层融合处理来自 Boss 车载传感器的数据，为整个系统的其他部分提供周围环境的关键信息。任务规划层根据已有的路网信息计算所有到达下一任务检测点可行路径的代价，再根据道路拥堵情况、最大限速等信息比较生成的可行路径，得到到达下一个检测点的最优路径。行为执行层将任务规划层提供的决策信息和感知层提供的当地交通与障碍信息结合，为运动规划层产生一系列局部任务。运动规划层根据来自行为执行层的运动目标生成相应运动轨迹并执行，从而使 Boss 到达这个运动目标。

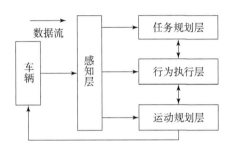

图 1-1　Boss 的软件结构

图 1-2 是一个简单的无人驾驶车辆的体系结构图。无人驾驶车辆在感知和定位导航模块的基础上，进行路径规划。然后对规划出的路径进行跟踪，从而实现无人驾驶。

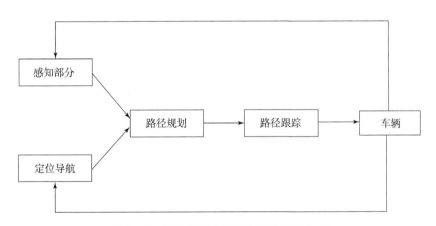

图 1-2　简单的无人驾驶车辆体系结构图

图 1-3 是无人驾驶车辆的另外一种体系结构，它把无人驾驶系统分为感知层、决策层和执行层三个部分。在决策层引入车联网和 3D 高精度地图。

此外，也有学者把人工智能引入自动驾驶系统，通过大数据分析和深度学习等方法，结合了云计算和车联网技术设计了无人驾驶车辆的体系结构，如图 1-4 所示。

图1-3 引入车联网和高精度地图

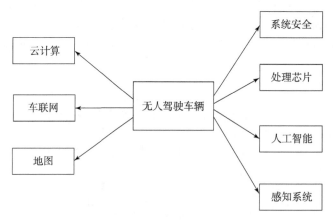

图1-4 引入人工智能

习 题

1. 分析讨论车企、互联网企业、创业公司等在无人驾驶发展路线的异同。

2. 2020年3月,工业和信息化部发布《汽车驾驶自动化分级》推荐性国家标准报批公示(http://www.miit.gov.cn/n1146290/n1146402/c7797460/content.html)。请分析讨论国标自动驾驶分级标准与SAE分级的异同。

3. 2020年2月,《智能汽车创新发展战略》由国家发展和改革委员会、中央网信办、科技部、工业和信息化部等11部委联合发布(http://www.gov.cn/zhengce/zhengceku/2020-02/24/content_5482655.htm)。请对此进行讨论分析。

第2章
车辆底盘无人化改造

目前,大部分的无人驾驶车辆是在有人驾驶车辆的基础上改造而成的。本章主要介绍如何将有人驾驶车辆改造成无人驾驶车辆。

在无人驾驶车辆研究早期阶段,主要采用外加机构改造的方式将有人驾驶车辆改造成无人驾驶车辆。该改造方式主要是在制动操纵、转向操纵、油门操纵和变速操纵四个方面外加执行机构来实现无人化。在制动和油门操纵方面,可以增加电动执行机构分别作用于制动踏板和油门踏板,以代替人对车辆的操作,如图2-1和图2-2所示;在转向操纵方面,可以在转向柱或转向盘上外加伺服电机,如图2-3所示。

图2-1 制动改造

图2-2 油门改造

外加执行机构的无人化改造方法简化了车辆底盘系统的改造难度,可使研究人员把更多的研究重点投入到上层算法方面的研究中。这种方法在无人驾驶车辆研究的早期阶段起到了积极的作用。

但是,安装外加机构减少了汽车的空间,增加了控制的复杂性,也降低了无人驾驶车辆的可靠性。当上层决策系统的指令施加于外部机构,有可能导致附加控制系统和汽车原有控制系统不能兼容,难以达到预定的控制效果,甚至

图2-3 转向改造

有可能导致严重的控制失控，即在整车的动力性、可靠性及上层控制系统与下层执行系统的融合方面存在着许多问题。

为了解决外加执行机构在整车动力性、可靠性及上层控制系统与下层执行系统的融合方面的诸多问题，2014年出版的《无人驾驶汽车概论》一书中提出了无人驾驶汽车的一体化设计方法。

无人驾驶汽车的一体化设计是指综合考虑无人驾驶汽车对行驶环境的感知和决策以及车辆的动力学特性之间的相互联系和影响，将汽车动力学特性与环境感知决策进行有机的结合。它注重设计的整体性，以获得无人驾驶汽车设计的整体最优为目标，通过一体化设计将无人驾驶汽车的"大脑"（即无人驾驶汽车的环境感知规划决策系统）与"小脑"（车辆各部件的直接控制系统）进行完美的结合，从而提高无人驾驶汽车的整体控制效果。

在无人驾驶汽车的一体化设计中，为了不断提高车辆的整体综合性能，需要设计优秀的底盘方案。其中发动机控制系统、变速控制系统和制动控制系统决定了车辆的纵向动力性能；转向控制系统决定了车辆的横向动力性能。在进行无人驾驶汽车设计时，应该综合动力、传动、制动、车辆稳定等整个汽车控制系统特性进行相应设计。

本章内容包括转向系统的无人化改造、油门的无人化改造、制动系统的无人化改造，分别介绍它们的原理、改造方式和具体应用，其中也包括一些案例介绍。

2.1　转向系统无人化改造

汽车转向系统的发展经历了纯机械式转向系统、液压助力转向系统、电控液压助力转向系统、电动助力转向系统、主动前轮转向系统和线控转向系统等阶段。转向系统的性能直接影响着汽车的安全性、操纵稳定性，在车辆的安全行驶、减少交通事故方面起着重要的作用。

本节主要介绍液压助力转向系统、电控液压助力转向系统、电动助力转向系统、主动前轮转向系统和线控转向系统的基本原理，并以液压助力转向系统为例介绍其无人化改造的方法。

传统的机械转向系统是以人的体力为转向能源，其中所有传力件都是机械的，主要由转向操纵机构、转向器、转向执行机构组成。虽然机械转向系统结构简单、工作可靠、生产成本低，但是转向操纵费力。

2.1.1　液压助力转向系统

液压助力转向系统是在机械式转向系统的基础上加上一套液压助力装置而构成的。如图2-4所示，液压助力装置结构主要由转向控制阀7和转向助力缸2组成，再加上油泵4、储油罐3、油管6等辅助元器件。转向控制阀7的作用是根据驾驶员的转向意图，控制油液流动的方向，并将油泵4输出的工作油液引入转向助力缸2的相应腔室中，由转向助力缸2产生的推力使转向轮转动。

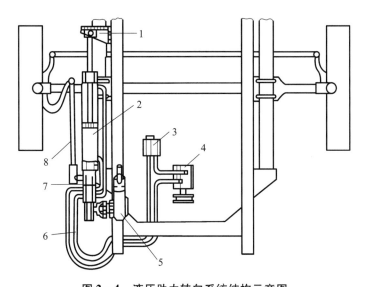

图 2-4 液压助力转向系统结构示意图
1、2—转向助力缸；3—储油罐；4—油泵；
5、6—曲管；7—转向控制阀

2.1.2 电控液压助力转向系统

随着车辆行业的持续发展，在转向系统方面出现了电控液压助力转向系统。常见的电控液压助力转向系统是在液压助力转向系统的基础上用助力电机取代发动机来驱动转向油泵工作的，其结构主要由转向盘、转向器、动力缸、电动机、助力油泵、转阀、车速传感器、转向盘角位移传感器、ECU 等部分组成，如图 2-5 所示。

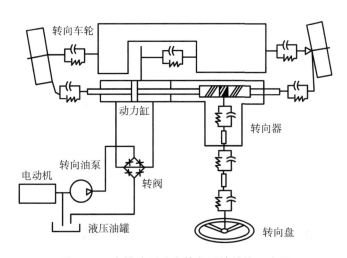

图 2-5 电控液压助力转向系统结构示意图

电控液压助力转向系统的种类很多，但是其原理基本上都是通过在油泵或转向器上加装电子执行机构或辅助装置，控制器根据车速信号、转向盘转角信号控制电动机转速，从而控制油泵的流量，达到变助力转向的目的。

电控液压助力转向的优点是助力大小能够根据方向盘输入转矩和车速实时调节,降低了能量消耗且增强了路感。缺点是没有摆脱液压油泄漏造成的环境污染、系统复杂、不便安装维修及检测等。

下面再以北京理工大学某实验平台为例,介绍液压助力转向系统是如何进行无人化改造的。首先介绍本平台所使用的转向系统,其方向盘为三辐条式,外径 370 mm,中径 340 mm,如图 2-6 所示。轮毂中有直径为 70 mm 的钢材料凸台,可以方便设计安装转向控制传动件。同时,本平台为液压助力转向系统,当方向盘接收到驾驶员施予的转向力矩,转向器中得到转向油泵的助力作用,将放大后的转向力矩经由转向摇臂施加在转向横拉杆上,带动两侧梯形臂实现转向轮的偏转,如图 2-7 所示。

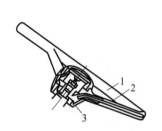

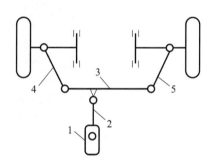

图 2-6 转向盘结构示意图
1-轮缘;2-轮辐;3-轮毂

图 2-7 转向系结构示意图
1-转向器;2-转向摇臂;
3-转向横拉杆;4-左梯形臂;5-右梯形臂

如图 2-8 所示,为了实现无人驾驶,需要增加一个执行件驱动转向盘旋转。本平台采用的是电机经传动系驱动转向盘的方式,其中传动方式采用带传动的方式,传动带选取圆弧齿型同步带式,如图 2-9 所示,电动机的选取需综合考虑使用条件、环境条件和负载要求这三个方面。

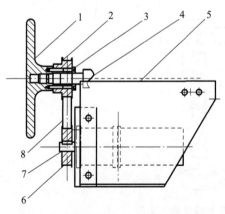
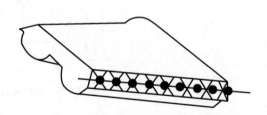

图 2-8 横向控制机构部件装备草图
1-方向盘;2-同步带从动轮;
3-内六方螺钉;4-转向轴;5-电机支架;
6-同步带主动轮;7-电机;8-同步带

图 2-9 圆弧齿同步带结构示意图

在电机驱动转向机构中，需设计电机支架来支撑电机，以固定车辆转向机构与电机之间的相对位置，如图 2-10 所示。由于转向横拉杆与转向摇臂距离较短，且进行转向操作时机构间仅存在相对角位移，无相对振动。所以通过对横拉杆与转向摇臂之间相对角位移的测量，能够得到可靠的前轮偏角信息，如图 2-11 所示。

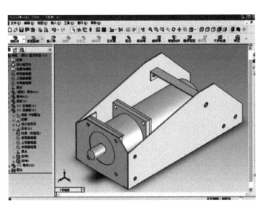

图 2-10 电机和电机支架的装配示意图

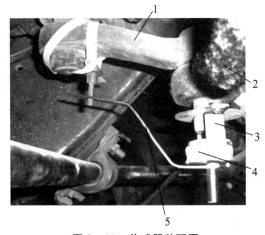

图 2-11 传感器装配图

1—转向摇臂；2—转向横拉杆；3—传感器支架；
4—角位移传感器；5—传感器拨叉

由装配方案可知，需将原转向轴进行延长，用以对同步带从动带轮进行装配，可以得到加工方案设计。图 2-12 为转向轴的改装示意图，加工时将原转向轴在图示尺寸处截断，然后用与母材相同的 45 钢轴材，中心预留 $\phi 5$ 定位销工艺孔，以保证在焊接时减少工件变形，保证原转向轴加工精度。

方向盘与从动轮装配需在三辐条式方向盘上打孔攻丝，供从动轮连接。注意打孔时应与从动盘配合打孔，安装结果如图 2-13 所示。所有转向操纵机构零件设计与安装结果如图 2-14 所示。

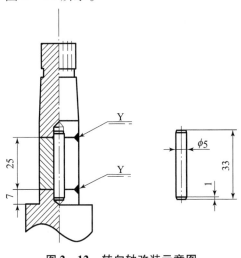

图 2-12 转向轴改装示意图

图 2-13 安装结果

1—内六角螺栓；2—从动带轮；3—方向盘

图2-14 所有转向操纵机构零件设计与安装结果

1-转向盘；2-从动轮；3-同步带；4-主动轮；5-转向控制电机及支架

2.1.3 电动助力转向系统

电动助力转向系统（Electric Power Steering，EPS）是在机械转向系统基础上增加一套电机减速器总成、方向盘转矩传感器及电控单元而构成。如图2-15所示，转向轴2上装有转矩传感器3和减速器5，电动机4通过花键与减速器5连接，转向操作机构的最下端为转向器6和转动传动机构。电控单元1根据车速信号及转矩传感器3的输出信号，判别驾驶员的操作意图，从而控制电动机电流的大小和方向，使其输出适当的转矩，并通过减速器5直接施加在转向轴2上。

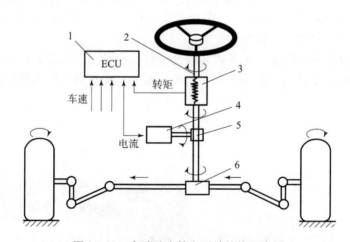

图2-15 电动助力转向系统结构示意图

1-电控单元；2-转向轴；3-转矩传感器；4-电动机；5-减速器；6-转向器

电动助力转向系统的优点：

（1）只在转向时电机才提供助力，可以显著降低燃油消耗。

（2）转向助力大小可以通过软件调整，能够兼顾低速时的转向轻便性和高速时的操纵稳定性，改善转向回正特性。但是电动助力转向系统仍属于机械连接的范畴，无法摆脱机械连接的限制。

电动助力转向系统无人化改造具体实现方案一般有三种，第一种是利用伺服电机带动转向柱或转向盘进行转动，通过对伺服电机进行实时位置控制达到自动转向的目的，如图 2-16 所示。改装的优点是系统稳定，容易实现；但缺点也很明显，需要一定的安装空间。

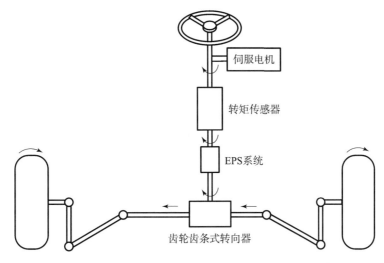

图 2-16　在转向柱或转向盘上外加伺服电机方案示意图

第二种是对原车的电动助力转向系统进行控制。通过对原车的 EPS 控制器进行测试和分析，可得到其转矩传感器输出信号的模式和转矩传感器在 EPS 控制器上的输入接口。由此可提出该方案，去掉原车的转矩传感器对于 EPS 控制器的信号输入，由自行设计的控制器根据一定的算法对 EPS 系统的控制器提供伪转矩信号，对原来的 EPS 系统进行控制，得到转向系统控制，如图 2-17 所示。

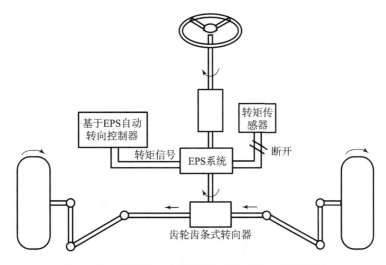

图 2-17　对原车的 EPS 系统进行控制方案示意图

此改造方式的优点：
（1）安装空间需求低；
（2）系统的响应性快，控制精度高。
缺点：
（1）难以获取方向盘转矩传感器的输出信号模式及其与 EPS 控制器的接口；
（2）EPS 内部算法未知。

第三种是直接对电动助力转向系统的助力电机进行控制，切断原车 EPS 控制器对 EPS 中助力电机的控制，而用自行设计的电机控制器替代原来的 EPS 控制器对助力电机进行位置伺服控制，如图 2-18 所示。

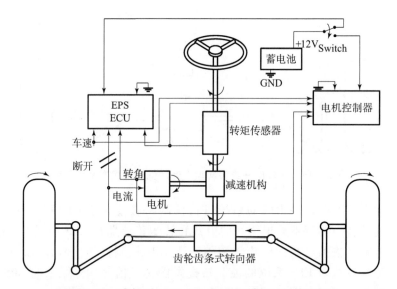

图 2-18　直接对 EPS 助力电机进行控制方案示意图

2.1.4　主动前轮转向系统

主动前轮转向系统实际上是介于传统的助力转向和线控转向之间的一种转向系统。它在传统的助力转向系统的结构基础上增加转角叠加机构以实现转向，同时又具有线控转向系统的优点，可以主动对车辆进行控制，如图 2-19 所示。主动前轮转向系统能够在最大程度执行驾驶员意愿的前提下，对整车施加一个可独立于驾驶员的转向干预，可以实现整车的主动安全性和操纵稳定性的结合。

具体工作原理是车辆行驶的状况由传感器测得，控制器根据传感器的车速、质心横摆角速度、方向盘转角等信号，按照预先编制的控制逻辑，设定转角变化量的目标值，并通过执行器将变化量叠加到前轮转向角上，实现总的前轮转角。由此，可使转向盘转角和前轮转向角的传动比，根据汽车的运动状况

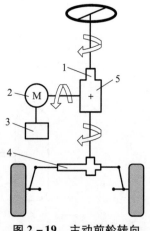

图 2-19　主动前轮转向系统结构示意图

发生连续的变化，从而对汽车的舒适性、转向工作强度、操纵稳定性和直线行驶性进行最佳优化。

主动前轮转向系统得益于可以实现变传动比和稳定性控制而迅速发展，但是仍然存在转角叠加机构复杂、制造成本高、占用空间大以及进行主动控制时影响转向路感等不足。

2.1.5 线控转向系统

前面介绍的转向系统在设计之初都是以有人驾驶为目标设计的，即转向系统主要以人为执行器。而线控转向系统则是在汽车转向系统设计之初就考虑了某些情况下无人操纵的情况，可以直接实现无人驾驶车辆的自动转向。

线控转向是指通过通信网络连接各部件的控制系统，它替代了传统的机械或液压连接，取消了转向盘和转向轮的机械连接，占据空间小，可以实现前轮的主动转向控制，在车辆受到干扰、处于危险或极限工况时代替驾驶员实现主动安全性。

线控转向系统主要由方向盘总成、转向执行总成、主控制器（ECU）及自动防故障系统组成，其结构示意图如图 2-20 所示。下面将分别介绍各部分的结构和工作原理。

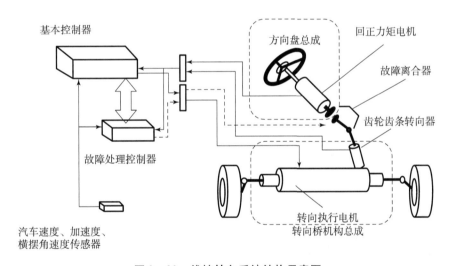

图 2-20 线控转向系统结构示意图

方向盘总成包括方向盘、方向盘转角传感器、力矩传感器、方向盘回正力矩电机。其作用是将驾驶员的转向意图，通过测量方向盘转角转换成数字信号，并传递给主控制器；同时接收主控制器送来的力矩信号，产生方向盘回正力矩，以提供给驾驶员相应的路感信息。

转向执行总成包括前轮转角传感器、转向执行电机、转向电机控制器和前轮转向组件。其作用是接受主控制器的命令，通过转向电机控制器控制转向车轮转动，实现驾驶员的转向意图。

控制器（ECU）及自动防故障系统主要包括主控制器和自动防故障系统。主控制器对采集的信号进行分析处理，判别汽车的运动状态，向方向盘回正力矩电机和转向电机发送指令，控制两个电机的工作。同时还可以对驾驶员的操作指令进行识别，判定在当前状态下驾驶员的转向操作是否合理。自动防故障系统包括一系列的监控和实施算法，针对不同的故障形式和故障等级做出相应的处理，以求最大限度地保持汽车的正常行驶。

当方向盘转动时，转矩传感器和方向盘转角传感器将检测到的转矩和转角转变成电信号输入到电子控制器，ECU 依据车速传感器和安装在转向传动机构上的位移传感器的信号控制转矩反馈电机的旋转方向，并根据转向力模拟生成反馈转矩；同时控制转向执行电机的旋转方向、转矩大小和旋转的角度，通过机械转向装置控制转向轮的转向位置，使汽车沿着驾驶员期望的轨迹行驶。

相较于传统的转向系统，线控转向的优点是十分明显的：

（1）提高了汽车安全性能。取消转向柱等机械连接，完全避免了撞车事故中转向柱对驾驶员的伤害；智能化的 ECU 根据汽车的行驶状态判断驾驶员的操作是否合理，并做出相应的调整；当汽车处于极限工况时，能够自动对汽车进行稳定控制。

（2）改善驾驶员的路感。

（3）增强汽车舒适性。

（4）操纵稳定性好。

目前有些量产车上已经配置了线控转向系统，例如英菲尼迪 DAS 线控转向系统，它由三组电子控制单元、转向动作回馈器、离合器、转向机组成。当三组 ECU 根据方向盘的转动将信号传递给三组电机，再由其中两组电机控制车轮的转动角度和速度，一组电机模拟路面的回馈力，另外还留有一组机械结构以备在三组 ECU 均发生故障时作为备用。

2.2 油门无人化改造

油门是控制发动机功率的操纵装置。不同类型的发动机中，油门的工作原理不同。例如，在柴油发动机中，油门通过控制发动机喷油量以控制发动机的输出功率；而在传统的汽油发动机中，油门通过控制化油器节气门的开度以控制发动机的输出功率，所以"油门"又被称作"节气门"。在电动车中，准确地说，没有油门一词。但为了交流方便，仍然沿用油门这一术语。

2.2.1 机械式节气门系统

传统的机械式节气门的结构包括踏板、杠杆、复位弹簧、拉线、节气门等，如图 2-21 所示。当驾驶员踩下或释放踏板，经由杠杆和拉线，使节气门摇臂绕其阀片轴线旋转某个角度，由此控制进入气缸的空气流量。当气体进入进气管后会和汽油混合变成可燃混合气，在气缸内燃烧做功。

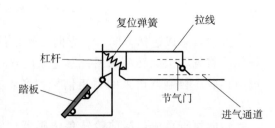

图 2-21 机械式节气门结构示意图

传统的机械式节气门，可以通过踏板直接控制节气门的开度，可靠性较高，响应速度快，能够直接实现驾驶员的驾驶意图。但是节气门开度是驾驶员根据主观感觉来控制的，并没有考虑汽车其他部分的运行工况以及汽车行驶的状况。

由于对节气门的不精确控制,会使燃油得不到充分的燃烧,造成油耗的增加及对环境的污染。特别是在汽车冷启动、低负荷或者怠速情况下突然加速,燃油燃烧不充分的情况会加剧。

2.2.2 电子节气门系统

随着车辆行业的不断发展,节气门由传统的机械式节气门发展为电子节气门。

电子节气门由加速踏板、加速踏板位置传感器、ECU、节气门位置传感器、节气门驱动控制电机、电子节气门阀体等组成,如图 2-22 所示。这些结构按照功能分类可以分为加速踏板总成、电子节气门阀体总成、电子节气门控制 ECU。

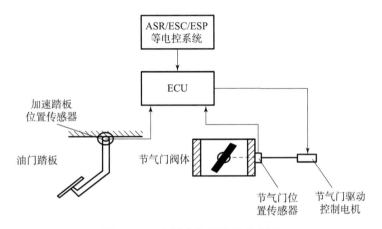

图 2-22 电子节气门结构示意图

加速踏板总成由加速踏板和加速踏板位置传感器组成。加速踏板位置传感器安装在加速踏板旋转中心处,由 2 个电位计式传感器组成,其内有环形电阻,当加速踏板转动时,内部触点随踏板转动在内部电阻上转动,相应地,传感器传出的电压信号也随之变化,因此实际传感器与加速踏板角位移呈一定函数关系。

电子节气门阀体总成包括节气门阀片、节气门电机、减速齿轮机构和节气门位置传感器等。来自发动机 ECU 的指令使驱动电机动作,通过传动机构使节气门板转动,保证发动机工作所需的节气门开度。同时,当节气门开度变化时,节气门位置传感器的电阻值发生变化,输出的电压信号随之变化,与电子油门踏板位置传感器信号一起输入到发动机 ECU。

电子节气门控制 ECU 的主要作用是接收由加速踏板位置传感器传递电压信号,并根据该信号计算节气门开度需求,随后控制节气门驱动控制电机转动,带动节气门阀片旋转,调整节气门开度,同时可以通过节气门位置传感器监测节气门阀片变化,形成闭环反馈调节,提升节气门开度控制精度。

如图 2-23 所示为电子节气门的具体工作过程。

(1) 驾驶员踩下加速踏板;

(2) 加速踏板传感器监测踏板角位移量大小,并形成一定对应关系的电压信号,同时将该信号传递至 ECU;

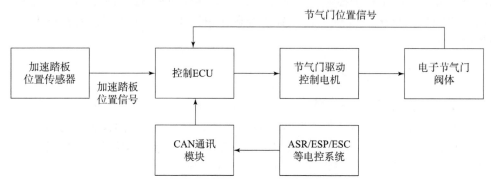

图 2-23　电子节气门工作流程图

（3）ECU 根据传递过来的电压信号计算加速踏板角位移大小，并根据加速踏板位移计算节气门开度需求，同时 ASR/ESP/ESC 等系统会收集当前行驶车速、当前变速箱实际挡位、当前发动机负荷等信息，对计算结果进行一定的修正，以提升车辆控制效果；

（4）电子节气门驱动控制电机工作，电机转动并通过齿轮带动节气门阀体转动，使节气门达到相应的开度，并通过节气门位置传感器监测节气门位置变化，同时反馈至 ECU。

电子节气门相比于传统的拉线式节气门具有以下优点：

（1）电子节气门没有拉线连接，电压信号更加稳定，操纵和布置都简便了很多，且减少了机械故障；

（2）能够更加精准地控制节气门开度；

（3）能够节省燃料，减少发动机排放。

针对电子节气门的无人化改造提出以下两点要求：

（1）从控制方式来说，应当形成一套冗余的设计，即无人驾驶与有人驾驶应形成界限明显的两套控制模式；

（2）无人驾驶与人工驾驶应能实现相互转换，即在行驶过程中两种模式能够自然转换，不需要车辆停止或者明显地停顿以实现模式变化，尤其是在紧急状况下急需人工干预的时候。

结合电子节气门自身特性和无人化的改造，提出以下几点设计目标：

（1）实现对加速踏板位置传感器的电压信号的模拟；

（2）实现模拟信号和加速踏板位置传感器信号两者之间互不干扰；

（3）实现模拟信号和加速踏板传感器信号的相互切换。

根据改造目标，设计并联电子油门，其系统结构如图 2-24 所示。当上位机通过 CAN 总线向纵向 ECU 传递自动驾驶标志位和需求油门开度时，由纵向 ECU 产生根据需求油门开度产生模拟控制信号 1 和模拟控制信号 2。

通过继电器，将 D/A 转换模块的输出与加速踏板位置传感器的信号输出并行连接起来。

当存在人工驾驶需求时，继电器断电，由加速踏板位置传感器提供控制信号。当存在自动驾驶需求时，继电器供电，切换输入信号来源，改由 D/A 转换模块生成的模拟信号

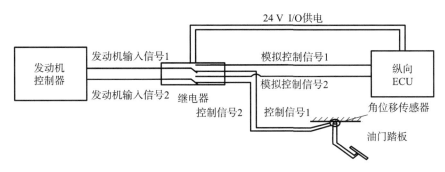

图 2-24 并联电子油门系统示意图

作为发动机控制器的输入信号；当发动机控制器接收到输入信号后，对信号进行一定处理以输出指令控制调整油门开度，从而实现对发动机输出的控制。

图 2-25 中，引脚 1 接模拟控制信号 1，引脚 8 接油门模拟控制信号 2，引脚 2 接发动机输入信号 2，引脚 7 接发动机输入信号 1，引脚 3 接油门 24V I/O 输入正极，引脚 6 接 24V I/O 输入负极，引脚 4 接控制信号 2，引脚 5 接控制信号 1。

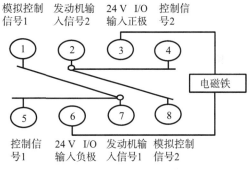

图 2-25 继电器的结构示意图

由纵向 ECU 的 24V I/O 输入控制继电器的开与闭。当 24V I/O 输入打开时，引脚 3 与引脚 6 出现电势差，因而在电磁铁中产生电流，吸动衔铁上下拨动，从而切换发动机输入信号来源，继而实现从人工驾驶转换至自动驾驶。

2.3 制动系统无人化改造

2.3.1 传统制动系统

传统车辆的制动系统分为两种。第一种是人力制动，人力制动系统的制动能源仅仅是驾驶员的肌体。按其传动装置的结构形式，人力制动系统有机械式和液压式两种。由于机械式制动系统已被全部淘汰，此处仅介绍人力液压式制动系统。

当驾驶员踏下制动踏板时，推杆推动制动主缸活塞使制动液升压，通过管道将液压力传至制动轮缸，轮缸活塞在制动液挤压的作用下将制动蹄片摩擦片压紧制动鼓形成制动，根据驾驶员施加于踏板力矩的大小，使车辆减速或停车。当驾驶员放开踏板，制动蹄和分泵活塞在回位弹簧作用下制动液压油回到总泵，制动解除。

在制动系统发展的早期，由于汽车总质量较小，这种系统能够满足车辆对制动力大小的需求，反应灵敏，基本无滞后，随动性好；但随着汽车质量的增大，所需制动力也增大，直接依靠驾驶员肌体难以产生足够的制动力，于是在此基础上增加了助力装置，形成助力制动系统。

助力制动系统按动力来源可包括真空助力制动系统和气压助力制动系统，真空助力制动系统的动力源是发动机工作时进气管的真空度；气压助力制动系统动力源是压缩空气。其中真空助力式液压制动系统在乘用车上应用最为普遍，它是在人力液压制动系统的基础上，加装一套以发动机工作时在进气管中产生的真空度为力源的动力制动传动装置，使人力与动力可兼用，即兼用人力和发动机动力作为制动能源的制动系统。

2.3.2 线控制动系统

有人驾驶车辆与无人驾驶车辆对制动系统的不同要求：有人驾驶车辆制动系统，如图 2-26 所示，是通过驾驶员踩下踏板，控制车辆的制动程度，同时踏板力又是制动系统的能量来源之一，通过液压传动作用于执行机构，执行机构制动车轮，车辆减速。无人驾驶车辆制动系统，如图 2-27 所示，既要能在无人驾驶状态下按照控制器解析出的控制指令完成指定的制动动作使车辆减速，还要能够在有人干预时可靠地进行机械制动。

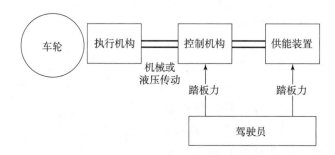

图 2-26　有人驾驶车辆制动系统示意图

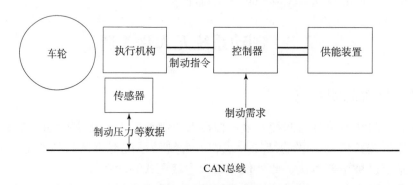

图 2-27　无人驾驶车辆制动系统示意图

与有人驾驶车辆相比，无人驾驶车辆取消了驾驶员的操作，也就是制动系统不由人工控制，不需人力提供的能量就能根据规划层发出的制动需求而自主完成制动减速。

目前，车辆的线控制动系统有三种搭建方式：一种是在原车制动系统的基础上添加动力结构进行控制，其实现方式是在制动踏板处安装电机或借助其他驱动力采用拉线的方式驱动制动踏板，如早期北京理工大学的"泰坦"自动驾驶车；另一种是设计一个和原车制动系统并联或串联的动力结构进行控制，其实现方式是对原制动系统进行串联或并联的制动回路改造,例如博世研发团队研发的线控制动方法——电液制动系统;第三种是采用电子机械制动系统。电子机械制动系统是纯粹的线控制动系统,ECU 处理踏板位移传感器和车速传感器信号,通过控制电机来对车辆进行制动。

由于第一种搭建方式较为直观,在此不多作介绍,针对前面所讲的第二种搭建方式,在此借助电子液压制动系统(Electro-Hydraulic Brake,EHB)简要介绍其原理。电子液压制动系统一般采用液压油传递制动力,其控制单元和液压调节单元集中布置。经典的 EHB 电子液压制动系统由电子控制单元 ECU、传感器和执行部分组成。

电子液压制动系统的基本原理如图 2-28 所示。在电子液压制动系统正常工作模式下,备用阀通电处于关闭状态,使电子制动踏板和制动轮缸的液压连接断开,电子踏板配备踏板感觉模拟和踏板位移传感器,感应驾驶者施加在踏板上制动力的速度及强度,以获得(识别)驾驶者的制动意图。电子控制单元 ECU 根据传感器传输来的信息计算各轮所需的制动力并输出控制指令,控制电机驱动液压泵工作,从而进行制动。在 EHB 系统出现故障时,备用阀断电处于打开状态,EHB 系统转换为传统人力液压制动工作模式。因此在线控制动系统失效时,驾驶员仍然能够使用备用系统对车辆进行制动操作。该冗余设计提升了行车制动的安全性,但是,该系统仍然包含了原始人力液压制动系统复杂的制动油液管路,在结构布置上较为复杂,并不完全具备线控制动系统的结构简单、质量轻的优点。除了电液制动系统之外,机电联合制动系统可以体现无人驾驶车辆制动系统的搭建方式。机电联合制动系统仅要求控制电机制动力,而且也要求控制机械制动力,使之与电机制动力相协调,能够充分利用电机制动,发挥电动车辆回收制动能量的优势,同时制动稳定性也能够得到保证。

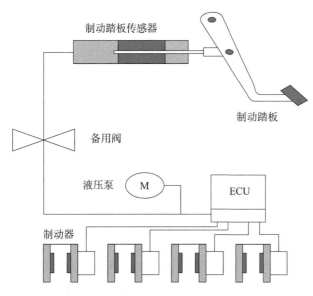

图 2-28 典型 EHB 制动系统示意图

对于第三种搭建方式,则以电子机械制动系统(Electro-Mechanical Brake,EMB)为代表进行介绍,如图 2-29 所示。电子机械制动系统取消了传统的液压制动系统,以电机提供制动能源,以电信号传输驾驶员制动意图,电机驱动装置(制动执行器)

代替液压盘和鼓式制动器的调节器，制动力由电机产生，大小受中央电子控制单元的控制。

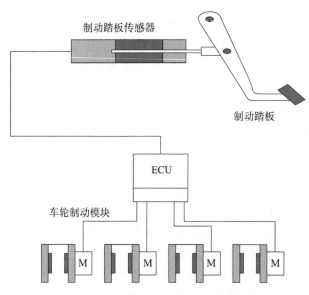

图 2-29 典型 EHB 制动系统示意图

EMB 的工作原理：当汽车制动时，驾驶员踩下电子制动踏板，电子制动踏板带有踏板感觉模拟器，踏板行程信号通过线束（比如 CAN 总线）传送至控制器。控制器同时接收车速轮速、电机电流和转子位置信号，通过综合计算分析发出控制信号。功率驱动电路根据控制器的控制信号向电机提供相应大小和方向的电流，从而控制电机的转速、输出力矩、转动方向。电机再带动机械执行机构，产生制动力输给车轮而实施制动。

与 EHB 和传统液压制动系统相比，EMB 制动系统的优势在于：①取消了液压回路，减少了制动响应时间；②取消了制动主缸和真空助力器，占用空间小，便于发动机舱的布置；③不用额外装置就能够实现电子驻车制动。但是制动能量需求大，对电机的功率密度要求高。

2.3.3 线控制动系统实例

1. 博世 SBC 制动系统

德国博世公司最早开始 EHB 系统的研究。图 2-30 是该公司 EHB 产品 SBC 制动系统的一个原理图。图中主要部件有：蓄能器 e1；电机 m1；13 个电磁阀根据功能来划分分别是模式切换阀 y1 和 y2、制动轮缸平衡阀 y3 和 y4、制动增压阀 y6、y8、y10 和 y12、制动减压阀 y7、y9、y11 和 y13，6 个压力传感器 b1~b6。SBC 系统正常情况下处于线控制动模式，此时 y1 和 y2 处于断开状态，控制器接收并处理踏板位移传感器电压信号，发送指令控制增压阀和减压阀的位置状态来实现制动轮缸的增压、保压和减压状态的切换，其中制动高压油由油泵和蓄能器供给。线控制动系统无法工作时，控制器根据此时的情况打开模式切换阀，此时 ECB 系统工作在人力液压制动模式下，驾驶员人力踩制动踏板使两前轮制动。

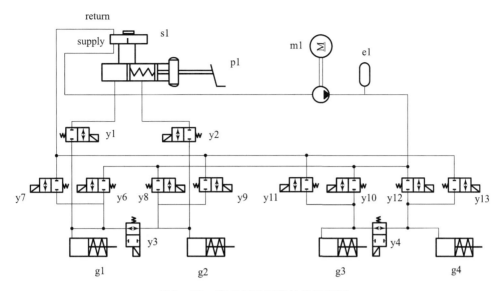

图 2-30　SBC 制动系统结构示意图

2. 滑铁卢大学 CEHB 系统

2017 年，加拿大滑铁卢大学提出了一种基于凸轮驱动机构的新型线控制动系统——CEHB 系统，该系统的结构示意图如图 2-31 所示。CEHB 系统主要由三部分组成：电机子系统、机械子系统和液压子系统。电机子系统包括电动机 1，提供制动机构所需动力。机械子系统由啮合齿轮组 2、凸轮 3 和从动机构 4 组成，该系统的作用是放大电动机扭矩并将旋转运动转化为直线运动。液压子系统主要有主缸 5、模式切换阀 6 和轮缸 7。模式切换阀另一路与原车液压制动系统相通。模式切换阀通电处于线控制动模式下，电动机响应控制单元发出的控制指令，经传动机构使主缸液压系统建立压力对车轮进行制动。模式切换阀断电切换到人力制动模式时，系统仍然可以利用传统液压制动系统进行制动，实现冗余设计。

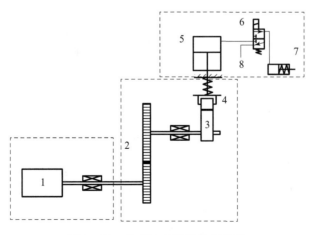

图 2-31　CEHB 系统结构示意图

该系统最大的特点在于凸轮和滚子从动件机构提供了可变扭矩放大倍数。凸轮轮廓可以根据需求进行设计，使得当系统压力与所需的制动压力相差较大时该机构能产生较大的放大率，而系统压力接近目标水平时产生较小的放大率。

3. 北京理工大学丰田越野车线控制动系统

北京理工大学把丰田 4700 越野车作为线控制动的改装试验原型车，该车的动力传动系统主要由 2UZ-FE 发动机、A750 液力机械变速箱、分动器、主减速器、前后驱动桥、车轮等组成，如图 2-32 所示。

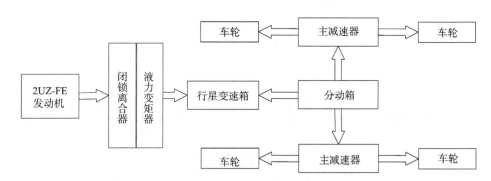

图 2-32　丰田 47 动力系统结构示意图

图 2-33 为该车的制动系统示意图，该车配备动力制动系统和 ABS 防抱死制动系统，采用真空助力器作为动力伺服装置，当制动时车轮没有抱死时，驾驶员的踏板力和真空助力器的助力一起推动制动主缸为制动系统建立压力，压力经 ABS 系统传递给制动轮缸。ABS 制动系统可反复调整制动管路中的制动压力，不仅避免车轮发生抱死情况而且使车轮处于最佳滑移率状态，充分发挥车胎的附着能力。

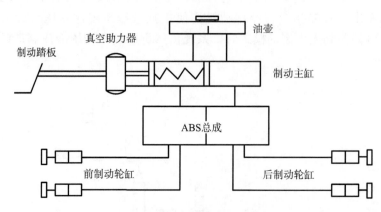

图 2-33　制动系统示意图

图 2-34 为对该车的原制动系统进行改造的整体方案，可将系统分为两部分。第一部分为控制部分，包括纵向控制 ECU、加速度传感器、踏板角位移传感器、轮速传感器和制动系统压力传感器等，该部分接收上位机传来的控制量，并将其转化为可执行的控制指令，直接控制执行部分，通过切断/接通 24V I/O 供电接口关闭/打开二位三通电磁阀实现模式转换；同时，将底层的车载传感器数据通过 CAN 转以太网设备（网关）传给上位机。

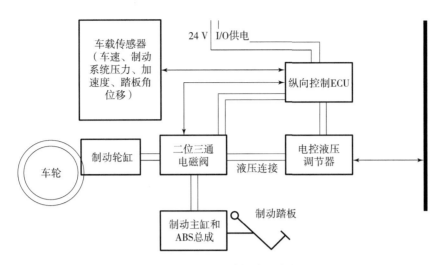

图 2-34 制动系统整体改造方案

第二部分为主动制动执行部分，主要部件为电控液压调节器和电磁阀，该部分由原车制动系统和一个可主动控制压力的液压系统组成，系统的能源元件是两个集成在主动液压调节器（ESC）内部的定量液压泵，执行元件是原车的四个制动轮缸，控制调节元件是主动液压调节器和四个二位三通电磁阀，辅助元件是油箱和油液管路；两个制动系统是并联关系，通过电磁阀的通断来切换自动驾驶模式和人工制动模式。

丰田车制动系统线控化改造采用了一款电子液压调节器，其基本参数有尺寸、重量、耐压强度和主动增压速率等。该调节器主要由电机、液压控制单元 HCU、电子控制单元 ECU 三个模块组成。其中电机的作用是向液压调节器提供动力；液压控制单元 HCU 的作用是调节出油口的压力；电子控制单元 ECU 的作用是接收 CAN 网的信息，发出可执行指令控制 HCU。

如图 2-35 所示，该（主动液压调节器）ESC 有两种工作模式，当限压阀关闭、吸入阀打开时，该调节器进入线控制动模式；当吸入阀关闭、限压阀打开时，其进入助力制动模式。本系统中只使用（ESC 的）线控制动模式，在该模式下其工作过程如下：

(1) 调节器 ECU 接收纵向控制 ECU 发来的制动指令；
(2) 电机带动油泵工作，建立所需制动压力；
(3) 出油口的压力达到所需制动压力后，增压阀和减压阀都关闭，进入保压状态；
(4) 制动指令解除后，限压阀和增压阀打开，高压油流回油壶，进入减压状态。

图 2-36 为改造完成的双回路液压制动系统结构，由以下几部分组成：原丰田陆地巡洋舰 ABS 系统，包括制动踏板、真空助力器、ABS 总成；电子液压调节回路，包括制动液储蓄壶、电子液压调节器；二位三通电磁阀；传感器，包括压力传感器、制动踏板角位移传感器。

根据无人驾驶车辆的要求，该双回路液压制动系统具有以下特点：

(1) 通过 4 个二位三通电磁阀将制动系统分为两个液压控制回路，但共用一套制动器；
(2) 通过电磁阀的打开与关闭，切换高压制动液来源，以实现人工驾驶制动和无人驾驶制动的分模式控制目标；

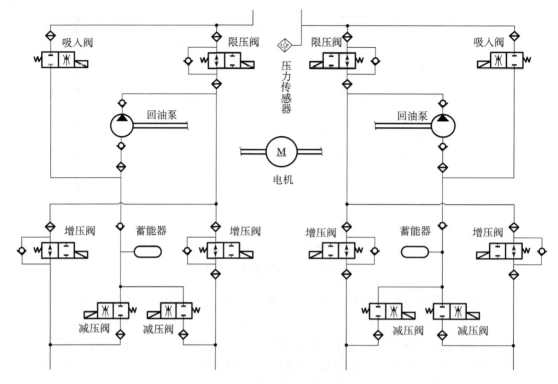

图 2-35 电子液压调节器原理图

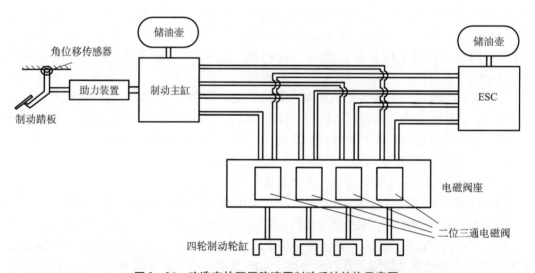

图 2-36 改造完的双回路液压制动系统结构示意图

（3）主动制动执行器可以根据指令自行建立高压制动液，并通过二位三通电磁阀传递至制动器，实现主动制动；

（4）能够通过角位移传感器监测制动踏板位移变化，当出现脚踩踏板的行为判断时，可以发出信号关闭电磁阀，切换回人工制动，在出现紧急状况时，可通过该项功能保证行驶安全。

2.4 案例介绍

1. 全新开发的无人驾驶车辆

"粉碎机"和 APD（Autonomous Platform Demonstrator），是美国在 2004—2007 年 DARPA 挑战赛之后全新开发的无人驾驶车辆，集成了混合驱动技术、先进悬挂技术、热管理和无人平台系统安全技术。谷歌也开发过全新的无人驾驶车辆，没有方向盘，也没有制动踏板、油门踏板。

2. 林肯混动 MKZ

到目前为止，无人驾驶车辆仍然是以有人驾驶车辆改造的为主。

林肯混动 MKZ 是车辆底盘无人化改造中一个有代表性的案例。它是基于福特 CD4 混动平台，在硬件基础上，林肯 MKZ 上具备线控油门、线控转向、线控制动的技术。

在底盘本身具备线控条件的基础上，计算平台需要获得车底层的 CAN 协议才能控制车辆的运动。而 Dataspeed 公司把车辆控制的输入和输出信号封装成接口，这样就大大简化了改造过程。并且 Dataspeed 和福特公司合作推出了高级驾驶辅助系统套件 ADAS kit，无人驾驶车辆公司在此基础上可以开发自己的感知、定位、决策、控制算法。车辆的线控改造和整个系统的集成是由 AutonomouStuff 公司完成的。

MKZ 自动驾驶车辆对线控系统功能设计的要求是：

（1）实现控制油门、制动、转向等功能；

（2）测量并反馈油门量、制动量、车速、轮速等信息；

（3）人工接管通过急停开关或者踩制动踏板实现；

（4）通信接口为 CAN 总线；

（5）改装过程不涉及机械改动，不影响原车。

林肯 MKZ 改装后，无论是控制信号还是反馈信号，都是通过 CAN 总线进行传输。

3. 智能电动客车

下面介绍北京理工大学与北汽福田合作研发的智能电动客车。

1）转向系统

为了实现自动转向功能，电动客车采用智能电液转向系统（Intelligent Electro - Hydraulic Steering，IEHS）。智能电液转向系统是为满足商用车电动化和智能化的需求而开发的新型智能电液耦合动力转向系统。电动客车采用的智能电液转向系统一方面能够将电动助力转向系统的诸多优势应用到商用车转向系统中，以实现商用车转向系统的电动化；另一方面，能够控制电机以转角伺服的模式代替驾驶员控制整车的方向，以实现商用车转向系统的智能化。

2）制动系统

线控制动系统主要在现有北汽福田客车所用的电子制动系统（EBS）上改造实现。经过验证，改造后的线控制动系统可满足要求。

3）动力系统

动力系统中电驱装置由电机和 AMT 变速器组成。该装置所采用的电机重量、体积均较小，电驱动与传动系统采用无离合器设计，通过对驱动电机的精确调速实现自动换挡。驱动电机始终工作在高效区间，提高了动力系统效率，同时降低了驾驶员劳动强度。

4）控制系统

开发了嵌入式自动控制器，能够实现高压控制、转矩解析、主动线控底盘控制、故障诊断处理以及信息中心等功能。

习　题

1. 针对一款量产的线控转向系统进行分析讨论。
2. 分析讨论线控制动在自动驾驶中的重要性。
3. 分析讨论燃油车和电动车底盘线控改造的异同。
4. 针对某款车辆，设计其人工操纵和线控操纵的切换逻辑。
5. 针对一款电动车，设计一种考虑能量回收的线控制动系统改造方案。

第 3 章
无人驾驶车辆电子电气架构及其硬件

无人驾驶车辆电子电气架构主要涉及无人驾驶车辆上电子电气设备及其连接关系，包括无人驾驶车辆的环境感知常用传感器、定位导航常用传感器、车载通信系统、车载计算平台、车载供电系统等内容。

3.1 环境感知常用传感器

3.1.1 激光雷达

图 3-1 和图 3-2 分别是 DARPA 2005 年、2007 年挑战赛和中国智能车未来挑战赛 2013 年冠军车辆，可以看到这些车上都有一类共同的传感器，那就是激光雷达。

图 3-1　2005 年和 2007 年 DARPA 挑战赛冠军车（从左至右）

图 3-2　2013 年中国智能车未来挑战赛冠军

根据发射激光束的数量,激光雷达可以分为单线激光雷达和多线激光雷达,如图 3-3 所示。

图 3-3　单线、64、32、16 线激光雷达(从左至右)

如图 3-4 所示,单线激光雷达通过一个旋转的反射镜将激光发射出去,激光遇到目标后,激光的部分能量从目标反射回到接收器上。激光雷达通过测量发射光和反射光之间的时间差来测距。

图 3-5(a)所示是常用的一款单线激光雷达实物图。图 3-5(b)描述了单线激光雷达的 2 个重要参数:α 表示水平扫描角度,这款激光雷达的最大水平扫描角度是 190°,最大水平扫描角度也称为水平视场角;β 表示角度分辨率,这款激光雷达的角度分辨率有 3 个设置,分别是 0.25°、0.5°、1°。

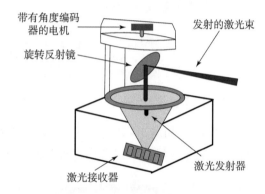

图 3-4　激光雷达结构原理图

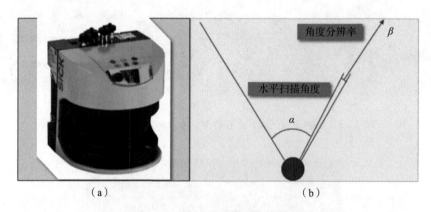

图 3-5　单线激光雷达结构参数

可以看出,单线激光雷达只是在一个平面上扫描,只能获得一个平面的二维信息,所以也称为 2D 激光雷达。

单线激光雷达以给定的分辨率,完整地扫描完一个水平视场角,所返回的数据称为一个数据包,或称数据帧。图 3-6 是单线激光雷达一个数据包的示例,其中每一格代表一个字节。

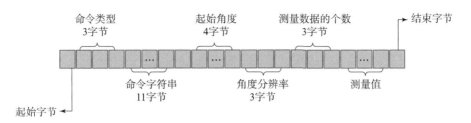

图 3-6 单线激光雷达数据包示例

每一个数据包都由起始字节（也称为包头）开始，以结束字节（也称为包尾）作为数据包的结束标志。在数据分析时，首先需要寻找到每一帧数据的包头和包尾。然后，根据测量数据在数据包中的位置，获取测量值。

激光雷达返回的目标数据是极坐标系下的角度和距离。如图 3-7，通过式（3-1）和式（3-2），可以从极坐标转化到直角坐标。

$$L = (\rho, \theta) \tag{3-1}$$

$$\begin{cases} x = \rho\cos\theta \\ y = \rho\sin\theta \end{cases} \tag{3-2}$$

为了更好地理解单线激光雷达，可以用 VREP（Virtual Robot Experimentation Platform）仿真软件模拟单线激光雷达检测目标的情形。在 VREP 中搭建了无人驾驶车辆遇到行人过马路的场景，如图 3-8 所示。单线激光雷达装在车顶。设置的雷达水平视场角为 180°，角分辨率为 0.5°。

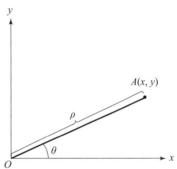

图 3-7 极坐标转换到直角坐标示意图

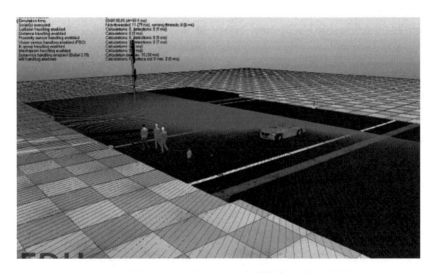

图 3-8 单线激光遇到行人过马路时仿真场景（见彩插）

可以看到，单线激光雷达只能检测到与它安装高度相同平面的目标；对于低于安装平面的目标是检测不到的，比如图中的小孩。

如图 3-9 所示，用 VREP 模拟了单线激光雷达在遇到斜坡时的情形。由于单线激光雷达只能在一个平面内扫描,当遇到坡道时,会把斜坡识别成障碍物。

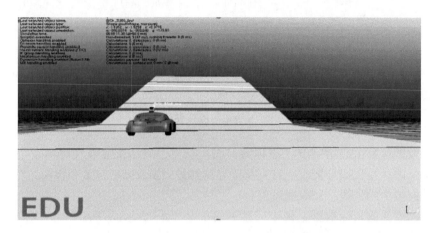

图 3－9　单线激光雷达在遇到斜坡时仿真场景

　　针对单线激光雷达的这些问题,在早期应用中,经常会把多个单线激光雷达组合使用。图 3－10 是斯坦福大学参加 2005 年 DARPA 越野挑战赛的无人驾驶车辆,可以看到,车顶上装了 5 个单线激光雷达,每个雷达的俯仰角不一样,用来检测不同平面的目标。

　　随着技术的发展,后来出现了多线激光雷达。图 3－11 是斯坦福大学参加 2007 年 DARPA 城市挑战赛的无人驾驶车辆。车顶上安装了 64 线激光雷达。

图 3－10　装备多个单线激光雷达的无人驾驶车辆　　图 3－11　装备单个 64 线激光雷达的无人驾驶车辆

　　如图 3－12 所示,用 VREP 模拟了 64 线激光雷达在遇到斜坡时的情形。多线激光雷达的多层点云扫描到坡道上,通过一定的算法,可以识别出坡道。

　　从图 3－13 中可以看到,64 条激光线束有 2 种分布方式:在垂直视场角（＋2°～－8.33°）时,角度的分辨率（线束的夹角）是 0.33°;而在垂直视场角（－8.33°～－24.33°）时,角度的分辨率是 0.5°。64 线激光雷达的水平视场角是 360°。

　　如图 3－14 所示,用 VREP 模拟了 64 线激光雷达在遇到行人时的情形。可以看出,64 线激光雷达在垂直方向上,有比较稠密的线束,对于过马路的行人,通过稠密的激光点云,行人的轮廓可以清晰地呈现出来。

　　图 3－15 是实验车辆在校园环境采取的数据回放。屏幕中显示的是多线激光雷达点云的

图 3-12　64 线激光雷达在遇到斜坡时仿真场景

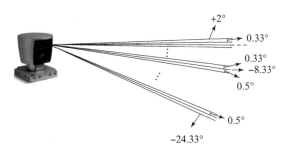

图 3-13　HDL64E 的 64 条线束垂直分布图

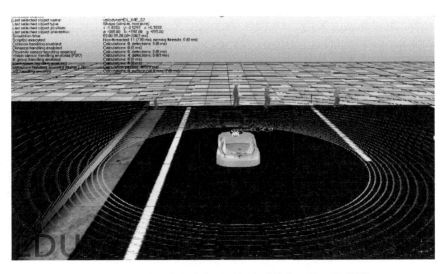

图 3-14　64 线激光雷达在遇到行人时仿真场景（见彩插）

实时情况,右下角配有同步的相机图像。通过多线激光点云,静态物体(如两边停放的车辆)可以清晰地呈现出来。同时两名行人以及经过的车辆,它们运动变化的轮廓也清晰地呈现出来了。通过一定的算法,可以进行目标检测与跟踪。

图 3-15　实验车辆在校园环境采取的数据回放(见彩插)

多线激光雷达具有盲区。如图 3-16 所示,当多线激光雷达的安装位置确定后,它的检测盲区也就确定了,即图中阴影所示的区域。

对于复杂的行驶环境,为了弥补这种检测盲区问题,通常会采用多线激光雷达与单线激光雷达组合使用的方式。图 3-17 所示的就是北京理工大学智能车辆实验室参加 2014 越野挑战赛时的无人驾驶车辆,采用了 64 线与单线激光雷达组合使用。

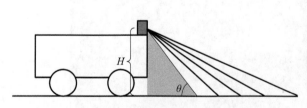

图 3-16　多线激光雷达第一种盲区示意图

图 3-17　64 线与单线激光雷达组合使用的无人驾驶车辆

上面介绍了多线激光雷达第一种盲区问题。如图 3-18 所示，多线激光雷达还存在第二种盲区。由于相邻线束间存在一定夹角，如果有一个比较矮的物体，在单帧扫描数据中可能会出现物体检测不到的情况。当然，这个问题可以通过连续多帧数据融合检测来解决。

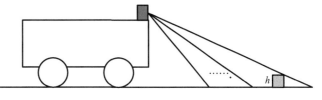

图 3-18 多线激光雷达第二种盲区示意图

3.1.2 毫米波雷达

图 3-19（a）是车辆遇到烟雾的场景，图（b）是 2007 年 DARPA 城市挑战赛中获得冠军的 Boss 无人驾驶车辆在比赛中遇到的场景。激光雷达会将烟雾、扬尘检测为障碍物。

图 3-19 激光雷达被烟雾、扬尘干扰的场景

毫米波雷达在这方面有一定的优势。图 3-20（a）是北京理工大学智能车辆实验室的无人驾驶车辆，在车牌的下方，安装了一个毫米波雷达，如 3-20（b）所示。

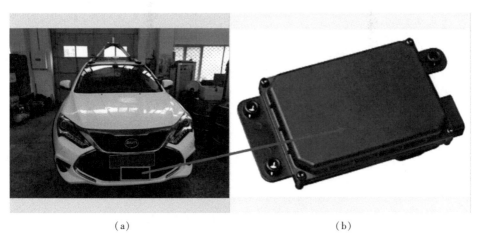

图 3-20 毫米波雷达

毫米波，是工作在毫米波波段，波长在 1~10 mm 的电磁波。毫米波雷达既有测速的功能，又有测距的功能。与激光雷达不同，毫米波雷达发射出去的电磁波是一个锥状的波束。

图 3-21 是一个水平视场角为 15°范围的检测示意图，可以看出，在 10 m、30 m、50 m 处有不同的探测宽度。

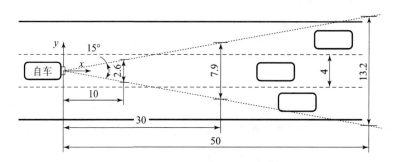

图 3-21 毫米波雷达检测示意图

毫米波雷达还可分为不同测距模式，对应有不同的波束范围。

目前市面上主要有两大类的毫米波雷达，一类是频率覆盖在 24 GHz 左右的毫米波雷达，其波长是 1.25 cm 左右；另一类是频率覆盖在 77 GHz 的毫米波雷达，其波长大概是 4 mm。而通常自然界雨点的直径在 0.5~4 mm 范围内，灰尘的直径在 1~100 um。如图 3-22 所示，比较可知，毫米波的波长大于雨点和灰尘的直径，因而可以穿透这些障碍物。

接下来以 Delphi ESR 毫米波雷达为例介绍毫米波雷达的数据。毫米波雷达通常通过 CAN 总线进行数据传输，ESR 毫米波雷达会返回 64 个目标。这 64 个目标的数据 ID 从 0x0500 到 0x053F，是用十六进制表示的。图 3-23 是一组数据示例。第一列数据，即对应 ID 号。每个 ID 号后面的 8 个字节中包含了目标的测量数据，如距离、速度、角度等信息。

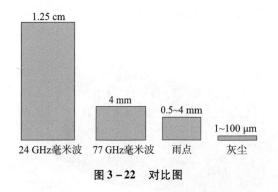

图 3-22 对比图

0500	00	00	00	00	00	00	1F	FF
0501	00	62	E8	E9	80	00	FF	FF
0502	00	00	00	00	00	00	1F	FF
0503	00	20	63	96	00	00	80	01
0504	00	62	21	90	80	00	BF	FF
0505	00	00	00	00	00	00	1F	FF
0506	00	20	ED	0A	00	00	80	00
0507	00	60	82	3B	00	01	BF	FF
0508	00	61	CE	AB	80	00	BF	FF

图 3-23 数据示例

表 3-1 是一个目标示例，数据为 07 0A 0E 0A 0A 01 08 0A，注意这是十六进制表示的。用二进制表示出来，可以得到附图中所示的 8 行 8 列 64 位数据。按照数据协议，蓝色代表角度值、黄色代表距离值、绿色代表速度值。

表 3-1 毫米波雷达目标数据示例（见彩插）

位 字节	7	6	5	4	3	2	1	0
0	0	0	0	0	0	1	1	1
1	0	0	0	0	1	0	1	0
2	0	0	0	0	1	1	1	0
3	0	0	0	0	1	0	1	0
4	0	0	0	0	1	0	1	0
5	0	0	0	0	0	0	0	1
6	0	0	0	0	0	1	0	0
7	0	0	0	0	1	0	1	0

■ 角度（°）　　■ 距离（dm）　　■ 速度（cm/s）

可以看到，绿色部分的二进制数是 00 1000 0000 1010，再转化成十进制数，是 2 058。注意，它的单位是 cm/s，转成 m/s 得到该目标的速度是 20.58 m/s。

3.1.3 车载相机

根据无人驾驶车辆上使用相机的数量可以将车载相机分为单目相机、双目相机和环视相机。图 3-24 展示的是 2013 年中国智能车未来挑战赛获得冠军的北京理工大学无人驾驶车辆。可以看出，无人驾驶车辆的顶部安装了单目相机。

图 3-25 是实验室无人驾驶车辆教学平台，其顶部采用了双目相机方案。

环视相机由多个安装在车身周围的鱼眼相机构成。由于环视图包含车身周边丰富的信息，广泛应用在自动泊车中。鱼眼相机是指带有鱼眼镜头的相机，鱼眼镜头视角比较大，有的甚至超过 180°。

图 3-24　2013 年中国智能车未来
挑战赛获得冠军车

图 3-25　无人驾驶车辆教学平台

相机的成像原理可以用小孔成像模型来解释。小孔模型能够把三维世界中的物体投影到一个二维成像平面，在成像平面上得到物体倒立的像。在相机中，小孔改成了镜头。

物体在有外界光源的情况下，外界光源照射到物体上的光线再反射到相机中，在相机的成像平面得到一幅离散的图像。图像是由一行行离散的点构成的，每个点称为一个像素。

相机成像时，不仅像素点是离散的，像素值也是离散的。可以用一个范围表示像素值。像素值范围和计算机中用多少比特表示一个像素值有关。常见的8比特图像，像素值的范围就是0~255，一共256级像素值。

3.2 定位导航常用传感器

图3-26是定位导航中比较常用的传感器——GPS接收机。

当GPS接收机上电后，会自动通过串口或USB口发送一定格式的数据包，它是一组包含有各种地理位置信息的字符串，字符串格式为：$信息类型，x，x，x，x，x，x，x，x，x，x，x，每行以字符"$"开头，以回车符结束。

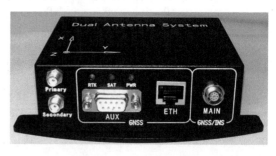

图3-26 GPS接收机

如表3-2所示，信息类型有GPRMC等几种。

表3-2 GPS信息类型表

信息类型	英文语义	中文语义
GPRMC	Recommended Minimum Specific GPS/TRANSIT Data（RMC）	推荐定位信息
GPVTG	Track Made Good and Ground Speed（VTG）	地面速度信息
GPGGA	Global Positioning System Fix Data（GGA）	全球定位信息
GPGSA	GPS DOP and Active Satellites（GSA）	当前卫星信息
GPGSV	GPS Satellites in View（GSV）	可见卫星信息
GPGLL	Geographic Position（GLL）	地理定位信息

以 $GPRMC，092427.604，V，4002.1531，N，11618.3097，E，0.000，0.00，280814，E，N*08 为例，各字段的含义如表3-3所示。

表3-3 示例数据各字段含义表

字段	参数	格式
字段0	$GPRMC	表示GPS信息类型为GPRMC
字段1	092427.604	定位时间09时24分27.604秒
字段2	V	定位无效
字段3	4002.1531	纬度：40度02.1531分
字段4	N	北纬
字段5	11618.3097	经度：116度18.3097分
字段6	E	东经
字段7	0.000	速度
字段8	0.00	方位角
字段9	280814	UTC日期2014日08月28年

Inertial+惯导是英国牛津技术系统公司开发的惯性导航产品,如图 3-27 所示,内部包含 3 个角度率陀螺仪、3 个加速度计,能够输出速度、加速度、角速度、航向角、俯仰角、横滚角等。通过外接全球导航卫星系统(GNSS)可提供连续的全局位置信息。

牛津惯导的数据分组一共 72 字节,可以通过以太网或者 RS232 串行链路传输数据。采用以太网时利用 UDP 协议进行传输。

图 3-27 Inertial+惯导

图 3-28 是 NAV992 GNSS/INS 组合导航系统,它集成了 3 个陀螺仪、3 个加速度计、GNSS 卫星导航系统和数传电台。采用实时操作系统,在数据处理芯片中嵌入数据融合滤波算法,系统能在静态、动态以及冲击振动状态下,输出稳定的导航数据。

图 3-29 是 PwrPak7E1 一体式 MEMS 组合导航系统,是一款高集成度的 NovAtel SPAN 组合导航系统,应用在很多无人驾驶车辆上。

图 3-28 NAV992 GNSS/INS 组合导航系统

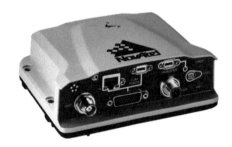

图 3-29 PwrPak7E1 一体式 MEMS 组合导航系统

3.3 车载通信系统

通信是指信息从一处传输到另一处的过程。信道是指发送装置和接收装置之间的信息传输通路。信息经由发送装置发出,经过信道,传递到接收装置,完成信息的通信过程。通信的数据信息是指具有一定编码、格式和字长的数字信息。

传输速率是指信道在单位时间内传输的信息量,一般以每秒钟所能传输的比特数来表示,即 bps 或者 bit/s。传输速率表示通信能力的强弱。

通信协议是指双方实体完成通信或服务必须遵循的规则和约定。通过通信信道和设备互连起来的多个不同地理位置的数据通信系统,要使其能协同工作实现信息交换和资源共享，它们之间必须具有共同的语言。交流什么、怎样交流及何时交流，都必须遵循某种互相都能接受的规则。这个规则就是通信协议。

3.3.1 无人驾驶车辆常用的通信方式

1. 串行接口

串行接口简称串口，是指数据一位一位地顺序传送，常见的串口通信标准及协议有 RS232、RS422、RS485。

2. 以太网

以太网是一种计算机局域网技术，它是一种载波多路访问和冲突检测机制的通信方式。

其通信特点：传输速率高，数据传输速率可达到 1Gbit/s；传输距离长。常用的以太网传输协议有 UDP 协议、TCP/IP 协议。

3. CAN 总线

CAN 是国际上应用最广泛的现场总线之一。1993 年 CAN 成为国际标准，分为 ISO11898（高速应用）和 ISO11519（低速应用）。CAN 总线在汽车底层通信应用广泛。

CAN 总线通信特点：数据传输速率高，传输距离长，抗干扰能力强，具有不同的优先级，可满足不同实时性要求，节点数多，多主方式工作，具有自我诊断能力。

图 3-30 是北京理工大学某无人驾驶车辆的 CAN 网络拓扑图，可以看出该车中主要有发动机控制器、变速器控制器、转向控制器、制动控制器、遥控驾驶仪以及综合控制器。

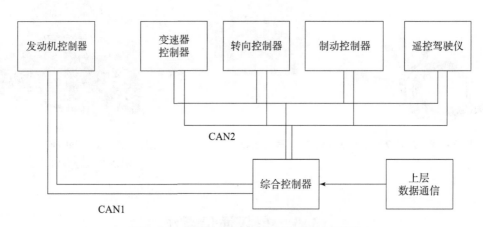

图 3-30 某无人驾驶车辆 CAN 网络拓扑图

该无人驾驶车辆利用综合控制器连接两路 CAN 网络，实现各个节点信息的交互，并且通过以太网/CAN 转换器实现综合控制器与上层工控机的通信。

3.3.2 无人驾驶车辆常用设备所采用的通信方式

表 3-4 中激光雷达、数字相机所采用的通信方式是以太网传输。惯导采用的通信方式为串口传输。

表 3-4 激光雷达、数字相机和惯导通信方式

设备名称	激光雷达	数字相机	惯导
实物图			
通信方式	以太网	以太网	串口

如表 3-5 所示，一般工控机接口较多，具有以太网通信和串口通信的功能。GPS 接收机所采用的通信方式是串口通信和以太网通信。毫米波雷达和整车控制器采用 CAN 总线通信。

表 3-5 工控机、毫米波雷达、GPS 接收机和整车控制器通信方式

设备名称	工控机	毫米波雷达	GPS 接收机	整车控制器
实物图				
通信方式	以太网/串口	CAN 总线	串口/以太网	CAN 总线

3.3.3 无人驾驶车辆常用的信号转换设备

以太网/CAN 转换器可以实现 CAN 总线数据和以太网数据相互传输的功能。该设备扩展了车辆底层 CAN 总线的使用范围，简单快捷地实现了车辆底层与上层工控机的数据交互。

以太网/CAN 转换器的设置，主要包括两部分，如图 3-31 所示。

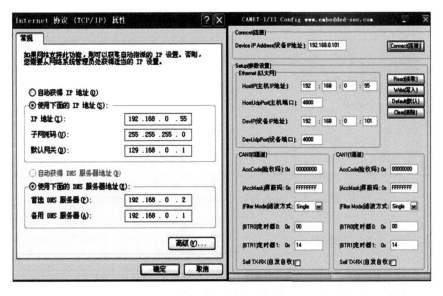

图 3-31 设置工控机 IP 地址（左）和配置以太网/CAN 转换器参数（右）

（1）工控机 IP 地址的设置——需将工控机的 IP 地址设置为静态固定的 IP 地址。
（2）配置以太网/CAN 转换器的参数。

如图 3-32 所示为以太网/串口转换器，可以实现串口数据和以太网数据相互传输的功能，是另一种常用的信号转换设备。

图 3-32　以太网/串口转换器

图 3-33 所示为某型号的以太网/串口转换器的配置图，该设备一般采用网页设置，在浏览器输入设备 IP 地址即可进行设置。

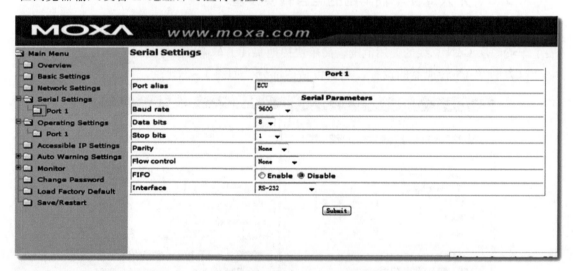

图 3-33　某型号以太网/串口转换器的配置图

3.3.4　以太网交换机

图 3-34 是一种以太网交换机，它采用共享总线型传输媒体方式的局域网，每个端口都直接与主机相连，并且一般都工作在全双工方式。

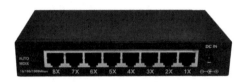

图 3-34 以太网交换机

交换机能同时连通许多对端口,使每一对相互通信的主机都能进行无冲突的数据传输。

图 3-35 为某无人驾驶车辆通信架构图。

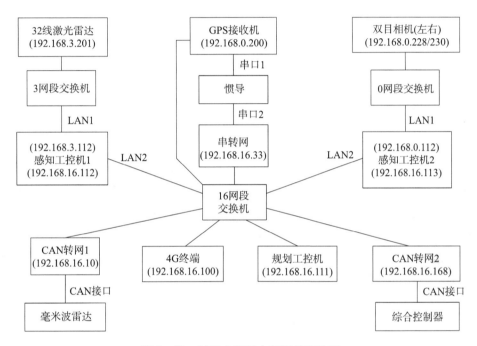

图 3-35 某无人驾驶车辆通信架构图

IPv4 中,IP 地址由 4 位十进制数构成,每一位都是 0~255 中的一个数;在 C 类地址中,一般常用设备的 IP 地址前两位通常为 192.168,第三位表示网段,网段相同的设备则可以实现在局域网内通信。

该无人驾驶车辆中,总共使用了 3 网段、0 网段、16 网段三个网段。这三个网段分别实现了激光雷达数据的通信、数字相机的通信以及各个设备之间的相互通信。

由于工控机通常有 LAN1 和 LAN2 两个网口,正好可以实现不同网段的转换。各个设备按照上述的通信架构图正确连接,就可以实现该无人驾驶车辆所有设备之间的通信。

3.4 车载计算平台

图 3-36(a)是 2005 年 DARPA 挑战赛冠军 Stanley。它用的计算平台是安装在防振架上的 6 台 Pentium MBlade 计算机,如图 3-36(b)所示。

 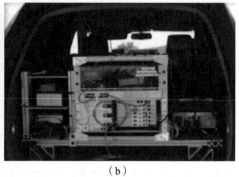

图 3-36　Stanley 和 6 台 1.6 GHz 的 Pentium MBlade 计算机

（a）2005 年 DARPA 挑战赛冠军 Stanley；（b）Stanley 的计算平台

图 3-37（a）是 2007 年 DARPA 挑战赛冠军——卡内基·梅隆大学的 Boss，它采用 10 个 Core2Duo 处理器的 CompactPCI 主板，如图 3-37（b）所示。Core2Duo 处理器频率为 2.16 GHz，内存为 2G，拥有 2 个以太网接口。

图 3-37　Boss 和 CompactPCI 主板

（a）2007 年 DARPA 挑战赛冠军 Boss；（b）CompactPCI 主板

下面介绍北京理工大学智能车辆实验室 2009 年以来用过的几类无人驾驶车辆计算平台。图 3-38 是 2009 年的计算平台，采用的是工业控制计算机。

图 3-38　2009 年采用的计算平台

图 3-39 是 2013 年采用的计算平台，采用的是 ARK-3440 工业控制计算机。

图 3 – 39　2013 年采用的计算平台

图 3 – 40 是实验室教学平台上的计算设备，采用的是 ARK – 3520P 工业控制计算机。

图 3 – 40　实验教学平台上的计算设备

随着嵌入式计算平台的出现，实验室在有些项目开发的无人驾驶车辆中，开始采用嵌入式计算平台替代工控机。较早使用的是基于 Jetson TX1 开发的计算平台。作为 Jetson TX1 的升级版，Jetson TX2 后续也被采用。

发展至今，车载计算平台大概可以分成以下几类：

（1）基于 GPU 的计算平台。利用 GPU 运行机器学习模型，耗费的时间大幅缩短。

（2）基于 DSP 的计算平台。德州仪器公司提供了一种基于 DSP 的无人驾驶的解决方案，可实现各种前置摄像机应用的同步运行。

（3）基于 FPGA 的计算平台。奥迪全新 A8 车型上搭载的 zFAS 域控制器就使用了 FPGA 芯片。

（4）基于 ASIC 的计算平台。ASIC 即专用集成电路，它是应特定用户要求和特定电子系统的需要而设计、制造的集成电路。

（5）其他计算平台。如谷歌的计算平台。

3.5　车载供电系统

无人驾驶车辆上所用的电气设备比较多，需要的电压和功率也各有区别。为了给这些电气设备正常供电，同时又不影响原车设备的供电，需要为无人驾驶车辆电气设备设计专门的供电系统。

设计步骤包括5个方面：

（1）统计车载设备用电情况；

（2）估算车载电源额定容量；

（3）整车供电系统设计；

（4）车载电源、稳压模块、开关分配与选型；

（5）设备布局、开关面板、线束、绝缘保护、电磁干扰保护等。

下面以实验室无人驾驶车辆教学平台中的供电系统为例进行介绍。首先，统计该无人驾驶车辆中电气设备以及其用电情况。表3-6中包括了设备名称、数量、电压、单个设备的功率以及总功率。通过统计，可以得出需要12V、24V设备的个数，以及12V、24V电源的需求功率。

表3-6 无人驾驶车辆电气设备及其用电情况统计

序号	名称	数量	电压/VDC	单个功率/W	总功率/W
1	32线激光雷达	1	9~18	8	8
2	CANET	1	9~24	5	5
3	相机	2	7~25	5	10
4	GNSS接收机	1	9~36	10	10
5	惯导	1	20~36	50	50
6	Nport	1	12~48	5	5
7	4G路由器	1	12	5	5
8	研华工控机	2	9~36	70	140
9	交换机	2	12~36	6	12
10	显示器	1	12	24	24
11	4线激光雷达	1		9	9
12	线缆附件等		/	/	/
				12V电源功率	61
				24V电源功率	217

根据各个设备额定功率、电压分配其所需电源、稳压模块、开关等。

图3-41展示的是该教学平台后备箱中布置的电气设备及其连线关系。DC-DC12V稳压模块上连接了32线激光雷达、CANET、相机等设备。电压转换器由车载蓄电池12V转换到24V，用于24V电气设备的供电，如惯导、工控机、交换机等。

图3-42展示的是某无人驾驶车辆供电系统控制面板，充分考虑了设备布局、开关面

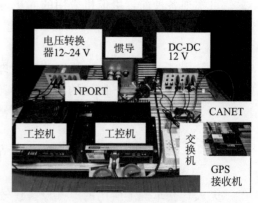

图3-41 教学平台电气设备及其连线关系

板、线束、绝缘保护、电磁干扰保护等问题。

图3-42 某无人驾驶车辆供电系统控制面板

需要指出的是，上面介绍的无人驾驶车辆电气设备专用的车载供电系统，主要是在无人驾驶车辆开发、研制过程中考虑的。随着无人驾驶车辆技术的发展成熟，其供电系统应该在无人驾驶车辆顶层设计时就考虑好。

习　题

1. 以某款无人驾驶车辆为例，分析讨论采用的自动驾驶电子电气架构。
2. 分析讨论车载通信系统的发展趋势。
3. 分析讨论车载计算平台的发展趋势。
4. 分析讨论从顶层设计考虑无人驾驶车辆供电系统。

第 4 章
传感器标定

对于无人驾驶车辆的路径规划、定位与地图构建，都需要知道车辆自身的位姿。如图 4-1 所示，车辆的位姿可以通过在世界坐标系下的坐标 x、y 和角度 θ 来描述。在车辆的横向控制中，需要控制前轮转向角，它需要在车体坐标系下描述；此外，车辆周围的障碍物、道路等环境信息也需要在车体坐标系下描述。

世界坐标系是一个固定的坐标系。车体坐标系有很多种定义方式，通常可以把车体坐标系的原点定在车辆后轴的中心，平行于地面向前定义为 X 轴正方向，向左定义为 Y 轴正方向，垂直地面向上定义为 Z 轴正方向。

相机、激光雷达、毫米波雷达等传感器，它们各自都有一个固定在传感器本身上面的坐标系，它们感知到的信息都是基于它们本身的坐标系的。图 4-2 展示了相机、激光雷达、毫米波雷达这些传感器的坐标系以及车体坐标系。

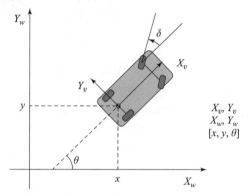

图 4-1 世界坐标系下无人驾驶车辆的坐标

这些传感器感知到的障碍物等信息，需要转换到车体坐标系下。如何将各个传感器的坐标系转换到车体坐标系呢？这就需要进行标定。经过标定，可以得到各个传感器坐标系与车体坐标系之间的转换关系。

图 4-2 车体及传感器坐标系

传感器标定可分为单一传感器标定和多传感器联合标定。单一传感器标定包括相机标定、激光雷达标定、毫米波雷达标定、惯导标定等。

除了需要把一个传感器的坐标系变换到车体坐标系之外,有时也需要将一个传感器的坐标系变换到另一个传感器坐标系,这就是多传感器之间的标定,包括相机与激光雷达联合标定、相机与毫米波雷达联合标定、相机与惯导联合标定、激光雷达与惯导联合标定等。

本章主要以相机标定、激光雷达标定以及相机激光雷达联合标定为例进行介绍。

4.1 相机标定

4.1.1 单目相机标定

对于相机,需要标定的具体参数有哪些呢?需要先了解相机成像的简化模型,也就是小孔成像模型。如图4-3所示,设 $Oxyz$ 为相机坐标系,习惯上让 z 轴指向相机前方,x 向右,y 向下。相机坐标系的原点 O 为相机的光心,也是小孔模型中的小孔。

现实世界的空间点 P,经过小孔 O 投影之后,落在物理成像平面上,成像点为 P'。在物理成像平面上,以光轴与该平面的交点 O' 为原点,平行于 x 轴、y 轴方向画出 x' 轴、y' 轴,把 $O'x'y'$ 称作图像物理坐标系。

设相机的焦距为 f,那么物理成像平面到小孔的距离就为 f。

定义了这两个坐标系,再假设 P 点在相机坐标系中的坐标为 (X, Y, Z),在图像物理坐标系中的坐标为 (X', Y')。

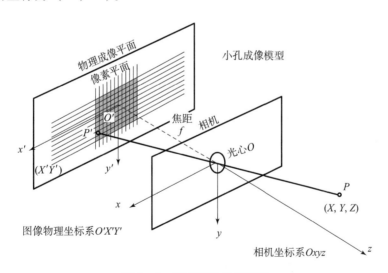

图4-3 相机成像简化模型

从这个小孔模型中,根据点 P 和 P' 的位置关系 OAP 和 OBP',可以看成一个相似三角形,如图4-4所示,则有

$$Z/f = -X/X' \tag{4-1}$$

其中,负号表示成的像是倒立的。

图4-5是倒立成像示意图。用相机拍摄的图像看起来是正的,这是因为相机内部把

成像平面进行了颠倒。

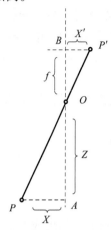

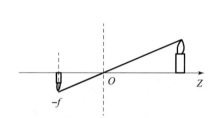

图 4-4 成像相似三角形示意图　　图 4-5 倒立成像示意图

图 4-6 中间的蜡烛，是把成像平面对称到相机前方，和被拍摄物体一起放在摄像机坐标系的同一侧。这样做可以把公式中的负号去掉，使式子更加简洁：

$$\frac{z}{f} = \frac{X}{X'} \qquad (4-2)$$

所以可以写成

$$X' = f\frac{X}{z} \qquad (4-3)$$

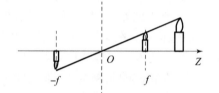

图 4-6 成像平面对称到相机前方示意图

同理，有

$$Y' = f\frac{Y}{z} \qquad (4-4)$$

于是就得出了一个点在图像物理坐标系和相机坐标系中的坐标关系。

相机坐标系和图像物理坐标系的坐标都是连续的，单位是米（m）。

但是图像的基本单元是像素，像素是离散的。所以再定义一个离散的像素坐标系。

假设在物理成像平面上固定着一个像素平面 $O'uv$。将像素坐标系定义为：原点 O' 位于图像的左上角，u 轴向右与 x 轴平行，v 轴向下与 y 轴平行，由于图中是相反的视角，所以看起来原点 O' 在图像右上角，实际上是在图像的左上角。

从图 4-7 可以看出，图像像素坐标系与图像物理坐标系是共面的，它们之间相差一个缩放和一个原点的平移。

假设从图像物理坐标系坐标 (X', Y') 到图像像素坐标系坐标 (u, v) 的变换是在 X' 轴缩放 α 倍，在 Y' 轴缩放 β 倍，同时原点平移 (u_0, v_0)。

于是有

$$\begin{cases} u = \alpha X' + u_0 \\ v = \beta Y' + v_0 \end{cases} \qquad (4-5)$$

把式（4-3）、式（4-4）代入式（4-5），得到

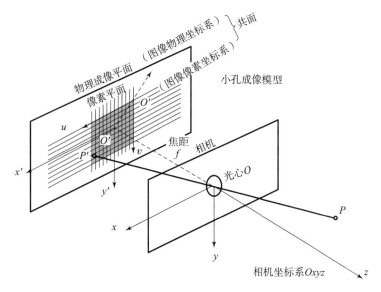

图 4-7 相机成像模型各坐标系示意图

$$\begin{cases} u = \alpha f \dfrac{X}{z} + u_0 \\ v = \beta f \dfrac{Y}{z} + v_0 \end{cases} \quad (4-6)$$

令

$$f_x = \alpha f \quad (4-7)$$
$$f_y = \beta f \quad (4-8)$$

则式（4-7）可写为

$$\begin{cases} u = f_x \dfrac{X}{z} + u_0 \\ v = f_y \dfrac{Y}{z} + v_0 \end{cases} \quad (4-9)$$

最后，把方程组写成矩阵与向量相乘的形式，就可以得到

$$\begin{bmatrix} u \\ v \\ 1 \end{bmatrix} = \dfrac{1}{Z}\begin{bmatrix} f_x & 0 & u_0 \\ 0 & f_y & v_0 \\ 0 & 0 & 1 \end{bmatrix}\begin{bmatrix} X \\ Y \\ Z \end{bmatrix} \quad (4-10)$$

等式左边 $\begin{bmatrix} u \\ v \\ 1 \end{bmatrix}$ 为像素坐标，右边 $\begin{bmatrix} X \\ Y \\ Z \end{bmatrix}$ 是点 P 在相机坐标系中的坐标。而等式中 3×3 矩阵包含了 4 个元素，f_x 和 f_y 为等效焦距，u_0 和 v_0 为图像中心的像素坐标，它们只与相机和镜头的内部结构有关，称为相机内部参数。

习惯把 Z 放到左边，如式（4-11），这个 3×3 矩阵就叫作内参矩阵，在这里用字母 K 表示。其中 K 为内参矩阵，P 为点 P 在相机坐标系下的坐标。

$$Z\begin{bmatrix}u\\v\\1\end{bmatrix}=\begin{bmatrix}f_x & 0 & u_0\\0 & f_y & v_0\\0 & 0 & 1\end{bmatrix}\begin{bmatrix}X\\Y\\Z\end{bmatrix}\triangleq KP \qquad (4-11)$$

相机除了内参之外，还有外参。它表示相机坐标系与车体坐标之间的坐标转换关系。前面介绍过，车体坐标系用来描述车辆周围的物体和本车之间的相对位置关系，原点定义在车辆后轴中心，x 轴平行地面指向正前方，y 轴指向左侧，z 轴垂直地面指向上方。

车体坐标系与相机坐标系之间的变换如图 4-8 所示，可以看成相机坐标系分别绕其 x'、y'、z' 轴旋转 α、β、γ 角度，再把其原点沿 x'、y'、z' 轴平移 Δx、Δy、Δz 距离，就得到了车体坐标系。

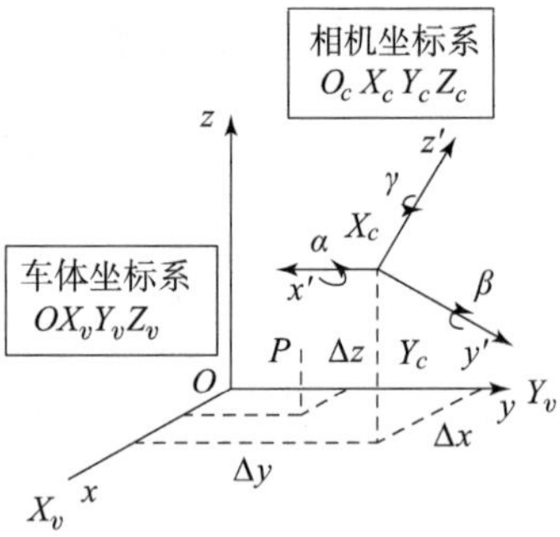

这样的旋转和平移关系，可以通过一个 3×3 的旋转矩阵 R 和一个 3×1 的平移向量 T 来表示。用 R 左乘车体坐标系坐标 $\begin{bmatrix}x_v\\y_v\\z_v\end{bmatrix}$，再加上 T，就得到了相机坐标系坐标 $\begin{bmatrix}x_c\\y_c\\z_c\end{bmatrix}$。

图 4-8 相机坐标系与车体坐标系转换关系

R 和 T 称为相机的外部参数，简称外参。

$$\begin{bmatrix}x_c\\y_c\\z_c\end{bmatrix}=R\begin{bmatrix}x_v\\y_v\\z_v\end{bmatrix}+T \qquad (4-12)$$

这样，就知道了如何将一个点的坐标从车体坐标系转换到相机坐标系，再转换到像素坐标系。

将坐标转换过程总结起来，就得到了相机模型方程：

$$z_c\begin{bmatrix}u\\v\\1\end{bmatrix}=\begin{bmatrix}f_x & 0 & u_0\\0 & f_y & v_0\\0 & 0 & 1\end{bmatrix}\left(R_c\begin{bmatrix}x_v\\y_v\\z_v\end{bmatrix}+T_c\right) \qquad (4-13)$$

方程（4-13）展示了需要标定的相机内参和外参。

在小孔模型中，一条直线投影到像素平面上还是一条直线。实际的相机，并不像小孔模型这样完美。比如，透过透镜看物体，如图 4-9 所示，对于原本是中间的网格形状，但是透过透镜看起来可能会是左边或者右边的样子。

这是由于透镜形状的原因发生的图像畸变。越靠近图像的边缘，这种现象越明显。由于实际加工制作的透镜往往是中心对称的，这使得不规则的畸变通常径向对称，因此称之为径向畸变。

除了透镜的形状会引入径向畸变外，在相机的组装过程中由于安装误差，透镜和成像面不严格平行，也会引入畸变，称作切向畸变，图 4-10 展示的是切向畸变。

可以用式（4-14）、式（4-15）校正发生了畸变的图像。对于未校正的点的坐标 (x,y)，令 $r^2=x^2+y^2$，把 x、y、r 代入公式，就可以得到校正后点的坐标 $(x_{\text{corrected}},y_{\text{corrected}})$。

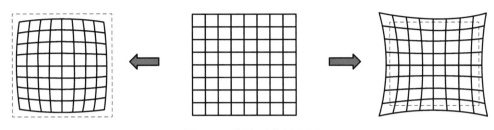

图 4-9 径向畸变示意图

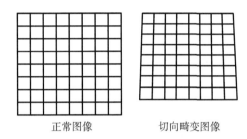

图 4-10 切向畸变示意图

$$x_{\text{corrected}} = x(1 + k_1 r^2 + k_2 r^4 + k_3 r^6) + 2p_1 xy + p_2(r^2 + 2x^2) \quad (4-14)$$

$$y_{\text{corrected}} = y(1 + k_1 r^2 + k_2 r^4 + k_3 r^6) + 2p_2 xy + p_1(r^2 + 2y^2) \quad (4-15)$$

式中,k_1,k_2,k_3 称为径向畸变系数;p_1,p_2 称为切向畸变系数。

根据实际情况,校正图像畸变时,畸变系数的个数可以灵活选择,比如一开始只考虑 k_1,p_1 这两项低阶项系数,把公式中含有 k_2、k_3、p_2 高阶项系数的项都删除,然后查看校正效果,如果校正效果不好,再把 k_2、k_3、p_2 这几项也纳入考虑范围。

相机的标定,就是要求解相机的坐标系转换方程和畸变校正方程中涉及的相机内参、外参以及畸变系数。

早期求解摄像机内部和外部参数的方法是一步法:直接使用最优化算法求出内外部参数,这样求得的结果严重依赖给定的初始值。目前常用的是两步法:先使用直接线性变换方法或者透视变换矩阵方法求解摄像机参数,再把求得的参数作为初始值,考虑畸变因素,最后通过最优化算法来提高摄像机标定精度。Tsai 方法和张正友法是两步法中比较经典的代表。

在 Tsai 方法中,假设 u_0,v_0 已知,由相机厂家提供,且只考虑径向畸变。张正友法也是假设只考虑径向畸变。相比其他标定方法,张正友法对标定设备要求较低,只需要二维平面的标定设备。常见标定工具比如 OpenCV 中的标定工具和 Matlab 标定工具箱都是基于张正友法稍加修改的。下面简要介绍张正友法的标定流程。

根据相机的坐标系变换方程,要解出内参和外参,还需要知道像素坐标系坐标(u,v)和车体坐标系坐标(x_v,y_v,z_v)来。

可以通过标定板,比如棋盘格标定板,如图 4-11 所示,来获得这些坐标。棋盘格标定板是一个平面,上面排列着许多大小相等的黑白方格。

假设标定板坐标系原点在标定板左上角的网格点处,把标定板平面作为 $z = 0$ 平面,

再把向右定义为 x 轴正方向，向下定义为 y 轴正方向。通过拍摄标定板照片就可以获取一系列点在标定板坐标系和像素坐标系下的坐标。注意，这样标定得到的相机外参，不是相机相对于车体坐标系的旋转和平移，而是相机相对于标定板坐标系的旋转和平移。

图 4-11　标定板图片中的像素坐标系和标定板坐标系

通过图像处理技术可以自动检测出棋盘格标定板上的网格点，然后得到每个网格点在图像中的像素坐标。另外，由于每个网格的实际尺寸已知，所以网格点在标定板坐标系中的坐标也可以知道了。这样，就得到了一系列的标定板坐标与像素坐标点对，如图 4-12 所示。

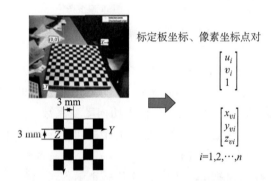

图 4-12　标定板网格点的像素坐标与标定板坐标

需要拍摄多张不同角度的标定板照片，然后可以使用 Matlab 或 OpenCV 相机标定工具箱，求出相机的内参、外参，此外，也可以求出畸变系数。

标定结果中的外参是相机相对于标定板的外参。如图 4-13 所示，为了得到相机相对车体坐标系的外参，可以在标定时将标定板与地面平行或垂直放置，再测量出标定板坐标系原点距离车体坐标系原点的距离，这样就知道了车体坐标系到标定板坐标系的变换关系。然后再结合相机相对于标定板的外参，就可以得到相机相对于车体坐标系的外参。

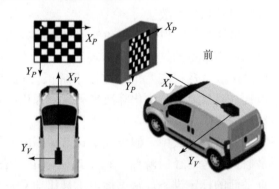

图 4-13　获得标定板坐标系相对于车体坐标系的坐标

通过标定结果，将图像转换成鸟瞰图，就可以在鸟瞰图中得到平行的车道线，如图 4-14（a）所示，这样就方便后续的车道线检测。如果标定结果不准确，就可能得到图

4-14（c），在图中车道线并不平行，这样可能影响后续的检测算法。

图 4-14　将图像转换为鸟瞰图
（a）标定结果较准确时的变换结果；（b）图像；（c）标定结果不准确时的变换结果

4.1.2　双目相机标定

图 4-15（a）表示的是左右两个水平放置的相机，P 是相机拍摄到的一个物体。在俯视图下，可以看出两个相机的光心都位于 x 轴上。两个光心的距离称为双目相机的基线，记作 b，这是双目相机的重要参数。

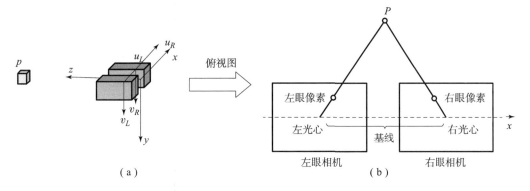

图 4-15　双目视觉示意图
（a）左右两个水平位置放置的相机；（b）左右眼相机俯视图

为了方便计算，通常采用两个型号相同、焦距相同的相机。考虑一个空间点 P，它在左相机图像和右相机图像中各成一像，记作 P_L、P_R。理想情况下，由于左右相机只有在 x 轴上有位移，因此 P 的像也只在 x 轴（对应图像的 u 轴）上有差异。用 u_L 和 u_R 来分别表示 P_L、P_R 在左右相机图像坐标系的坐标。按照图中坐标定义，u_R 应该是负数，所以图中标出的像 P_R 到右光心的水平距离为 $-u_R$。

根据三角形的相似关系，有

$$\frac{z-f}{z} = \frac{b - u_L + u_R}{b} \tag{4-16}$$

整理得到

$$z = \frac{fb}{u_L - u_R} \tag{4-17}$$

其中，$u_L - u_R$ 称为视差。因此，根据双目相机的基线、焦距，以及同一个物体在两个相机图像中的视差，就能得到距离。

实际的双目相机，由于有安装误差，所以光轴不严格平行。

为了仍然能够使用理想的双目相机测距模型，需要标定两个相机的位置变换关系，这样就能把有安装误差的实际双目相机变换成理想双目相机测距模型。

这里同样要用到棋盘格标定板。通过获取双目相机对于同一个标定板的图像，然后在两个相机的图像中分别找到棋盘格网格点的位置，就可以求出两个相机的相对旋转矩阵、平移向量。知道了两个相机的相对位置关系，就可以将两个相机不在同一个成像平面的图像转换到同一个平面。

实际使用双目相机测距之前，要进行双目校正，这样可以把左右相机的图像在水平方向严格对齐，便于求取视差。对于双目相机的原始图像，首先是消除畸变，然后利用双目相机标定结果校正图像，最后对两个相机图像中的公共视野进行裁剪。

图 4-16 所示是用 Matlab 自带的双目相机标定工具箱进行标定的示例。首先导入棋盘格图片，再输入棋盘格大小，并经过 Matlab 自动检测图片中的棋盘格网格点，这样就得到了棋盘格网格点在世界坐标系和两个相机的像素坐标系中的坐标。

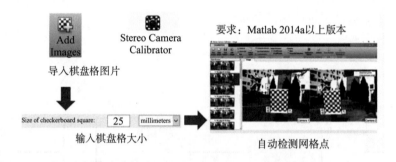

图 4-16　Matlab 双目相机标定工具箱使用流程

然后点击标定按钮，就可以得到双目相机标定的参数，如图 4-17 所示。可以看到，标定结果中，有两个相机各自的参数、相机 2 相对于相机 1 的旋转矩阵和平移向量，以及标定误差等。

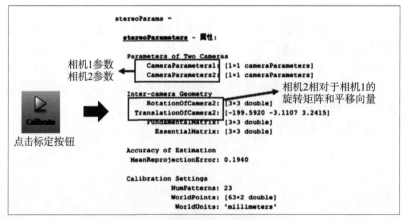

图 4-17　双目相机标定的参数

图 4-18 是将两个相机与棋盘格标定板之间的位置关系进行可视化的结果。

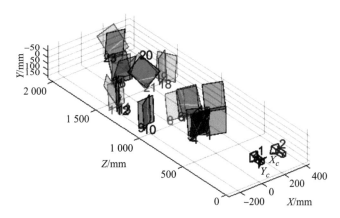

图 4-18 可视化示意图

4.2 激光雷达标定

与相机类似,激光雷达也有内参、外参。激光雷达内参指的是其内部激光发射器坐标系与激光雷达自身坐标系的转换关系,在出厂之前已经标定完成,可以直接使用。所以只需要求出激光雷达的外参,即激光雷达坐标系与车体坐标系的转换关系。

4.2.1 单线激光雷达的标定

以图 4-19 中安装在汽车前保险杠附近的单线激光雷达为例。

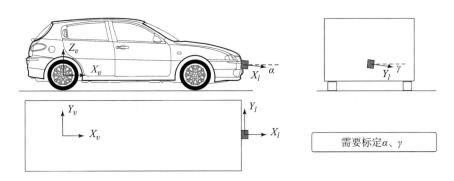

图 4-19 单线激光雷达坐标系及车体坐标系

车体坐标系以车辆后轴中心为坐标原点,垂直地面向上为 z 轴,平行于地面向前为 x 轴,再按照右手坐标系规定,确定 y 轴方向为平行于地面向左。

单线激光雷达坐标系也是指向汽车前方为 x 轴,指向汽车左边为 y 轴,但是由于激光雷达安装误差等原因,激光雷达坐标系与车体坐标系的坐标轴之间存在角度偏差,比如激光雷达坐标系的 x 轴相对于水平地面偏差了俯仰角 α,y 轴相对于水平地面偏差了侧倾角 γ。

单线激光雷达到车体坐标系原点的距离和高度差很容易测量出来。因此这里介绍激光雷达的俯仰角 α 和侧倾角 γ 的标定。

首先用矩形板标定激光雷达的侧倾角 γ。如图 4-20 所示，把矩形标定板 ABCD 放置在单线激光雷达前方的水平地面上，激光束在标定板上扫描到的点构成直线段 EF，假设在标定板上过点 E 有一条平行于地面的直线段 EG，则线段 EF 和线段 EG 之间的夹角就是激光雷达的侧倾角。

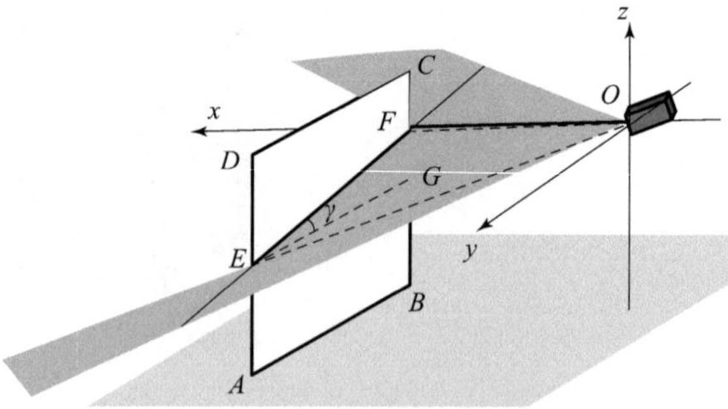

求解侧倾角 γ 的大小，需要知道线段 EF、线段 EG 的长度，从激光雷达扫描数据中可以获得 ∠FOE 的大小、线段 OE 和线段 OF 的长度，由此可以求出线段 EF 的长度。另外，线段 EG 的长度就是矩形标定板边 AB 的长度。因此由余弦定理可得

$$\gamma = \arccos\left(\frac{l_{AB}}{l_{EF}}\right) \quad (4-18)$$

图 4-20 标定激光雷达的侧倾角 γ 示意图

接下来分析激光雷达俯仰角 α 的标定。先来看不考虑侧倾角的情况，如图 4-21 所示，这时假设激光雷达的 y 轴平行于水平地面且垂直于屏幕向外，而激光雷达的 x 轴则与地面不平行，与地面之间存在一个俯仰角 α。先将一块标定板放在激光雷达前方的位置 1，激光束扫描到标定板的 A 点位置处；然后把标定板放在位置 2，激光束扫描到标定板的 B 点位置处，过 B 点作一条水平线 BC，那么 ∠ABC 就等于激光雷达的俯仰角 α。

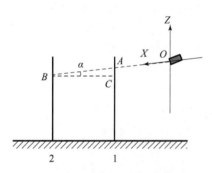

图 4-21 激光雷达俯仰角 α 的标定示意图（不考虑侧倾角）

实际标定俯仰角时还需要考虑侧倾角。如图 4-22 所示，首先把等腰直角三角形标定板放于位置 1 的水平地面，之后再平行移动到位置 2。激光雷达扫描点在位置 1 标定板上的扫描点构成了直线段 E_1F_1，在位置 2 标定板上的扫描点构成了直线段 E_2F_2。分别过点 E_1、点 E_2 有平行于等腰三角形底下那条直角边的水平线 E_1D_1、E_2D_2，那么 $\angle F_1E_1D_1$ 和 $\angle F_2E_2D_2$ 都等于激光雷达侧倾角 γ。

如图 4-23 所示，假设过点 D_2 有一条平行于地面的水平线与 F_1D_1 所在的三角形直角边相交于点 G，可以推导出来 $\angle D_1D_2G$ 就等于激光

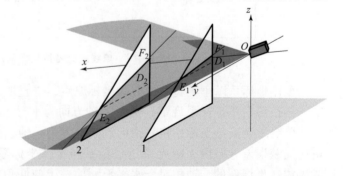

图 4-22 激光雷达俯仰角 α 的标定示意图（考虑侧倾角）

雷达的俯仰角 α。接下来根据几何关系求 α。

如图 4-24 所示，假设等腰直角三角形在第一个位置时三个顶点分别为 A_1、B_1、C_1，在第二个位置时三个顶点分别为 A_2、B_2、C_2。

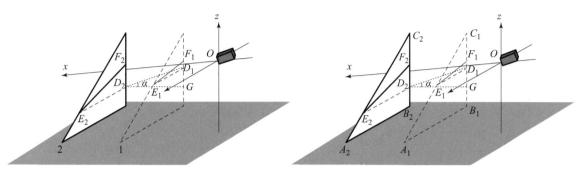

图 4-23 激光雷达俯仰角 α 示意图　　　图 4-24 求解激光雷达俯仰角 α 步骤

角 α 可以通过线段 D_1G 的长度与线段 D_2G 的长度的比值的反正切值得到，而其中线段 D_1G 的长度等于线段 D_1B_1 的长度减去线段 D_2B_2 的长度，线段 D_2G 的长度就等于 B_1B_2 的距离。

线段 D_1B_1 的长度等于 C_1B_1 的长度减去 C_1D_1 的长度，由于三角形 $C_1E_1D_1$ 是等腰直角三角形，所以 C_1D_1 的长度等于 D_1E_1 的长度。

而 D_1E_1 的长度可以在直角三角形 $F_1E_1D_1$ 中根据斜边 E_1F_1 的长度和 $\angle F_1E_1D_1$ 求出来，斜边 E_1F_1 的长度根据扫描的点云数据可以获取，而 $\angle F_1E_1D_1$ 就等于侧倾角 γ。因此利用以上流程就可以求出激光雷达俯仰角 α。

4.2.2 多线激光雷达的标定

图 4-25 所示是多线激光雷达的坐标系和车体坐标系在车上的具体位置。

多线激光雷达坐标系为右手坐标系，旋转轴朝上为 z 轴正方向，电缆出口方向为 x 轴正方向，根据右手法则，大拇指为 x 轴，食指为 y 轴，中指为 z 轴，可以判断出 y 轴的正方向。车体坐标系与 4.2.1 节中介绍的一致。

两个三维空间直角坐标系之间的转换关系可以用旋转矩阵加平移矩阵来表示。

假设有一点 P 在车体坐标系 $Oxyz$ 下的坐标为 $\boldsymbol{P}(x, y, z)$，在激光雷达坐标系 $O'x'y'z'$ 下的坐标为 $\boldsymbol{P'}(x', y', z')$。$\boldsymbol{P'}$ 和 $\boldsymbol{P}$ 的坐标转换关系可以表示为

图 4-25 多线激光雷达的坐标系和车体坐标系在车上的具体位置

$$\begin{bmatrix} x \\ y \\ z \end{bmatrix} = \boldsymbol{R} \begin{bmatrix} x' \\ y' \\ z' \end{bmatrix} + \boldsymbol{T} \qquad (4-19)$$

其中，R 为旋转矩阵，T 为平移向量。如图 4-26 所示为激光雷达外参示意图。

可以采用纸箱法来激光雷达进行标定，具体步骤是：

（1）在水平地面上摆放正方体纸箱，采集激光雷达数据，要求纸箱能够被激光雷达扫描到。

（2）在激光雷达点云中找到属于纸箱的点，获得纸箱顶点的激光雷达坐标系坐标。

（3）测量纸箱的顶点相对车辆后轴中心的相对位置，得到纸箱顶点在车体坐标系下的坐标。

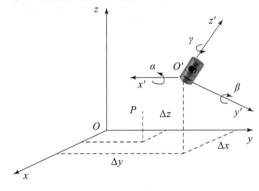

图 4-26　激光雷达外参示意图

（4）最后，将纸箱顶点的激光雷达坐标系坐标和车体坐标系坐标代入坐标变换方程，就可以求出旋转矩阵和平移向量。

4.3　相机与激光雷达联合标定

图 4-27 所示为激光雷达点云与图像的融合。这样将相机与激光雷达点云的数据融合起来有助于弥补单个传感器的不足，更好地进行环境感知。

要实现这样的数据融合，必不可少的一步就是进行相机与激光雷达的联合标定。

图 4-27　激光雷达点云与图像融合（见彩插）

相机与激光雷达的联合标定，是标定从激光雷达坐标系到相机坐标系的空间变换关系，也就是求出它们之间的旋转矩阵、平移向量，如图 4-28 所示。

图 4-28　相机与激光雷达的联合标定示意图

如同相机标定需要从棋盘格图像中选出一些角点,相机与激光雷达的联合标定也需要从图像和雷达扫描点中选出一些点对。

对于单线激光雷达,可以挑选出它扫描到的标定纸箱的两个端点,如图4-29(a)中的两个点。同时从图像中挑选出对应的点,如图4-29(b)中的两个点。

图4-30是标定过程的实际图像和扫描点。

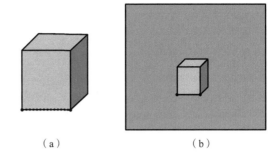

图4-29 图像和单线激光雷达雷达扫点对
(a) 真实环境中雷达扫描点;(b) 图像中像素点的选取

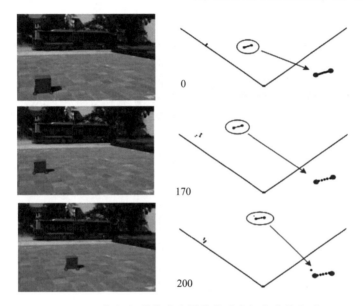

图4-30 相机与单线激光雷达的联合标定中的点对

对于多线激光雷达,可以选择扫描到的标定板的上下边沿的左右端点,如图4-31(a)中的4个点。接着在图像中也选择标定板的上下左右四个端点,如图4-31(b)所示。

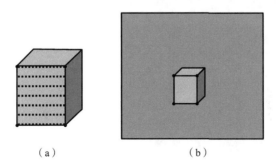

图4-31 图像和单线激光雷达雷达扫点对
(a) 雷达扫描点;(b) 图像中像素点的选取

图 4-32 是标定过程的实际图像和激光雷达点云。

图 4-32　相机与多线激光雷达的联合标定

得到像素雷达点对之后，结合相机的内参，求解关于旋转矩阵和平移向量的线性方程，就可以求出相机与激光雷达之间的旋转矩阵和平移向量。

然后，利用旋转矩阵和平移向量，就可以将点从激光雷达坐标系转换到像素坐标系。也可以将像素转换到点云。

图 4-33 是相机与单线激光雷达联合标定之后的数据融合结果。可以看出，激光雷达点云对应到了图像中的车辆、行人上。

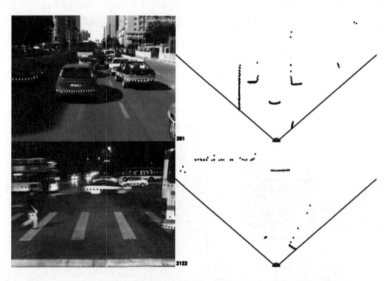

图 4-33　相机与单线激光雷达联合标定之后的数据融合结果

习　题

1. 用网页 http：//www.vision.caltech.edu/bouguetj/calib_doc/htmls/example.html 提供的 Camera Calibration Toolbox for Matlab 标定工具箱和图片练习单目摄像机标定过程，撰写实验报告，包括标定过程截图（含输入系数 kc 之前的角点提取结果、输入系数 kc 之后的角点提取结果、重投影误差、标定参数结果、外参可视化结果），并指出其中的 fc、cc、$alpha\_c$、kc、err 等参数的物理含义。

2. 根据以下网页内容，开展双目相机测距实验。https：//ww2.mathworks.cn/help/vision/examples/depth-estimation-from-stereo-video.html。

第 5 章

环境感知

本章首先介绍基于相机的环境感知技术，包括图像预处理技术、车道线检测、车辆检测等内容。由于卡尔曼滤波在目标跟踪和传感器融合中具有重要作用，所以把它单独作为一节进行介绍。之后介绍基于激光雷达的环境感知，包括障碍物检测、回波强度的应用等方面的内容。本章也会介绍深度学习的内容，包括卷积神经网络（CNN）的基本知识、运用 CNN 对 Stop 交通标志的检测等。本章最后介绍多传感器融合。

5.1 基于相机的环境感知

5.1.1 图像预处理

这一节介绍基于相机的环境感知。

相机拍摄到的图像，通常需要进行一些预处理步骤，来消除图像噪声、排除干扰区域，以便于检测出图像中的车辆、行人、车道线等目标。预处理的方法根据所需要检测的目标对象有所不同。接下来以灰度图像检测车道线为例，介绍常用的一些图像预处理方法。

相机拍摄的一般都是彩色图像，一般是 RGB 三个通道组成的，每个像素点具有三个通道的像素值。三通道的彩色图像，如何转换成一个通道的灰度图像呢？

由于人的视觉对颜色的敏感度不同，等量的红、蓝、绿混合不能得到对应亮度相同的灰度值，大量的实验数据表明，当采用 0.3 份红色、0.59 份绿色、0.11 份蓝色混合后可以得到比较符合人类视觉的灰度值。

图像数据中存在不必要的或多余的干扰信息，需要考虑图像去噪方法。这里主要介绍空间滤波方法。一般可以分为线性平滑、非线性平滑、自适应平滑三种。

线性平滑是对每个像素点的灰度值用它的邻域值的线性组合来代替。这里介绍线性平滑中的一种方法，叫作均值滤波。

均值滤波是一种比较简单的滤波方式，首先定义一个边长为奇数的滑动窗口，也叫滤波核，比如 3×3 均值滤波核，用它在图像上滑动，每滑动到一个位置，就计算这个 3×3 滤波核和图像各个对应位置像素值的乘积之和，再把计算结果赋给窗口中心对应的像素值，这样就等同于把窗口中心点所对应的像素值用窗口内所有像素的平均值代替，如图 5-1 所示。

$\frac{1}{9} \times$ | | | |
|---|---|---|
| 1 | 1 | 1 |
| 1 | 1 | 1 |
| 1 | 1 | 1 |

图 5-1 3×3 均值滤波核

比如对图 5-2 左图进行滤波，计算滤波核与左上角的 3×3 窗口中各个像素值的对应乘积的和，则可以得到结果为 6。

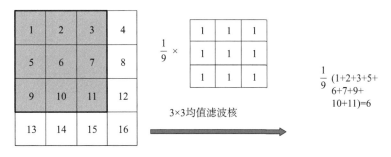

图 5-2　均值滤波示意图 1

然后把滤波核中心对应的图像位置的像素值设置为 6，如图 5-3 所示。

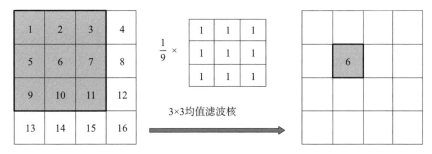

图 5-3　均值滤波示意图 2

依此类推，可以得到下一个位置的像素值 7，如图 5-4 所示。

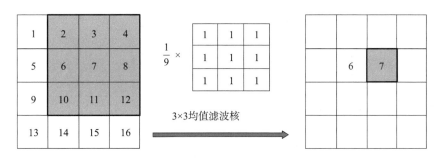

图 5-4　均值滤波示意图 3

如果随机噪声由灰度级比较尖锐的变化组成，均值滤波用像素邻域内的平均像素值去代替图像每个像素点的值，这样图像的噪声就被明显地压制下去。它以图像模糊为代价来换取噪声的减少，且滤波核越大，噪声减少越显著。

接下来，介绍中值滤波，它是一种非线性平滑方法。它用像素点邻域灰度值的中值来代替该像素点的灰度值。对图 5-5 左边的图像用 3×3 滤波核进行中值滤波，把图像中 3×3 窗口中的像素值按照大小顺序排列，选出中间值，就得到滤波结果。

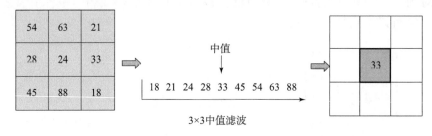

图 5-5　中值滤波示意图

均值滤波会把图像变得模糊，并且对于椒盐噪声的去除效果也不太好；而中值滤波既能减少椒盐噪声，还能避免让图像模糊。

单纯的平滑滤波可以降低噪声，但是会丢失很多图像的细节，最明显的就是让图像变得模糊；而自适应平滑滤波可以达到降低噪声的同时又增加细节，使图像的增强效果达到最佳。自适应平滑滤波中，滤波核会随着图像不同区域的内容动态变化。

经过了灰度化和降噪处理后，还需要进一步处理图像以便提取车道线像素点，这里用的方法叫作边缘增强。图像中的边缘其实指的就是像素值梯度较大的地方。它蕴含了丰富的内在信息（如方向、阶跃性、形状等），是灰度突变、颜色突变、纹理结构突变等图像局部特征的反映。

边缘增强是指突出图像的边缘，边缘以外的图像区域被削弱或者被完全去掉。常用的边缘增强方法有 Prewitt 算子、Sobel 算子、拉普拉斯算子、高斯-拉普拉斯算子等。下面简要介绍 Prewitt 算子和 Sobel 算子。

Prewitt 算子是一种一阶差分算子，它对图像进行一阶差分运算。它有两个方向的算子，如图 5-6 所示，其中图 5-6（a）是 x 方向算子，图 5-6（b）是 y 方向算子。需要分别计算两个方向上的梯度，计算方法与刚才讲过的均值滤波、中值滤波方法类似。也就是用一个方向的 Prewitt 算子与图像的某个相同大小窗口中的像素值计算对应元素的乘积之和，即得到一个方向的梯度。最后，利用 x 方向梯度与 y 方向梯度，可以计算出总梯度以及梯度方向。

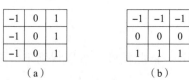

图 5-6　Prewitt 算子示意图
（a）x 方向算子；（b）y 方向算子

Prewitt 算子计算过程如下。

x 方向梯度：

$$\nabla_x f(x, y) = [f(x+1, y-1) + f(x+1, y) + f(x+1, y+1)] -$$
$$[f(x-1, y-1) + f(x-1, y) + f(x-1, y+1)] \tag{5-1}$$

y 方向梯度：

$$\nabla_x f(x, y) = [f(x-1, y+1) + f(x, y+1) + f(x+1, y+1)] -$$
$$[f(x-1, y-1) + f(x, y-1) + f(x+1, y-1)] \tag{5-2}$$

总梯度：

$$G(x, y) = \sqrt{\nabla_x f^2 + \nabla_y f^2} \tag{5-3}$$

梯度方向：
$$\tan\alpha = \frac{\nabla_y f(x, y)}{\nabla_x f(x, y)} \tag{5-4}$$

Sobel 算子也是一种一阶差分算子，图 5-7 所示分别是 x 和 y 方向上的 Sobel 算子。它是在 Prewitt 算子的基础上改进的，在中心系数上使用一个权值 2，相比较 Prewitt 算子，Sobel 算子能够较好地抑制噪声。

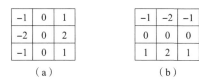

图 5-7　Sobel 算子示意图

对车道线图像利用以上算子进行边缘增强，它们都能提取出车道线边缘。如图 5-8 所示，图 5-8（a）和图 5-8（b）分别为 Prewitt 算子和 Sobel 算子计算的结果。可以看出，Sobel 算子的边缘增强结果图中，车道线边缘更明显一点。

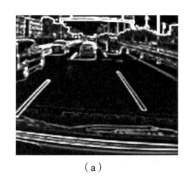

图 5-8　Prewitt 算子和 Sobel 算子对比
（a）Prewitt 算子计算结果；（b）Sobel 算子计算结果

边缘增强后，图片里的内容只有背景部分和边缘部分。这时已经不关心像素值的大小了，只需要将两部分区分开来。因此可以将图像二值化，区分开背景部分和边缘部分。

二值化就是将图像各个像素与阈值比较，大于阈值就设置成 255，小于阈值就设置成 0。二值化阈值的选取可以分为固定阈值法、自适应阈值法等。固定阈值法是整幅图像使用一个阈值，简单快速但是当图像不同区域、光照强弱变化较大时效果不太好。自适应阈值法适合处理图像不同区域光照强弱变化较大的情况，但是算法较复杂。

5.1.2　车道线检测

车道线检测方法有很多种。从图像视图分类，可以分为直接在原始视图上进行车道线检测，以及变换到鸟瞰图之后再进行车道线检测，如图 5-9（a）和图 5-9（b）所示。

要对车道线进行描述，需要建立车道线模型，包括参数模型、半参数模型、非参数模

图 5-9 车道线检测方法

(a) 直接在原始视图上进行车道线检测; (b) 变换到鸟瞰图之后再进行车道线检测

型。对于车道线模型的拟合, 可以采用传统方法, 如 Hough 变换等, 也可以采用机器学习方法, 如深度学习等。

接下来, 以在图像原始视图中用 Hough 变换方法拟合直线车道线为例介绍。5.1.1 节中已经介绍过对车道线图像的预处理环节, 因此接下来就是在预处理之后的二值化图像上进行车道线检测。

先来看看如何表示一条直线, 如图 5-10 所示。

方法 1, 是用 $y = ax + b$ 表示, 那么只需要 a、b 两个参数, 就可以代表一条直线。

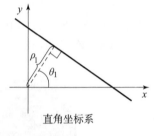

图 5-10 表示直线的方法

方法 2, 是用 $\rho = x\cos\theta + y\sin\theta$ 表示, 假设图中直线到原点距离为 ρ_1, 且画出原点到直线的最短距离线段, 该线段与 x 轴的夹角为 θ_1, 那么对于图中的这条直线, 就可以用 ρ_1、θ_1 两个数来唯一表示这条直线。

ρ_1、θ_1 两个数, 对应 $\rho - \theta$ 坐标系的一个点。因而可以用 $\rho - \theta$ 坐标系中的一个点, 来表示直角坐标系中的一条直线。那么在 $\rho - \theta$ 坐标系中, 用什么来表示直角坐标系中的一个点呢?

假设直角坐标系中有一点, 如图 5-11 (a) 中直线上粗圆点所示。经过这一点, 可以有一条直线, 这条直线在 $\rho - \theta$ 坐标系中对应 (ρ_1, θ_1)。同时, 经过这一点, 还可以有另一条直线, 这条直线在 $\rho - \theta$ 坐标系中对应 (ρ_2, θ_2)。再找出经过这一点的一条直线, 这条直线在 $\rho - \theta$ 坐标系中对应 (ρ_3, θ_3), 如图 5-11 (b) 所示。

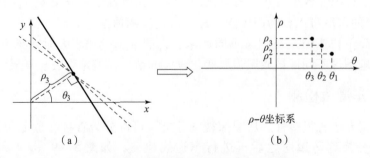

图 5-11 极坐标系下直线表示方法

(a) $\rho - \theta$ 坐标系中 (ρ_1, θ_1); (b) $\rho - \theta$ 坐标系

经过一个点可以有无数条直线,那么对应在 $\rho - \theta$ 坐标系中可以有无数个点,这些点连起来是一条曲线。

$\rho - \theta$ 坐标系中的这条曲线,表达式是 $\rho = x\cos\theta + y\sin\theta$,其中的 x、y 就是原来直角坐标系中点的坐标。

可以看到,图像空间中的一条直线经过 Hough 变换映射到参数空间中的一个点。图像空间中的一个点经 Hough 变换映射到参数空间则成为一条曲线,如图 5 – 12 所示。

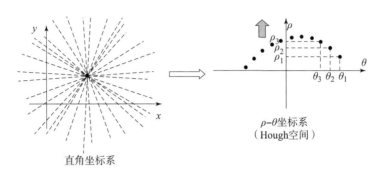

图 5 – 12　Hough 变换原理示意图 1

对于直角坐标系中其他的点,也可以变换到 $\rho - \theta$ 坐标系中的一条曲线。

如果直角坐标系中的这些点在同一条直线上,那么它们变换成的曲线,在 $\rho - \theta$ 坐标系中会交于一点。找到这一点,再把这一点反向变换到直角坐标系中,就是要找的经过图 5 – 13 左图中 3 个粗圆点的那条直线。

实际进行 Hough 变换时,还需要进行离散化,因为图像像素是离散的,而且经过一个像素点也不可能画出无数条直线,而是每隔一定角度间隔取一条直线,这样变换到 $\rho - \theta$ 坐标系中也是得到一个个离散的点,因此 θ 和 ρ 也是离散的。

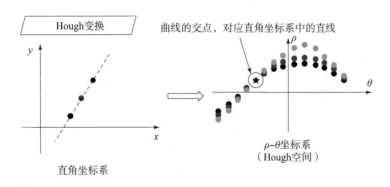

图 5 – 13　Hough 变换原理示意图 2

对于二值图像上的每一个白色点 (x, y),给定一系列离散的 θ 值,可以求出对应的 ρ。所有点计算完成后,统计排序可以得到表 5 – 1 所示的一张表。"数量"表示 (ρ, θ) 取值相同的个数。统计计数值大的点,对应着待求的直线。

表 5-1　二值图像坐标点统计表

排序	ρ	θ	数量
1	311	56	123
2	47	311	93
3	55	312	63
4	309	55	58
5	48	311	55
6	56	312	48
7	38	310	47
8	311	57	42
9	57	312	41
10	310	56	38

实际上会求出多条直线，其中就包括了车道线，因此在用 Hough 变换检测车道线的过程中，还需要融合一些先验知识，比如车道线可能出现的位置有一个范围，这个范围叫感兴趣区域，只对该区域进行 Hough 变换。再比如车辆直行时，车道线的角度通常会在一个较小的范围内，因此可以在"统计"时排除掉这个角度范围外的 θ。

对序列连续图像检测车道线，还可以通过一些办法提高检测结果稳定性。比如，根据之前几帧的检测结果，适当减小感兴趣区域；根据之前几帧的检测结果，适当减小统计区域；以及利用卡尔曼滤波算法提高检测稳定性。

下面介绍用 Matlab 检测车道线的一个示例。

图 5-14 所示是一张车载相机输出的图片。

图 5-14　Matlab 检测车道线原始图像

首先，用 imread 函数读取图像。然后，将图像灰度化。语句如下，结果如图 5-15 所示。

```
srcImage = imread('lane.jpg');% 读取图像
grayImage = rgb2gray(srcImage);% 灰度化
```

图 5-15　灰度化示意图（见彩插）

使用 medfilt2 函数进行中值滤波，这里滤波核尺寸为 9×9，语句如下，结果如图 5-16 所示。

```
denoisedImage = medfilt2(grayImage,[9,9]);% 中值滤波
```

图 5-16　中值滤波示意图

这一步采用 Sobel 算子进行边缘增强，语句如下，结果如图 5-17 所示。

图 5-17　边缘增强示意图

```
H = fspecial('sobel');% 预定义边缘增强算子为Sobel算子
sobelImage = imfilter(denoisedImage,H);% 采用Sobel算子突出边缘
```

接下来通过最大类间方差法（Otsu）选取阈值，并将图像二值化，语句如下，结果如图5-18所示。

```
thresh = graythresh(sobelImage);% 通过Otsu方法获得阈值
binaryImage = imbinarize(sobelImage,thresh);% 图像二值化
```

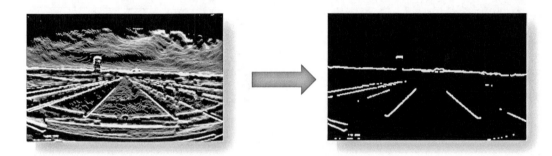

图5-18 二值化示意图

然后，进行Hough变换，这里选择在Hough空间中统计出前5个最大的值，然后求出对应的图像中的直线段。参数FillGap为20，表示如果两条直线段的距离小于20个像素，那么就把它们合并为一条直线段。MinLength为40，表示当直线段的长度小于40个像素时，就舍弃这条直线段。

```
[H,theta,rho] = Hough(binaryImage);% Hough变换
p = Houghpeaks(H,5,'threshold',ceil(0.3*max(H(:))));% 获取Hough空间
中前5个最大值点
lines = Houghlines(binaryImage,theta,rho,p,'FillGap',20,'MinLength',
40);
% 将Hough空间中的最大值转换为图像中的直线段
```

最后，Hough变换检测出很多条直线段，可以根据车道线的长度、斜率等假设条件筛除掉一些不符合长度阈值、斜率阈值的直线段，并把筛选后的直线段画在图像上。

```
line_length_thred =100;% 车道线长度阈值
slope_thred =0.3;% 车道线斜率阈值
imshow(srcImage);
for k =1:length(lines)
  xy =[lines(k).point1;lines(k).point2];% 线段两个端点的坐标
  line_length = sqrt((xy(1,1)-xy(2,1))*(xy(1,1)-xy(2,1))+(xy(1,
2)-xy(2,2))*(xy(1,2)-xy(2,2)));% 线段长度
  % 根据线段长度筛除一部分线段
  if(line_length < line_length_thred)
```

```
    continue;
  end
  slope = (xy(1,2) - xy(2,2))/(xy(1,1) - xy(2,1));% 斜率
  % 根据线段斜率筛除一部分线段
  if abs(slope) < slope_thred
    continue;
  end
  % 在图像上画出车道线
  xx = [xy(1,1),xy(2,1)];
  yy = [xy(1,2),xy(2,2)];
  line(xx,yy,'Linewidth',2,'Color','green');
end
```

图 5-19 是检测结果。

图 5-19 车道线检测结果

如果不筛选，可能会出现很多不是车道线的直线段也被检测出来了，如图 5-20 所示。

这是一个简单的示例。实际车道线的检测时，要想达到准确稳定的效果，可以增加一些约束。例如，根据国家标准，车道宽度和车道线宽度有一定的规格。而且，当行驶在水平路面上时，由于相机相对于路面的视角是基本不变的，所以图像中两条车道线的交点，即消失点（也称为灭点），它在图像中的位置基本是不变的。知道了灭点的位置、车道宽度、车道线宽度等信息，就可以限定一个车道线可能出现的区域，然后只在这个区域中检测车道线。

图 5-20　未筛选的检测结果

5.1.3　车辆检测

1. 基于 AdaBoost 的车辆检测

下面介绍基于机器学习的车辆检测。

深度学习也是机器学习的一种，为了区分，通常把朴素贝叶斯法、决策树、逻辑回归、支持向量机（SVM）、提升方法（AdaBoost）、随机森林等称为传统的机器学习方法。

传统机器学习方法与深度学习都能够做目标检测。下面以 AdaBoost 方法为例介绍。

用来检测车辆的特征有很多种，例如颜色特征、形状特征、阴影特征、HOG 特征、LBP 特征，以及 Haar 特征。下面主要介绍后面三种特征。

HOG 特征，全称是方向梯度直方图特征，统计图像局部区域的梯度方向信息作为该局部图像区域的表征。它的本质是图像梯度的统计信息，而梯度主要存在于边缘的地方，所以 HOG 特征提取的边缘和梯度特征能很好地抓住局部形状的特点。首先将图像分成若干个小的单元，然后采集单元中各像素点的梯度方向直方图。把多个单元组成一个区块，每个区块将单元内的直方图特征组合起来就可以构成特征描述器。HOG 特征最初提出来是用于行人检测的。当检测目标为汽车时，图 5-21（a）计算所得的 HOG 特征向量图如图 5-21（b）所示，把特征向量图叠加到原图中时，可以看出 HOG 特征可以较好地体现车辆的边缘，如图 5-21（c）所示。

LBP 特征是另一种常用于机器学习目标检测的特征。LBP 特征全称是局部二值模式，是一种用来描述图像局部纹理特征的算子；它具有旋转不变性和灰度不变性等特点，常用于图像局部纹理特征提取，如图 5-22 所示。

接下来介绍 Haar 特征。由图 5-23 可以看出，两矩形特征反映的是边缘特征，三矩形特征反映的是线性特征，四矩形特征反映的是特定方向特征。

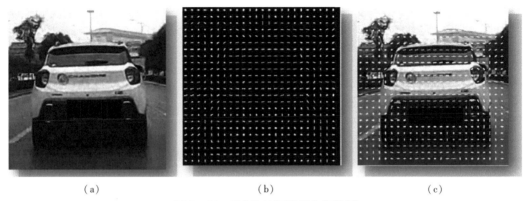

图 5-21 HOG 特征用于车辆检测

（a）检测目标为汽车；（b）计算所得 HOG 特征向量图；（c）特征向量图叠加到原图

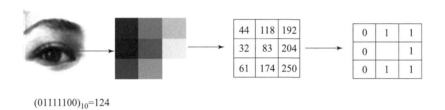

$(01111100)_{10}=124$

图 5-22 LBP 特征示意图

两矩形特征		
三矩形特征		
四矩形特征		

图 5-23 Haar 特征示意图

研究人员在用 Haar 特征进行人脸识别时，提出了积分图的概念。图像由一系列的离散像素点组成，因此图像的积分其实就是求和。图像积分图中每个点的值是原图像中该点左上角的所有像素值之和。这样就可能得到一张表，记载了各像素点的积分值，如图 5-24 所示。

有了积分图的概念，就可以很方便地计算任意区域内的像素和，如图 5-25 所示。

图中有 A、B、C、D 四个区域，1、2、3、4 分别是相应区域的右下角的像素，这样就得到相应的 SAT 值。

$$SAT_1 = Sum(A) \tag{5-5}$$

$$STA_2 = Sum(A) + Sum(B) \tag{5-6}$$

$$SAT_3 = Sum(A) + Sum(C) \tag{5-7}$$

$$SAT_4 = Sum(A) + Sum(B) + Sum(C) + Sum(D) \tag{5-8}$$

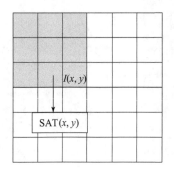 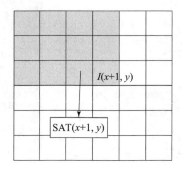

图 5-24 积分图示意图

区域 D 内的像素和：

$$\text{Sum}(D) = \text{SAT}_4 - \text{SAT}_3 - \text{SAT}_2 + \text{SAT}_1 \quad (5-9)$$

通过计算特征矩阵的端点积分图，再进行简单的加减运算，就可以得到特征值。特征的计算速度大大提高。

由于 Haar 特征对边缘、线段等信息检测效果比较好，而车辆通常都是四四方方的，图像相对简单，水平边缘和垂直边缘信息丰富，再加上在良好光照情况下，车身的灰度变化比较大，可以用 Haar 特征表示，如图 5-26 所示。

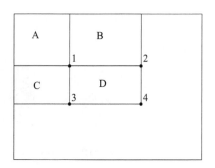

图 5-25 像素和计算方法

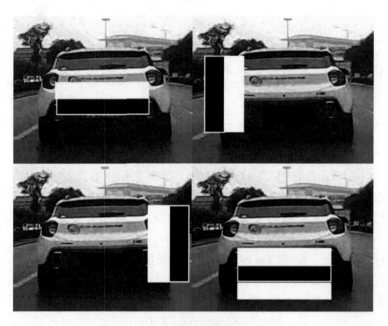

图 5-26 Haar 特征用于检测车辆

下面介绍 AdaBoost 方法。首先介绍几个概念。弱分类器是指分类能力不强，但又比随机选的效果稍微好点的分类器；强分类器是指具有很强的分类能力，能够比较准确地区分特征的分类器。

　　Boost 算法是一种集成学习技术，构建多个弱学习算法构成多个弱分类器，得到多种比较粗糙的分类规则，然后将这些弱分类器按一定规则组织形成强分类器，从而提高分类的准确率。

　　AdaBoost 算法是对 Boost 算法的一大提升，全称为 Adaptive Boost（自适应增强算法）。它根据一定规则自动调整样本的权值以及弱分类器的权值，如图 5-27 所示。

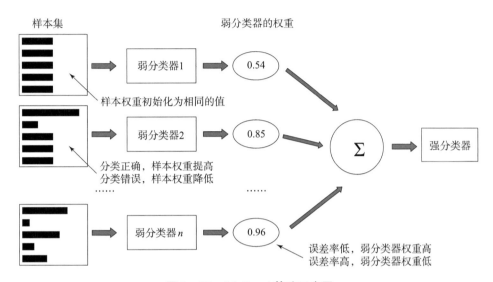

图 5-27　AdaBoost 算法示意图

它的步骤分为：
（1）初始化训练数据的权值分布。
（2）训练弱分类器。
（3）将各个训练得到的弱分类器组合成强分类器。

　　各个弱分类器的训练过程结束后，分类误差率小的弱分类器的权重较大，其在最终的分类器中起着较大的决定作用。

　　在应用 AdaBoost 算法得到强分类器后，为了能进一步提高检测的正确率并降低误检率，通常将若干个强分类器按照复杂程度形成序列，该组合成的序列即为级联分类器。每个强分类器作为级联分类器的其中一级，如图 5-28 所示。

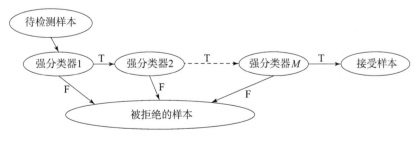

图 5-28　强分类器与级联分类器

级联分类器最终的检测命中率为各级命中率的乘积。最终误检率为各级误检率的乘积。

这里需要注意几个概念：

（1）误检率（false positive rate），也称为虚警率，计算公式如式（5-10）所示。

$$\text{false positive rate} = FP/(FP + TN) \qquad (5-10)$$

式中，FP（False Positive）表示误检为真实目标的数目，TN（True Negative）表示检测确实是虚假目标的数目。

（2）命中率（true positive rate），也称为召回率，计算公式如式（5-11）所示。

$$\text{true positive rate} = TP/(TP + FN) \qquad (5-11)$$

式中，TP（True Positive）表示检测到的真实目标数目，FN（False Negative）表示误检为虚假目标的数目。

（3）漏检率（missing alarm rate），计算公式为

$$\text{missing alarm rate} = FN/(TP + FN) \qquad (5-12)$$

可以看出，漏检率与命中率和为1。

2. 基于OpenCV的车辆检测示例

OpenCV是一个开源的跨平台计算机视觉库。下面介绍如何使用OpenCV这一工具来实现前面介绍的车辆检测。

OpenCV中自带若干由不同特征训练的AdaBoost级联分类器，分别存放于：

Haar：OpenCV/sources/data/haarcascades/

LBP：OpenCV/sources/data/lbpcascades/

HOG：OpenCV/sources/data/hogcascades/

可以用来检测人脸、行人等目标。通过加载不同的分类器文件，OpenCV可以实现对一张图像中的特定目标进行检测。

下面以基于Haar + AdaBoost的车辆检测，介绍如何使用自己的数据集训练分类器。

（1）准备正负样本；

（2）用OpenCV_createsamples.exe建立正样本集，生成.vec描述文件；

（3）用OpenCV_traincascade.exe训练，得到分类器模型（xml文件）。

上述两个可执行文件可在OpenCV安装包中找到。在准备好样本后，将这两个文件与正负样本存放在同一文件夹下，同时新建两个bat批处理文件，进行一系列的设置即可利用该可执行文件训练自己的样本。

如何准备正负样本呢？首先需要进行样本采集，图5-29显示的是准备的正样本，已经归一化到统一的尺寸。

图5-30显示的是准备的负样本，只要不包含目标物体，任意尺寸、任意内容的图片都可以作为负样本。

在样本采集完后，按照要求形成描述文件。其中正样本的描述文件中每一行内容包括图片路径、图片中的目标数量，目标在图片中的起始x坐标以及起始y坐标，还有目标在图片中所占据的宽度和高度。负样本的描述文件每一行仅包括图片路径即可。

为了方便形成txt文件，在进行检测时，将所有的目标都裁剪出来，并将裁剪完的图片归一化尺寸到24×24，这样，正样本的描述文件中除图片路径之外，其余的参数都可

图 5-29　正样本

图 5-30　负样本

以设置为 1 0 0 24 24。

```
pos/IMG12 9.png 1 0 0 24 24
pos/IMG13 1.png 1 0 0 24 24
neg/IMG 00000.bmp
neg/IMG 00001.bmp
```

利用 OpenCV_createsamples.exe 和刚才的正样本描述文件生成 .vec 文件，其中 -info 表示正样本描述文件路径；-vec 表示正样本 .vec 文件生成路径；-num 表示正样本数；-w 表示正样本归一化后的宽度；-h 表示正样本归一化后的高度。

```
OpenCV createsamples.exe -info pos.txt -vec pos.vec -num 755 -w 24 -h 24
```

最后进行第三步：执行 OpenCV_traincascade.exe 得到分类器模型（xml 文件），其中需要设置一系列的参数，最主要的参数包括正负样本的描述文件、每级分类器训练时所用的正负样本数、级联分类器的级数、选取的特征和样本的宽度和高度。

```
OpenCV_traincascaded.exe -data data -vec pos \pos.vec -bg neg \
neg.dat -numPos 2100 -numNeg 6370 -numStages 18 -featureType HAAR -
w 24 -h 24
```

有一些参数存在默认值，通常情况下可以采用默认值。

图 5-31（a）即为上述命令产生的参数表信息，图 5-31（b）是训练过程截图。

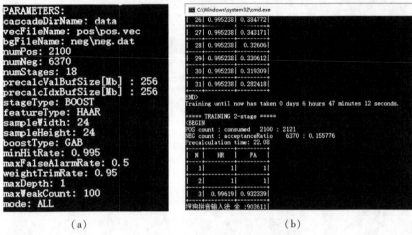

图 5-31　参数表信息和训练过程

（a）参数表信息；（b）训练过程

接下来展示以 C++ 语言编写的 OpenCV 车辆检测实例。

这里使用 VS 2015 编译器配置 OpenCV2.4.13 进行演示。根据前面的训练结果，可以得到级联分类器文件 cascade.xml，其中包括训练的级联分类器的相关信息：特征类型、级数以及各个弱分类器的权重结果，如图 5-32 所示。

图 5-32　级联分类器文件

图 5 – 33 是待检测图片。

图 5 – 33　待检测图片

首先，在一个空项目中新建 cpp 文件。第一步，载入需要的库；第二步，写出命名空间，由于本程序中会使用到 OpenCV 的相关函数，所以还需要写出 cv 这个命名空间。

```
#include <iostream>
#include <vector>
#include <OpenCV2corelcore.hpp>
#include <OpenCV2highguihighgui.hpp>
#include <OpenCV2vimgproclimgproc.hpp>
#include <OpenCV2\objdetectlobjdetect.hpp>
using namespace cv; using namespace std;
```

接下来就需要编写主函数。这里展示了主函数的完整代码，接下来分析每行代码的含义及作用。

```
int main(){
    Mat image = imread("1.png");
    CascadeClassifier cascade;
    cascade.load("cascade.xml");
    vector<Rect> cars;
    cascade.detectMultiScale(image,cars);
```

```
    for(int i=0;i<cars.size();i++){
        Rect r = cars j;
        rectangle(image,cv::Point((r.x).(r.y),cv::Point(r.x+r.width,r.y+r.height),Scalar(0,0,255),3,8,0);
    }
    imshow("result",image);
    waitKey(0);
}
```

在主函数中，首先加载检测图片，这里使用 OpenCV 中的 imread 函数读取图片，由于图片已经放在项目文件夹下了，所以这里只需要填写图片的名称，否则需要在引号里填写待检测图片的绝对路径。载入的图片以 Mat 类型的 image 变量来指代。

然后定义级联分类器，并载入训练好的分类器文件。同样，已经将分类器文件放在项目文件夹下，故这里只填写其名称。分类器文件以 cascade 变量来指代。

加载完待检测图片和分类器文件后，还需要定义一个向量 cars，用于存放分类器的检测结果。这里使用 detectMultiScale 函数实现车辆的检测，第一个参数即为待检测图片，第二个参数为检测结果存放的向量，即 cars。程序执行到这个函数时，所有检测结果都会放入 cars 这个向量中。这里实际上计算机已经检测出了车辆，但是需要进一步将检测结果显示出来。

采用 for 循环结构，对于每一个检测结果都使用 OpenCV 中的 rectangle 函数将检测结果以矩形框的形式画出来。

最后利用 imshow 函数将图像显示出来。

编写完程序后，将程序编译运行。这样就可以得到图 5-34 中的结果，实现车辆检测。

图 5-34　检测结果

5.2 卡尔曼滤波与状态估计

由于卡尔曼滤波在目标跟踪和传感器融合中的重要作用,这里把它单独作为一节进行介绍。

5.2.1 基本概念

1. 卡尔曼滤波的基本思路

来看一个例子。

让一辆无人驾驶车辆刚好行驶 100 m,车上装有 GPS。单点 GPS 精度大约为 10 m,仅靠 GPS 可能行驶 90 m 就以为已经完成了任务,或者行驶了 110 m 才以为到达了终点。当然车上还有里程计信息。如何充分利用这些信息来准确估计车辆的状态呢?

卡尔曼滤波可以解决目标的状态估计问题。

根据同一个目标多帧检测结果合理地估计这个目标的状态,如位置、速度、加速度等,并对这一目标的未来运动趋势做出预测。

卡尔曼滤波的基本思路:若有一组强而合理的假设,给出系统的历史测量值,可以建立最大化这些早前测量值的后验概率的系统状态模型。也就是说,可以通过结合历史信息预测和当前时刻观测这两方面信息给出当前时刻的最优状态估计。

2. 基本概念

1) 高斯噪声

高斯噪声指的是概率密度函数服从正态分布的噪声,均值 μ、方差 σ^2。一般认为,卡尔曼滤波过程中的噪声就是服从正态分布的高斯噪声。

2) 先验概率和后验概率

先验概率是指,在没有任何"信息"到来之前,所有事件集在时间空间里发生的概率。

例如掷骰子,掷出 1,2,3,4,5,6 的先验概率都是 1/6。

后验概率是指,在给出一定的"信息"之后,发生某事件的概率。

例如,已知某次掷骰子,掷的不是 1,则掷出 2,3,4,5,6 的后验概率都是 1/5。

那么卡尔曼滤波中先验和后验的概念分别是什么呢?

看一下刚刚那个无人驾驶车辆行驶的例子。

只使用 GPS 测量无人驾驶车辆的位置是不可靠的,因为 GPS 测量会有噪声,假设为高斯噪声。与此同时也可以根据车辆的运动方程,通过上一时刻的位置、速度预测出当前时刻的位置,由此得到先验估计位置。

此位置结合传感器的测量值,通过卡尔曼滤波可以得到无人驾驶车辆相对准确的后验位置。

3) 协方差矩阵

当有三个或以上的变量时,两两之间协方差构成的矩阵就是协方差矩阵。协方差矩阵用来描述卡尔曼滤波中的不确定性,是预测模型中噪声的体现。

$$E(MM^T) = \begin{bmatrix} \sigma_{XX} & \sigma_{XY} & \sigma_{XZ} \\ \sigma_{YX} & \sigma_{TY} & \sigma_{YZ} \\ \sigma_{ZX} & \sigma_{ZY} & \sigma_{ZZ} \end{bmatrix} \qquad (5-13)$$

4）预测、滤波和平滑

预测是指由上一帧的滤波结果信息对当前时刻状态的估计。

滤波是指结合预测信息和当前观测信息对当前状态的一个最优估计。

平滑是指通过当前和历史滤波值对历史状态进行修正。

3. 状态估计

了解了基本概念，接下来介绍基于卡尔曼滤波的目标状态估计方法。

首先介绍状态方程，如式（5-14）所示，一般由目标的运动模型构建。前面提到的历史信息预测就是通过状态方程产生的，也称为状态估计量。

$$x(t) = Ax(t-1) + Bu(t) + w(t) \qquad (5-14)$$

式中，$x(t)$ 表示 t 时刻的状态向量，即被估计的物理量（如位置、速度）；A 表示状态转移矩阵，表示上一时刻的状态对当前时刻的状态如何产生影响；B 表示控制输入矩阵，表示外界物理量如何影响状态量；$u(t)$ 为控制量，表示的是当前时刻外界作用对当前状态量的影响的物理量；$w(t)$ 为服从正态分布的过程噪声。

式（5-15）是观测方程。前面提到的观测信息就是通过观测方程产生的。

$$z(t) = Hx(t) + v(t) \qquad (5-15)$$

式中，$z(t)$ 为测量结果；H 为观测矩阵，它把真实状态空间映射成观测空间；$v(t)$ 为服从正态分布的观测噪声。

图 5-35 给出的是卡尔曼滤波的计算过程，包括预测更新和测量更新。预测更新就是根据最新的数据，代入运动模型中，计算出新的预测状态量。式（5-16）和式（5-17）分别用来计算预测状态量和预测误差协方差矩阵。

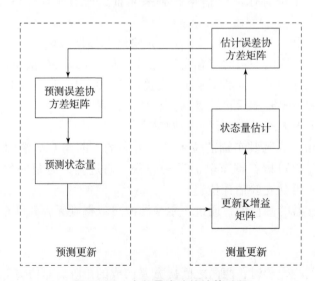

图 5-35 卡尔曼滤波的计算过程

$$\hat{x}(t|t-1) = A\tilde{x}(t-1) + Bu(t) \qquad (5-16)$$
$$P(t|t-1) = AP(t-1)A^{T} + Q \qquad (5-17)$$

状态估计量和直接测量量,这两个值对于真实值而言都是不准确的。因此,为了充分利用测量值和预测值,对真实值形成最优估计,需要一个反馈控制。

测量更新用到的公式为

$$\tilde{x}(t) = \hat{x}(t|t-1) + K(t)[z(t) - H\hat{x}(t|t-1)] \qquad (5-18)$$

式中,K 是误差增益矩阵。K 值越大,最优估计越接近测量值,K 越小最优估计越接近预测值。K 的值需要不断更新。

$K(t)$ 为计算误差增益:

$$K(t) = \frac{P(t|t-1)H^{T}}{[R + HP(t|t-1)H^{T}]} \qquad (5-19)$$

$P(t)$ 为误差协防差矩阵:

$$P(t) = [I - K(t)H]P(t|t-1) \qquad (5-20)$$

对于非线性的运动模型可以采用扩展卡尔曼滤波,它主要是将运动模型中的非线性部分使用泰勒展开,并将二阶以上的高阶项全部略去,从而转化为标准线性卡尔曼滤波。

5.2.2 Matlab 案例

下面分别是预测更新和测量更新的 Matlab 程序。

```
function [Xp,Pp] = KalmanPredictor( A,B,U,P0,Q,X0 )
  Xp = A * X0 + B * U;
  Pp = A * P0 * A' + Q;
end

function [Xup,Pup] = KalmanUpdater( H,R,Pp,Z,Xp )
  I = eye(size(Xp,1));
  K = (Pp * H')/(H * Pp * H' + R);
  Xup = Xp + K * (Z - H * Xp);
  Pup = (I - K * H) * Pp;
end
```

接下来举一个例子,先分析题目,然后利用 Matlab 编程实现。

假设一个小车在做匀加速运动,初速度为 0,加速度为 5 m/s²,小车上装有速度传感器,采样频率为 10 Hz,传感器测量误差为高斯白噪声。试对小车的运动速度进行估计。

前面介绍了,卡尔曼滤波需要结合小车的状态估计量和观测量进行最优估计。

因此需要先写出状态方程和测量方程:

$$x_k = x_{k-1} + 0.5 + w_{k-1} \qquad (5-21)$$
$$z_k = x_k + v_k \qquad (5-22)$$

状态方程中,加速度为 5 m/s²,采样频率为 10 Hz,则每一次采样速度变化值为 0.5 m/s。测量方程中,由于使用的是速度传感器,测量值即为速度值。w 和 v 分别是系统和测量的误差。

接下来设定初始参数。需要的初始参数包括状态方程中的状态转移矩阵 A、控制矩阵 B、控制向量 u 以及测量方程中的观测矩阵 H。

将已知的状态方程（5-21）和测量方程（5-22）与式（5-23）和式（5-24）显示的运动模型和测量方程相比较可知，矩阵 A、B 和 H 都为 [1]，u 为 0.5。由传感器采样频率得知每步间隔 0.1 s，这里设置了 500 步的计算。

$$x_k = Ax_{k-1} + Bu_k + w_k \quad (5-23)$$
$$z_k = Hx_k + v_k \quad (5-24)$$

相应设置的代码为：

```
A = [1];
B = [1];
U = 0.5;% A、B、U 三个初始值来自状态方程 x(k) = Ax(k-1) + BU + w
H = [1];% H 来自测量方程 z(k) = Hx(k) + v,本例中是 1
step = 500;
```

接下来设置观测值。这里设定一个均值为 0 的 1×500 高斯噪声。假设真实速度就是准确无噪声的匀加速运动，即程序中的 true。由真实速度加上噪声则得到观测值。当然这只是个示例，实际上并不知道噪声的方差是多少，需要根据测量条件和环境因素进行推测。

```
v = normnd(0,10,1,step);% 均值为 0 的 1*500 噪声
true = 0.5(1:step);% 由公式计算得到的车辆真实行驶速度
temp = true + v(1,:);
```

接下来，将先验估计、后验估计初始设为 0。后验估计协方差初始化为 1。Q、R 先初步给个值。

```
X0 = zeros(1,step);% 先验估计初始值
X0 = zeros(1,step);% 后验估计初始值
Z = zeros(1,step);% 观测值初始值
true = 0.5*(1:step);% 车辆真实行驶速度
temp = true + v(1,:);
Z(1,:) = temp;% 加上噪声的车辆测量速度,用以模拟观测值
P0 = [1];% 后验估计协方差初始值
Q = [10];% 状态方程噪声协方差矩阵
R = [10];% 测量方程协方差矩阵
```

运用之前定义的预测部分和更新部分函数，循环迭代计算，可以得到匀加速运动物体的速度最优估计。

```
for i = 2:step
    [X_0(i),P_0] = KalmanPredictor( A,B,U,P0,Q,X0(i-1) );% 得到先验估计及其协方差
```

```
    [X0(i),P0] = KalmanUpdater( H,R,P_0,Z(i),X_0(i) );% 得到后验估计及
其协方差
End
function [Xp,Pp] = KalmanPredictor( A,B,U,P0,Q,X0 )
    Xp = A * X0 + B * U;
    Pp = A * P0 * A' + Q;
end
function [Xup,Pup] = KalmanUpdater( H,R,Pp,Z,Xp )
    I = eye(size(Xp,1));
    K = (Pp * H')/(H * Pp * H' + R);
    Xup = Xp + K * (Z - H * Xp);
    Pup = (I - K * H) * Pp;
End
figure(3);
hold on;
plot(Z,'y.');
hold on;
plot(true,'r.');
plot(X0,'b');
grid on;
legend('观测值','真实值','Kalman 滤波');
```

图 5-36 是输出的结果，黄色为观测值，红色为真实值，蓝色为滤波值。可以看出，观测值与真实值偏差较大。而蓝色的滤波值实现了对真实值较好的估计。

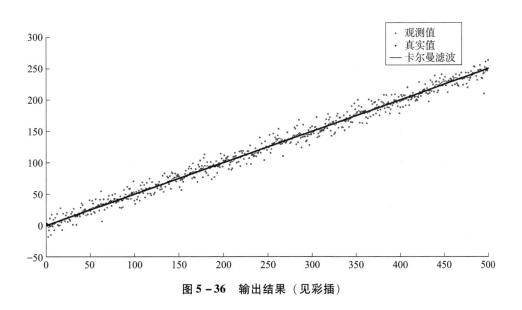

图 5-36　输出结果（见彩插）

下面将状态方程稍作变化，把 A 由方程（5-21）变为方程（5-25），可以看到蓝色的滤波结果，与红色的真实值偏差较大，如图 5-37 所示。

$$x_k = 2x_{k-1} + 0.5 + w_{k-1} \tag{5-25}$$

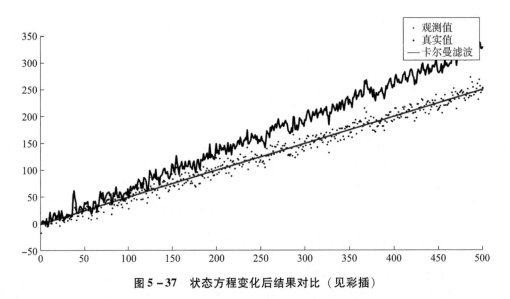

图 5-37　状态方程变化后结果对比（见彩插）

由于人为设置，使得状态方程描述不准确，则说明系统噪声方差 Q 较大。那么如何调整呢？试着把 Q 的值增大。可以看到，Q 增大后滤波结果得到一定的改善。同理，如果观测工具的观测能力较差时，则应该增大 R 值，如图 5-38 所示。

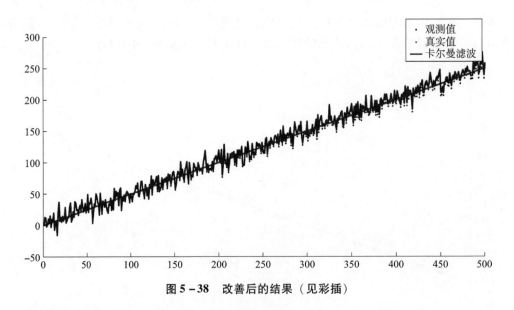

图 5-38　改善后的结果（见彩插）

系统模型不可靠，即预测值不可靠，此时增大 Q 值，即 $P(t|t-1)$ 增加，K 值也随之增大，滤波值就更接近于观测值。

如果观测值不可靠，此时增大 R 值，K 值随之减小，滤波值就更接近于预测值。

初始的协方差 $P(0)$ 调整方法和 Q 类似，因为 $P(0)$ 增大，$P(t|t-1)$ 也增大，若滤波初始时效果不好，则不妨增大 $P(0)$，在滤波初始时更相信观测值。

以上调整方法需要对系统进行分析并结合一定的经验进行。

5.3 基于激光雷达的环境感知

本节介绍基于激光雷达的环境感知。

首先介绍基于 32 线激光雷达的障碍物检测。前面章节中已经介绍了三维激光雷达的标定，本节中所有内容都是基于激光雷达已经标定完成这一前提下展开的。

5.3.1 障碍物检测

在无人驾驶车辆行进过程中，环境感知系统需要利用传感器对周围环境进行探测，其中就少不了障碍物检测。对于行人、车辆、房屋等影响车辆通行的目标，都可以认为是障碍物。对于高度较高的障碍物，可以利用基于相对高度差的栅格地图的检测方法对其进行检测。

本节所使用的 32 线激光雷达，其工作频率设置为 5 Hz。

每一帧雷达数据有 1 248 个字节，以 UDP 的形式进行数据传输，从雷达传送给计算机。其数据协议内容如图所示，其中前 42 字节和后 6 字节分别是包头和包尾，重点解析的是中间 1 200 个字节的内容。每一个点的距离信息，其大小是 3 字节。前 2 个字节，16 位中的 0~14 位用于距离信息存储，其中，0~7 位为距离的低字节，8~14 位为距离的高字节。

假如某次数据包里获取到的距离值 2 个十六进制数为 0x83 和 0x48。从 0x83 中提取出 0~14 位，是 0x03，转换为十进制即为 3，则距离的高字节等于 3。0x48 转换成十进制是 72，则距离的低字节是 72。根据数据协议，距离为高字节乘以 256 加上低字节，即为 840，注意单位是 cm。

在对雷达协议解析后，每一个点都包含 x，y，z 三个信息，其代表了该点到以车辆后轴中心为坐标原点的三维距离信息。

接下来将三维点云投影到二维矩栅格中，根据三维点的 x，y 信息可以找到其对应的具体栅格位置。每个栅格中可能存在多个点，而这些点的二维信息都可以用一个栅格来代表。

由于二维栅格地图是以许多小栅格形式存在的，可以给栅格赋予不同的属性，如高度属性。

在接下来的基于高度差的障碍物检测中，可以利用二维栅格地图进行高度的计算以及属性表达。

图 5-39（a）所示为场景实物图，图 5-39（b）所示两图分别是点云图和二维栅格地图。在栅格地图中，灰色部分代表了含有点云的所有栅格，绿色矩形框代表了无人驾驶车辆。

得到二维栅格地图之后，统计每个栅格中所有点的 z 值，获取其中最大的 z 和最小的

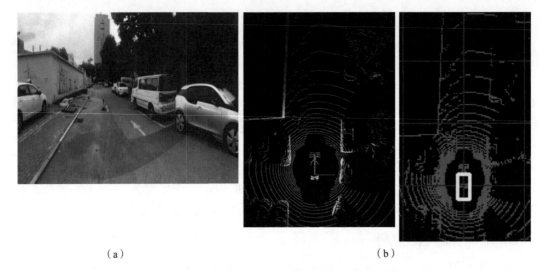

(a)　　　　　　　　　　　　　　(b)

图 5-39　基于高度差的障碍物检测（见彩插）

(a) 场景实物图；(b) 点云图和二维栅格地图

z，求其差值，当差值大于设置的阈值时，便认为这个栅格满足要求，标记为障碍物栅格。如果阈值设置过大，则有一些相对较低的障碍物难以被检测到；如果将阈值设置过小，则有些凹凸不平的路面也有可能被视为障碍物。可以看到，这种方法的检测效果，与高度差阈值的设置有关。

第 3 章在介绍激光雷达时提过，由于单线激光雷达没有高度信息，会将坡道识别成障碍物。下面来看看，多线激光雷达怎么利用相对高度差方法来检测坡道。

如图 5-40 所示，假设激光雷达相邻两线的点分别打在了 A、B 点，AB 之间的垂直高度是 h，水平距离是 d。则坡度也就是 AB 连线与水平地面的夹角，可以用 h/d 的反正切值来表示。

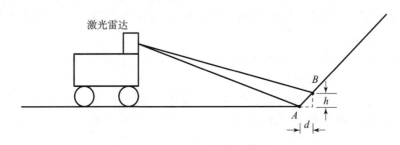

图 5-40　检测坡道示意图

如果 A、B 两点的高度差 h 小于阈值，那么前方就不会识别为障碍物。

如果 h 大于阈值，就会将前方识别为障碍物。阈值的选取取决于车辆的爬坡能力。

$$\theta = \arctan^{1}(h/d) \tag{5-26}$$

图 5-41 (a) 是使用 VREP 模拟的一个场景，车辆前方是坡道，两侧是墙壁。

图 5-41 (b) 是多线激光雷达扫描得到的点云俯视图。可以明显地看到点云打在墙壁上，与打在坡道上呈现方式是完全不一样的。

图 5-41 (c) 为使用点云栅格地图高度差法检测的结果，其中绿色的矩形框是本车，

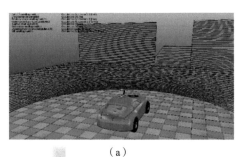 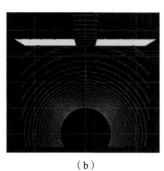 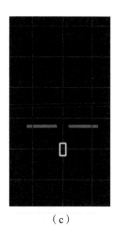

图 5-41 检测效果（见彩插）

(a) 原始场景；(b) 点云可视化；(c) 检测效果

前方左右两侧的直线段代表检测出来的墙壁。车辆正前方表示把坡道检测为可通行的区域。

5.3.2 激光雷达回波强度的应用

前面介绍的基于激光雷达的环境感知，主要利用的是激光雷达的距离信息。实际上，激光雷达传感器接收到的数据中还有回波强度信息。这里简要介绍一下对激光雷达回波强度信息的应用。

回波强度是指不同材质的物体表面对于一定波长段激光的反射率，可以用于路面检测、车道线检测，图 5-42 所示为 HDL-64E 数据格式。

以某款单线激光雷达的数据为例，在相同距离放置不同的物体，比如铁板、纸箱、木板、塑料板、白色轿车、黑色轿车，可以发现不同物体之间的激光雷达回波强度之间确实存在差异。对于道路，在有阳光照射和无光照的情况下，发现路面的回波强度也有差异，但变化

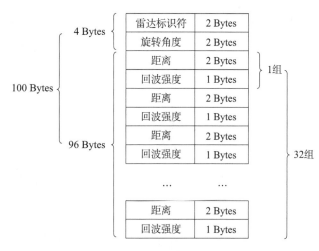

图 5-42 HDL-64E 数据格式

不大。但是对于路面和道路旁边的路沿、灌木，它们的回波强度和路面回波强度则相差较大。当道路与非道路的材质区别明显时，其回波强度也有非常明显的区别。根据这些区别，便可以从激光雷达数据中检测地面。

另外，激光雷达回波强度也可以用于检测车道线。

由于车道线需要经受恶劣的环境,选取的涂料附着能力较强,且耐磨性要超过一般涂料,其反射强度值与沥青、混凝土路面的反射强度有明显的区别。

下面论文介绍了一种用激光雷达回波强度检测车道线的方法:

Lindner P, Richter E, Wanielik G, et al. Multi-channel LiDAR processing for lane detection and estimation [C] // 2009 12th International IEEE Conference on Intelligent Transportation Systems, IEEE, 2009.

图 5-43 (a) 是用于车道检测的极坐标栅格,白色标记为人工标记的真实车道线信息。根据点云数据可以获得图 5-43 (b)。图 5-43 (c) 用于提取车道线的最终栅格地图,车道标记的强度等级在其等距离区域中最高。

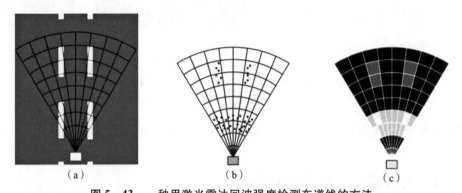

图 5-43 一种用激光雷达回波强度检测车道线的方法

(a) 极坐标栅格;(b) 点云数据图;(c) 用于提取车道线最终栅格地图

在阳光直射时,前面一片泛白,用相机很难检测出车道线。这时用激光雷达回波强度,也可以检测出车道线,弥补了相机在恶劣天气下检测车道线的缺陷,如图 5-44 所示。

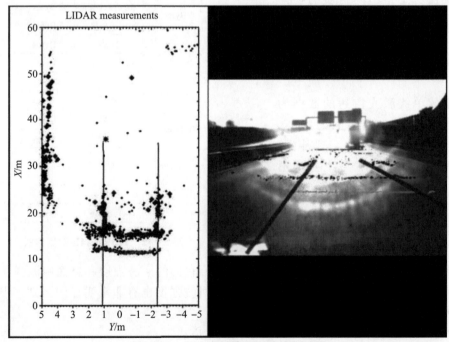

图 5-44 阳光直射情况下的检测结果

5.4 深度学习与目标检测

5.4.1 概述

近年来,深度学习在无人驾驶领域得到越来越多的关注和应用。

深度学习是机器学习的典型代表,但又与传统的机器学习有所不同。传统的机器学习需要人工设计或选取特征,完成特征向任务目标的映射后再输出模型。而深度学习以数据的原始形态作为输入,由算法本身自动学习特征,并抽象为自身任务所需的特征表示,最后实现向任务目标的映射后输出学习的结果。

神经网络算法是深度学习中的一类代表算法,其中包括深度置信网络、卷积神经网络、递归神经网络等。

深度置信网络在无人驾驶车辆领域可以帮助车辆做出更优的行为决策。

卷积神经网络(Convolutional Neural Networks,CNN)广泛应用于计算机视觉领域,如图像分类、图像目标识别、语义分割等,极大地提升了无人驾驶车辆的环境感知能力。

递归神经网络在无人驾驶车辆领域被用来实现运动目标跟踪,以及行人的动作预测。

神经网络可以通过大量的数据找出样本输入值到输出值之间的一个映射关系。神经网络络是以神经元为基本单元构成的,如图 5-45 所示。

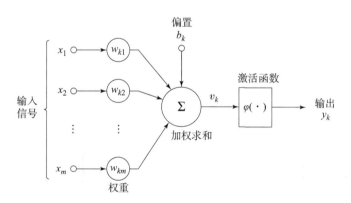

图 5-45 神经元示意图

人工神经元模型中 x_1,x_2,$\cdots$,x_m 为 m 个输入信号;w_{k1},w_{k2},$\cdots$,w_{km} 为权重;b_k 为偏置;v_k 为对 m 个神经元传递过来的输入信号的处理结果;φ 为激活函数;y_k 为输出。

神经元对数据的处理过程第一步:接收来自 m 个神经元传递过来的输入信号,进行加权求和,同时加上偏置项 b_k。

$$v_k = b_k + \sum_{i=1}^{m}(w_{ki} \times x_i) \tag{5-27}$$

第二步:将加权结果 v_k 传递给激活函数 φ,得到输出 y_k,激活函数决定了神经元是活跃状态还是抑制状态,它的作用是在神经网络中引入非线性的学习和处理能力。

$$y_k = \varphi(v_k) \tag{5-28}$$

单层感知机是最早被提出的、最简单的神经网络模型，由输入层和输出层构成，m 个输入神经元和 n 个输出神经元彼此互相连接。其本质是在高维空间中，构造出一个合理的边界超平面，将不同类别的数据集分离，如图 5-46 所示。

单层感知机可以解决"与""或"的问题，但无法解决"异或"问题。所谓异或问题，就是当输入的两个数相等时输出 0，输入不相等时输出 1。这是因为异或问题不同于图中的与问题、或问题那样可以用一条直线划分不同的类别，异或问题是一个非线性问题，而单层感知机属于一种线性分类器。

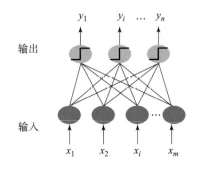

图 5-46 单层感知机示意图

为了解决非线性分类问题，在输入层和输出层中间增加隐藏层，形成多层感知机。图 5-47 所示就是包含一个隐藏层的两层感知机。在输入层和隐藏层、隐藏层和输出层之间，各形成一个超平面。

两层感知机形成两个超平面，可以解决异或问题。浅层网络添加隐藏层，变成了深层网络。从理论上来说，神经网络中包含的隐藏层越深，隐藏层包含的神经元越多，能够从数据中提取的特征越丰富，学习能力就越强。

深度学习是机器学习的一种，但是深度学习超越了一般的机器学习，比传统的机器学习又多了一层表示学习的功能。因此，深度学习的"深"，一方面是网络更深，另一方面更重要的含义是它学习得更加深入，能够自动学习到数据的特征。

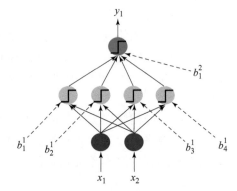

图 5-47 增加隐藏层的神经网络结构

5.4.2 深度学习基本知识

卷积神经网络（CNN），其发展历程可以追溯到 20 世纪 80 年代日本学者提出的神经认知机模型。1998 年，LeCun 等人设计出 LeNet，形成了现代卷积神经网络的雏形，并成功应用于手写数字的分类。2012 年，AlexNet 在 ImageNet 比赛中获得冠军，成为 CNN 发展的重要标志事件。

局部连接是卷积神经网络降低参数的一个法宝。

卷积神经网络采用局部连接的方式，既能保证能够充分提取图像特征，又能降低参数。一般而言，对于图像的空间联系，其局部的像素联系较为紧密，而距离较远的像素相关性则较弱。因而，每个神经元没必要对全局图像进行感知，只需要对局部进行感知，然后在高层将局部的信息综合起来得到全局的信息。假设图像大小为 100×100，那么输入单元有 10 000 个，假设中间 4 个神经元。对于全连接神经网络，一共有 40 000 个连接关系，加上 4 个偏置，共有 40 004 个参数。而采用局部连接，假设每个神经元与原图中 10×10 的区域进行连接，总共有 400 个连接，再加上 4 个神经元上的偏置，共有 404 个参数。对比一下，局部连接的参数少了很多。

权值共享是卷积神经网络降低参数的另一个法宝。用一个卷积核对输入图片进行卷积，卷积核中的数值称为权重，图片中的每个位置被同样的卷积核在不改变其权重的情况下卷积，所以权重是一样的，即实现权值共享。

卷积神经网络可用来解决图像识别相关问题，具体的应用包括物体识别、目标检测、语义分割、实例分割等。

图 5-48 是一个典型的用于图像分类的卷积神经网络，它由输入层、卷积层、池化层、全连接层、输出层构成。卷积层用于提取特征；池化层用于减少网络参数；全连接层用于整合特征，便于分类，充当分类器的作用。

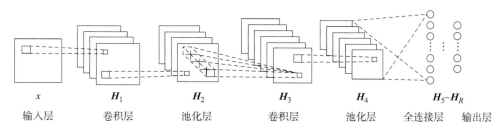

图 5-48 典型的卷积神经网络示意图

1. 卷积层

"卷积"一词最早是描述两个函数 f 和 g 之间的一种运算，有连续和离散两种形式，如式（5-29）和式（5-30）：

$$f(x) * g(x) = \int_{-\infty}^{\infty} f(\tau) g(x-\tau) \mathrm{d}\tau \qquad (5-29)$$

$$f(x) * g(x) = \sum_{\tau=-\infty}^{\infty} f(\tau)^g(x-\tau) \qquad (5-30)$$

图像的卷积来自离散卷积操作，它是将图像中的一小块 3×3 大小的区域与一个同样是 3×3 大小的卷积核进行对应位置元素的相乘，然后再将乘积累加起来。

这个运算过程其实与图像边缘增强的运算类似。卷积核就类似于边缘增强中的 Sobel 算子、Laplace 算子等。但是不同之处在于，Sobel 算子、Laplace 算子是固定的值，而在卷积神经网络中，卷积核的值是需要利用数据样本来不断更新的，也就相当于多层感知机中的权重。

卷积层的结构主要由多个超参数决定：卷积核大小、步长以及补零。

步长是指卷积核在输入数据上每次滑动的像素数。"补零"一词来自英文的 zero padding，通常直接称为 padding，它指在图像周围填充了多少圈零。在图像周围填充零来进行卷积运算可以让图像上下左右四个边上的信息也充分参与卷积运算，减少信息丢失。

下面从一个简单的例子中，看看卷积核是如何提取特征的。图 5-49 左边的两个矩阵取自图像中的不同区域，右边的两个矩阵是卷积核，将卷积核可视化后就是最上面的曲线。

对于与卷积核曲线相似的曲线，卷积后得到较大的输出值；对于与卷积核曲线相差很大的曲线，卷积后得到很小的输出值。在这个例子中，卷积核对于与它相似的输入能够产生很大的输出，而对于与它差异较大的输入，产生很小的输出，所以卷积核能够有针

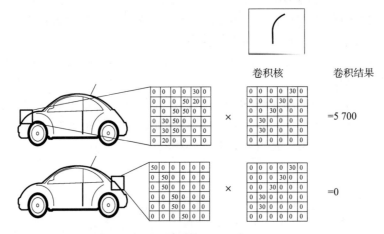

图 5-49 卷积核工作示意图

对性地提取出某种特征。

2. 池化层

池化层通常也称为降采样层,从名字可以看出,它主要对卷积后的特征图进行一些采样操作,降低原来的特征图大小。采样方法有很多种,比如从一堆值里面采样最大值,或者采样平均值。与卷积类似,池化也有池化核以及步长。池化核的大小决定了每次从多大的区域中进行采样,如图 5-50 所示。

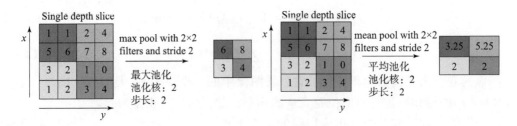

图 5-50 池化层示意图

左图显示了最大池化的过程,比如 2×2 区域中有四个值 1、1、5、6,采样其最大值,就得到 6。右图则显示了平均池化的过程,即对每个 2×2 区域,输出其平均值。池化层能够降低特征图大小,减少参数量,也就是减小了模型复杂度。池化层中没有需要进行学习的网络参数。

3. 全连接层

全连接层其实就是前面讲的多层感知机。如果将图像直接输入多层感知机,识别效果并不好。如果使用卷积层先从图像中提取出特征,再输入多层感知机,则全连接层将学到的"分布式特征表示"映射到样本标记空间。卷积层提取了细化的特征,细到人眼看不出来的程度,全连接层就是将学习到的特征整合起来,形成可以实现分类的数据。

4. AlexNet

下面看看 2012 年提出的 AlexNet 网络,如图 5-51 所示。它采用两块 GPU 并行运算,在输入图像之后把网络分为了上下两条支路。AlexNet 能够取得成功,离不开它首次在

CNN 中成功应用的几种方法：ReLU、dropout 和 LRN 等方法。

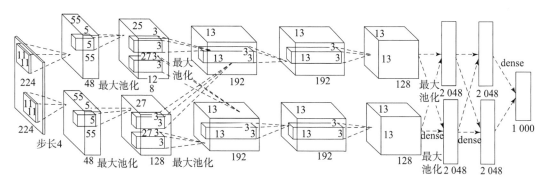

图 5-51 AlexNet 网络结构示意图

ReLU 是一种激活函数，在 AlexNet 之前，常使用的激活函数是 sigmoid 函数和 tanh 函数。而在 AlexNet 中，则使用了一种叫作修正线性单元（简称 ReLU）的激活函数。与 sigmoid 激活函数和 tanh 激活函数相比，ReLU 激活函数具有计算简单、能减小网络训练难度和缓解过拟合问题的优点。

过拟合是指模型近乎完美地实现了样本的分类，但拟合的数据特征过于细致，导致换一种样本分布情况时往往效果不佳。相应的，欠拟合是指没有很好地拟合数据特征，得到的结果与实际情况有很大偏差。

AlexNet 中使用的 Dropout 方法，是在训练网络时，以一定的概率随机去掉网络中的一些神经元节点，它减小了模型的复杂程度，也能够缓解过拟合问题。需要注意的是，被丢弃的神经元只是暂时不做更新，下一次还是会重新参与随机化的 Dropout。

同时，AlexNet 也首次应用了局部响应归一化（Local Response Normalization，LRN），对 ReLU 激活函数得到的结果进行归一化。

在 2012 年 AlexNet 被提出后，卷积神经网络开始蓬勃发展起来，出现了针对不同应用的神经网络模型。常见的 VGG 和 GoogLeNet 模型使网络变得很深，提高了网络分类性能。但是当网络结构加深到一定程度时，训练会难以进行并有可能造成性能下降。在这样的情况下，以 ResNet 为代表的跨连模型被提出，很好地解决了这一问题。此外，SPPnet 的提出使得网络可以处理图像大小不同的情况。CNN 除了分类的性能优越，在目标检测方面也取得了很好的效果。较为经典的有 RCNN 系列的网络（如 R-CNN，Fast RCNN，faster RCNN），准确率高，但是检测速度较慢。之后又出现了 YOLO、SSD 等方法，使得目标检测的速度大大提升。在语义分割与实例分割应用上，出现了如 FCN、MASK-RCNN 等典型的分割模型。

5.4.3 STOP 标志检测

图 5-52 是一张交通 STOP 标志的图片，可以用 AlexNet 等分类模型实现交通标志的识别。但是实际情况中，不仅需要识别出这属于交通标志，还要检测出它在一张完整图片中的位置，这就需要通过目标检测算法来实现。目标检测算法检测出交通标志的位置和类别，并用矩形框将交通标志的位置框选出来。

图 5-52 交通标志检测示意图

目前，基于 CNN 的目标检测算法，大致可以分为两类，分别为单阶段方法和二阶段方法。

早期出现的是二阶段算法，其主要思路是先通过一系列的方法在图像中选出若干个目标候选框，然后把这些候选框传入卷积神经网络输出候选框中的目标类别、概率和位置坐标，最终挑出含有目标的候选框，由于枚举出若干个候选框，再从候选框中判断是否存在目标，所以二阶段方法通常准确度较高；而单阶段算法，不需要生成目标候选框这一阶段，直接将原始图像传入卷积神经网络输出物体的类别概率和位置坐标值，经过单次检测即可直接得到最终的检测结果，因此检测速度更快。在这些目标检测算法中，YOLO 算法比较具有代表性，接下来就来介绍一下 YOLO 算法。

YOLO 算法的全称为 You Only Look Once，将目标检测设计为一个回归问题，直接从输入的整幅图像预测边框和类别概率。

YOLO v1 算法大致可以分为三步：

第一步：将图像缩放到 448×448 像素的大小作为神经网络的输入。

第二步：运行 YOLO 网络，最终的检测结果包括边界框的坐标以及边框的置信度，同时还有框中对象的类别信息。

第三步：进行非极大值抑制，这一步可以将一些重复或有较大重叠的矩形框滤除，使一个目标只有一个矩形框框中。

具体步骤为：

（1）将一幅图像分成 $S×S$ 个网格，如果某个目标的中心落在这个网格中，则这个网格就负责预测这个目标。

（2）每个网格要输出 B 个 bounding box，每个 bounding box 除了要回归自身的位置之外，还要附带预测一个置信度值，同时生成类别概率地图。

（3）每个 bounding box 要预测 (x, y, w, h) 和置信度共 5 个值。

（4）每个网格还要预测一个类别信息，记为 C 类。则 $S×S$ 个网格，每个网格要预测 B 个 bounding box 以及 C 个类别。故最终输出的维度为 $S×S×(B×5+C)$。

（5）对于每个 bounding box 对其进行交并比（Intersection-over-Union，IoU）运算，根据相应公式得出最优的检测结果。

YOLO 的检测网络不包括输入层,共有 30 层,其中有 24 个卷积层可以提取到丰富的特征信息,如图 5-53 所示。

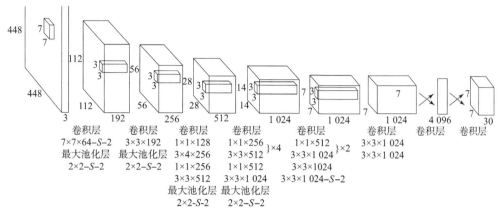

图 5-53　YOLO 网络结构示意图

把每张图片分成 7×7 个网格,每个网格内产生 2 个边界框,每个边界框需要预测 5 个值。同时每个网格还要判断网格内目标类别,这里目标类别共有 20 类,故最终的维度为 7×7×(2×5+20)=7×7×30,即图中最后一层显示的维度。

前面提到了交并比,这是在目标检测中常见的概念,如图 5-54 所示。

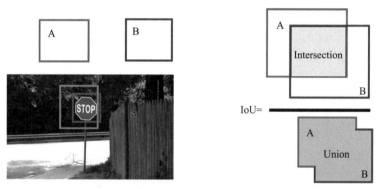

图 5-54　交并比示意图

图中的区域 A 是预测出的交通标志的边框,区域 B 是物体边框的真值,可以看到预测出的边框其实并不完全符合真实的边框,此时可以采用交并比来评价符合程度。通常会设置一个阈值,当交并比值大于某一阈值时,就认为该预测的边界框符合要求,可以保留。

在通过卷积神经网络之后,会产生若干个满足交并比要求的边界框,但是这些边界框有可能有重复,这时候就需要筛除重复的边界框。可以使用非极大值抑制来进行局部最大搜索,如图 5-55 所示。

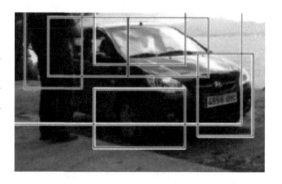

图 5-55　非极大值抑制示意图

图 5-55 中有一辆车需要识别，目标检测网络最终找出了 6 个矩形框，但有些矩形框是没用的。根据每个矩形框的置信度进行由小到大的排序，假设排序后矩形框的顺序为 A、B、C、D、E、F，如表 5-2 所示。

表 5-2 边框置信度表

边框	置信度
A	0.4
B	0.5
C	0.6
D	0.7
E	0.8
F	0.9

假设所有的边框构成一个集合 H，从置信度最大的矩形框 F 开始，分别判断 F 与集合 H 中的其他矩形框 A~E 的重叠度 IoU 是否大于某个设定的阈值。这里设置 IoU 的阈值为 0.3，矩形框 B、D 与 F 的 IoU 大于阈值，则需要从集合 H 中删去 B、D，并从 H 中将原先置信度最大的 F 加入新集合 M 中。集合 M 就是最终要输出的矩形框集合。

接下来，从集合 H 剩下的矩形框 A、C、E 中，找到置信度最大的矩形框 E，然后判断 E 与 A、C 的 IoU，A 与 E 的 IoU 大于阈值 0.3，那么就从集合 H 中舍去矩形框 A；然后将 E 再加入新集合 M 中。这样一直重复，直至集合 H 为空集，这样集合 M 中就是所有被保留下来的矩形框，如表 5-3 所示。

表 5-3 边框置信度表

集合 H	置信度最大的元素	与 H 集合其余元素的 IoU	集合 M	从集合 H 中抛去的元素
A, B, C, D, E, F	F	A (0.2), B (0.4), C (0.1), D (0.5), E (0.25)	F	B, D
A, C, E	E	A (0.5), C (0.2)	F, E	A

接下来介绍采用 YOLO 变体的形式进行交通 STOP 标志的检测，在原先 YOLO 算法的基础上增加了一层识别网络。首先，该示例使用检测网络检测给定输入图像上的交通标志，这里与 YOLO 类似，同样需要划分网格，每个网格生成若干框，最终输出每个框的位置信息和置信度，生成若干符合交并比要求的边界框，采用非极大值抑制筛除重复的边界框，但与 YOLO 不同的是，在第一步的检测网络中并不直接给出每个网格中所含的物体类别，物体类别由最后的识别网络进行检测。

下面用 Matlab 来演示交通 STOP 标志的检测。参考网页：
https://ww2.mathworks.cn/help/deeplearning/examples/traffic-sign-detection-and-recognition.html?lang=en

在 Matlab 中输入

```
openExample('deeplearning_shared/TrafficSignDetectionAnd Recognition
Example')
```

在主程序中,首先加载网络模型,这里由于提供了训练好的权重,故不再需要重新训练,直接将权重加载到网络结构中。然后,加载需要检测的图像,如图 5-56 所示。

图 5-56　待检测图片

```
% 加载权重及网络结构
load('yolo_tsr.mat');
yolo.Layers;
load('RecognitionNet.mat');
convnet.Layers;
% 读取图片
im = imread('Stop.jpg');
imshow(im);
```

图像加载完毕开始检测,事实上,在执行完这一步后相应的边界框信息就已获得,然后将这些边界框显示在图像中,同时也可以为这个边界框附上该物体类别信息,显示的就是检测的结果,如图 5-57 所示。

图 5-57　检测结果

```
% 检测图片
[bboxes,classes] = tsdr_predict(im);
% 显示图片并框出目标
outputImage = insertShape(im,'Rectangle',bboxes,'LineWidth',3);
imshow(outputImage);
```

虽然主程序只有几行，看起来很简单，但是实际上检测过程都已封装在了 tsdr_predict 函数中。tsdr_predict 函数体现了前面介绍的算法流程，在该函数中，首先加载了网络模型，将图像输入网络，获取到网络输出的最后一层，其中含有需要的边界框信息。

```
% 加载网络模型并取最后一层的输出
persistent detectionnet;
if isempty(detectionnet)
    detectionnet = coder.loadDeepLearningNetwork('yolo_tsr.mat',
'Detection');
end
predictions = detectionnet.activations(img_rz, 56, 'OutputAs',
'channels');
```

然后根据取出的信息，还原出边界框的范围，并将所有的边界框信息都表示在 boxes 矩阵中，所有的边界框置信度存放在 probs 矩阵中。一个目标可能被多个边界框检测到，所以要进一步做非极大值抑制处理。

```
% 从最后一层输出中还原出边框的信息及置信度
box_index = side*side*(classes + num) + (i*num + n)*4 + 1;
bxX = (predictions(box_index + 0) + col)/side;
bxY = (predictions(box_index + 1) + row)/side;
bxW = (predictions(box_index + 2)^2);
bxH = (predictions(box_index + 3)^2);
prob(j+1) = tempProb;
probs = [probs;tempProb];
boxX = (bxX - bxW/2)*w + 1;
boxY = (bxY - bxH/2)*h + 1;
boxW = bxW*w;
boxH = bxH*h;
boxes = [boxes;boxX,boxY,boxW,boxH];
```

根据边界框的各个置信度得分，进行非极大值抑制，去除重叠的边界框，然后加载识别网络。

```
% 非极大值抑制
coder.varsize('selectedBbox',[98,4],[1 0]);
```

```
[selectedBbox,~] = selectStrongestBbox(round(boxes),probs);
% 加载识别网络
persistent recognitionnet;
if isempty(recognitionnet)
    recognitionnet = coder.loadDeepLearningNetwork('Recognition
Net.mat','Recognition');
end
```

将边界框框出的对象再送入识别网络，判断边界框中的物体类别。

```
idx = zeros(size(selectedBbox,1),1);
inpImg = coder.nullcopy(zeros(48,48,3,size(selectedBbox,1)));
for i = 1:size(selectedBbox,1)
    ymin = selectedBbox(i,2);
    ymax = ymin + selectedBbox(i,4);
    xmin = selectedBbox(i,1);
    xmax = xmin + selectedBbox(i,3);
    % Resize Image
    inpImg(:,:,:,i) = imresize(img(ymin:ymax,xmin:xmax,:),[48,
48]);
end
idx = zeros(size(selectedBbox,1),1);
inpImg = coder.nullcopy(zeros(48,48,3,size(selectedBbox,1)));
for i = 1:size(selectedBbox,1)
    ymin = selectedBbox(i,2);
    ymax = ymin + selectedBbox(i,4);
    xmin = selectedBbox(i,1);
    xmax = xmin + selectedBbox(i,3);
    % Resize Image
    inpImg(:,:,:,i) = imresize(img(ymin:ymax,xmin:xmax,:),[48,
48]);
end
```

5.5 多传感器融合

5.5.1 引言

前面提到了环境感知需要用到多种传感器，对于某一种应用场景，单一传感器有时效果并不佳。以车辆检测与测距为例，比较好的解决方案是多传感器融合，相机负责检测车辆，雷达负责得到距离信息。

多传感器融合首先需要解决的就是空间对准和时间对准问题。

多传感器的空间融合，即将多个传感器的各自独立的坐标系统移到一个坐标系中。

如果不进行空间对准，那么无法得知图像像素与雷达点云的对应关系，也就无法实现融合的效果，而空间对准实际上就是求出激光雷达的坐标系与相机坐标系的变换关系。根据前面的内容知道，这实际上就是激光雷达和相机联合标定的目的。

由于相机的频率与激光雷达的频率是不同的，在实车运行时会造成两者时间上的不同步，所以需要进行时间对准来使得点云数据和图像数据的时间尽量同步。

为了实现时间对准，首先为图像和点云分别设置一个队列，每接收到一帧图像或一帧点云，就按顺序放入各自队列中，并记录时间戳。在进行时间对准之前，认为时间差在一定的阈值 δ 范围内时就是时间对准的。由于激光雷达的采集频率低于相机，因此，选择激光雷达点云数据的时间戳作为基准，如图 5-58 所示。

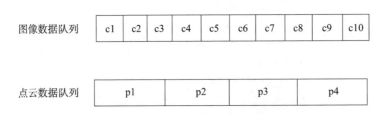

图 5-58　图像和点云数据对准原理图

选择图像队列最新的一帧图像，将获得的激光雷达数据时间戳与图像时间戳进行比较。如果大于阈值 δ，则选择上一帧图像。直到两数据的时间戳差值小于阈值 δ。当进行时空对准后，就能实现相机和激光雷达的实时融合。

依据信息处理在多传感器融合系统中的抽象程度，传感器融合技术可分为数据级融合、特征级融合和决策级融合。

数据级融合主要是对传感器采集的原始数据进行融合，依赖于传感器类型，所以数据融合不能处理异构数据，只能进行同类数据的融合。

特征级融合是指提取所采集数据包含的特征向量，用来体现所监测物理量的属性，这是面向监测对象特征的融合。

决策级融合根据特征级融合所得到的数据特征，进一步进行判别、分类以及逻辑运算等处理，并根据应用需求进行较高级的决策，是面向应用的融合。

接下来，根据具体的案例实现介绍特征级融合和决策级融合的实现过程，将会介绍多传感器的两种融合实例。首先介绍基于视觉与毫米波雷达融合的前车碰撞预警，这属于决策级融合；然后介绍基于视觉与激光雷达融合的车辆检测与追踪，这属于特征级融合。

5.5.2　毫米波雷达与相机融合

下面介绍基于视觉与毫米波雷达融合的前车碰撞预警，通过车上的视觉传感器和毫米波雷达实现，这属于决策级融合。

视觉与毫米波雷达融合的前车碰撞预警案例在 Matlab 中有完整的代码演示。参考网页：

https://ww2.mathworks.cn/help/driving/examples/forward-collision-warning-using-sensor-fusion.html

在 Matlab 2019 中输入

```
openExample('driving/ForwardCollisionWarningUsingSensorFusionExample')
```

视觉传感器和毫米波雷达的决策级融合首先由毫米波雷达去除杂点并选择感兴趣的区域，视觉传感器捕捉观测对象并对其进行分类并获得车道边界信息，以此获得前方车辆的速度和位置，同时将前方车辆添加至跟踪列表，最后进行判断是否需要预警。

准确获得前方车辆的速度和位置，这就是前面提到的状态估计，可以采用卡尔曼滤波方法。由于在本例中假设前方车辆做恒加速度运动，因此是一个非线性问题，可以考虑采用扩展卡尔曼滤波。

前面介绍过，卡尔曼滤波具体过程分为测量更新和预测更新两个阶段，并且它们的前提是需要建立状态方程和观测方程。

先来定义状态方程。

首先要明确的是状态向量，由于假设前方车辆做恒加速度运动，则其状态向量 X 是由 x，y 两个方向的位置、速度、加速度 6 个元素组成：

$$X = [x\ ;\ v_x\ ;\ a_x\ ;\ y\ ;\ v_y\ ;\ a_y] \tag{5-31}$$

以 x 方向为例，其位置、速度、加速度的方程为

$$x_t = x_{t-1} + (\dot{x}_{t-1} \times \mathrm{d}t) + \frac{1}{2} a \times \mathrm{d}t^2 \tag{5-32}$$

$$\dot{x}_t = \dot{x}_{t-1} + a \times \mathrm{d}t \tag{5-33}$$

$$\ddot{x}_t = a \tag{5-34}$$

同理也可以列出 y 方向的表达式。

然后写出状态方程的一般式：

$$x(t) = Ax(t-1) + Bu(t) + w(t) \tag{5-35}$$

在扩展卡尔曼滤波中，需要计算状态转移矩阵，这个状态转移矩阵也称为雅可比矩阵。根据雅可比矩阵的计算公式，矩阵的第 i 行，由 f_i 分别对状态向量的 6 个元素求偏导。

$$\varphi(k+1) = \frac{\partial f}{\partial X} = \begin{bmatrix} \frac{\partial f_1}{\partial x_1} & \frac{\partial f_1}{\partial x_2} & \cdots & \frac{\partial f_1}{\partial x_n} \\ \frac{\partial f_2}{\partial x_1} & \frac{\partial f_2}{\partial x_2} & \cdots & \frac{\partial f_2}{\partial x_n} \\ \vdots & \vdots & \vdots & \vdots \\ \frac{\partial f_n}{\partial x_1} & \frac{\partial f_n}{\partial x_1} & \cdots & \frac{\partial f_n}{\partial x_n} \end{bmatrix} \tag{5-36}$$

本例中 n 为 6。其中 f_1 表示 t 时刻 x 方向的位置，它是关于 $t-1$ 时刻 x 方向的位置、速度、加速度的非线性函数。f_2，f_3 分别表示 t 时刻 x 方向的速度和加速度。同理，$f_4 \sim f_6$ 表示 y 方向的对应函数。最终可以推导出此例状态方程的雅可比矩阵为

$$J = \begin{bmatrix} 1 & \mathrm{d}t & \frac{1}{2}\mathrm{d}t^2 & 0 & 0 & 0 \\ 0 & 1 & \mathrm{d}t & 0 & 0 & 0 \\ 0 & 0 & 1 & 0 & 0 & 0 \\ 0 & 0 & 0 & 1 & \mathrm{d}t & \frac{1}{2}\mathrm{d}t^2 \\ 0 & 0 & 0 & 0 & 1 & \mathrm{d}t \\ 0 & 0 & 0 & 0 & 0 & 1 \end{bmatrix} \tag{5-37}$$

下面分析过程噪声协方差。假设每一次加速度的预测会有 1 的变化，则 x 方向的状态向量会有 $\left[\frac{1}{2}\mathrm{d}t^2, \mathrm{d}t\ 1\right]$ 的变化，分别对应位置、速度、加速度的变化。

令 $\boldsymbol{e}_k = \left[\frac{1}{2}\mathrm{d}t^2, \mathrm{d}t\ 1\right]$，已知过程噪声的协方差的计算方法：

$$Q = \boldsymbol{E}[\boldsymbol{e}_k \boldsymbol{e}_k^{\mathrm{T}}] \tag{5-38}$$

因此有 x 方向的过程噪声协方差为

$$\boldsymbol{Qx} = \begin{bmatrix} \frac{1}{4}\mathrm{d}t^4 & \frac{1}{2}\mathrm{d}t^3 & \frac{1}{2}\mathrm{d}t^2 \\ \frac{1}{2}\mathrm{d}t^3 & \mathrm{d}t^2 & \mathrm{d}t \\ \frac{1}{2}\mathrm{d}t^2 & \mathrm{d}t & 1 \end{bmatrix} \tag{5-39}$$

通过这种方法得到过程噪声 w 的协方差矩阵。

$$\boldsymbol{Q}_\omega = \begin{bmatrix} \frac{1}{4}\mathrm{d}t^2 & \frac{1}{2}\mathrm{d}t^3 & \frac{1}{2}\mathrm{d}t^2 & & & \\ \frac{1}{2}\mathrm{d}t^3 & \mathrm{d}t^2 & \mathrm{d}t & & 0 & \\ \frac{1}{2}\mathrm{d}t^2 & \mathrm{d}t & 1 & & & \\ & & & \frac{1}{4}\mathrm{d}t^2 & \frac{1}{2}\mathrm{d}t^3 & \frac{1}{2}\mathrm{d}t^2 \\ & & & \frac{1}{2}\mathrm{d}t^3 & \mathrm{d}t^2 & \mathrm{d}t \\ & 0 & & \frac{1}{2}\mathrm{d}t^2 & \mathrm{d}t & 1 \end{bmatrix} \tag{5-40}$$

接下来创建观测方程，案例给出的视觉传感器观测量：

$$\boldsymbol{z}_v = [x;\ v_x;\ y] \tag{5-41}$$

毫米波雷达传感器观测量：

$$\boldsymbol{z}_m = [x;\ v_x;\ y;\ v_y] \tag{5-42}$$

先给出一般的观测方程

$$\boldsymbol{z}(t) = \boldsymbol{Hx}(t) + \boldsymbol{v}(t) \tag{5-43}$$

对照定义的状态向量和观测量，可得出视觉传感器观测矩阵为

$$H_v = \begin{bmatrix} 1 & 0 & 0 & 0 & 0 & 0 \\ 0 & 1 & 0 & 0 & 0 & 0 \\ 0 & 0 & 0 & 1 & 0 & 0 \end{bmatrix} \qquad (5-44)$$

毫米波雷达传感器观测矩阵为

$$H_r = \begin{bmatrix} 1 & 0 & 0 & 0 & 0 & 0 \\ 0 & 1 & 0 & 0 & 0 & 0 \\ 0 & 0 & 0 & 1 & 0 & 0 \\ 0 & 0 & 0 & 0 & 1 & 0 \end{bmatrix} \qquad (5-45)$$

按照 5.2 节介绍的卡尔曼滤波流程，就可以进入循环迭代了。Matlab 演示结果如图 5-59 所示。

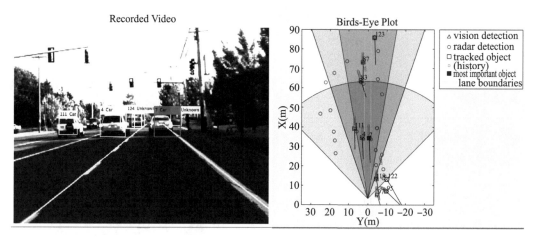

图 5-59 演示结果（见彩插）

5.5.3 激光雷达与相机融合

激光雷达可以用来为相机检测到的目标提供位置和速度。图 5-60 是激光雷达和相机融合检测框图。

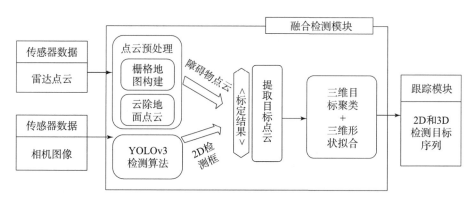

图 5-60 激光雷达和相机融合检测框图

先对激光雷达三维点云进行预处理，包括构建栅格地图和去除地面点云，从而获得障碍物点云信息。另外，相机图像通过YOLOv3进行处理获得2D检测框，再根据联合标定的结果，获得相机图像所检测到的目标对应的激光雷达点云。

对目标的雷达三维点云进行聚类和形状拟合，得到目标的准确位置。

点云的预处理是先根据原始点云建立栅格地图，然后进行点云范围限制和噪声点剔除。激光雷达在进行三维扫描时，会扫到本车部分位置如车尾以及引擎盖等，并且随着距离的增加点云密度会大幅下降，因此一方面需要剔除车身周围无效点云，另一方面需要针对栅格地图属性限制各坐标轴点云范围。此外，由于点云的测量原理，会出现部分虚检情况，即在地平面下方会出现虚假点云，同样需要进行剔除，从而得到最终的感兴趣点云，如图5-61所示。

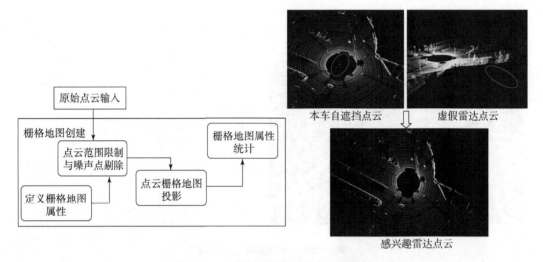

图5-61 点云的预处理流程（见彩插）

然后对点云进行栅格地图投影。遍历所有感兴趣点云，根据点云 x、y 坐标位置投影到对应的小栅格中，注意此处应该将原始雷达坐标系下点云转换到车体坐标系下。

同时建立一个栅格地图属性结构体序列，将投影到每个小栅格内的点云进行统计和记录，存储每个栅格内点云的值最大高度、值最小高度、值高度差和最小值点三维坐标等信息。打在地面上的点云对于目标检测来说没有作用，反而还会增加算法运算量，因此需要进行移除。地面点云移除的目的是将输入点云分割成地面点云和高程点云，高程点云作为障碍物点云能够提供目标有效信息，地面点云可以根据每个栅格 z 值高度差滤除。

使用YOLOv3算法对经过时间同步之后的图像数据进行目标检测，如图5-62所示。

检测结果为目标二维检测框序列，每个检测框包含 x, y, w, h, class, confidence。其中 x, y, w, h 共同表示目标检测框在图像中的位置，分别为检测框左上角 x, y 坐标以及检测框的像素宽度 w 和像素高度 h，此外还得到了目标的种类和目标置信度信息。

前面已经介绍过YOLOv1，后来又发展出YOLOv2、v3。v3有更高的准确性，而且速度快。

在基于深度学习方法生成视觉目标序列之后，下一步的主要工作就是对这些视觉二维目标序列结合激光雷达和相机的联合标定结果进行处理，得到目标三维点云，从而完成

图 5-62 目标检测结果

目标的三维定位。因为目标在图像中的二维检测结果是用矩形包围盒表示的，包围盒内不仅包含有真实目标的点云，也可能含有其他目标或背景点云，因此需要对点云进行聚类，从而筛选出目标真实点云。在得到目标三维点云之后，需要对其进行三维形状拟合，进一步得到目标几何信息和位置信息，并作为测量量传递给跟踪模块用来更新目标运动状态。

为了选择合适的聚类算法，首先需要分析从视觉检测目标序列中提取得到的目标点云分布情况，其中得到的检测目标点云部分结果如图 5-63（a）所示。可以看出，每个二维检测框中提取出来的目标点云包含了明显不同数量的聚类簇，并且也含有一些数据噪声，属于真实目标的点云密度比较集中，而属于背景的点云要么点云数量比较稀少，密度较为稀疏，要么距离雷达坐标系原点较远，并且真实目标点云簇都是不规则形状。综合这些特点，选择基于密度聚类算法的 DBSCAN 算法作为聚类算法，提取出属于真实目标的点云；聚类后的点云图像如图 5-63 所示。

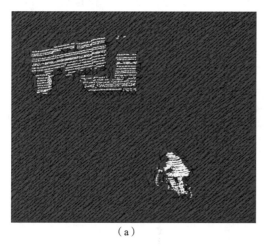 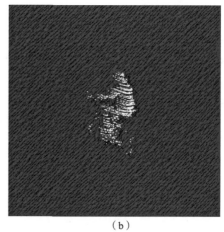

（a） （b）

图 5-63 原始点云和聚类后的点云图像对比

DBSCAN 算法是一种基于密度的聚类算法，可以有效剔除噪声点，它的基本思想是通过寻找待聚类点云中样本点之间的密度可达关系，从而导出最大的密度相连点云集合。

多目标检测与跟踪的效果演示如图 5-64 所示。

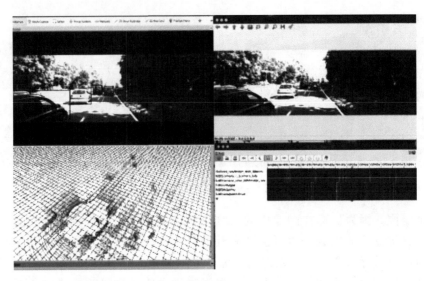

图 5-64　多目标检测与跟踪的效果图（见彩插）

图 5-64 左上是在图像上用深度学习方法获得的二维框以及类别的信息；左下是根据二维框对点云进行聚类获得的三维框，并在图上画出了轨迹；右上是多目标跟踪的最终结果，最后在图像上进行可视化，并在框上用红色的数字给出了每辆车的速度信息；右下是激光雷达、图像数据的时间轴。

习　题

1. 在 Matlab 中进行基于 AdaBoost 的车辆检测的练习，撰写实验报告。参考网站：https://ww2.mathworks.cn/help/vision/ug/train-a-cascade-object-detector.html

2. 在 Matlab 中进行基于激光雷达的障碍物检测的练习，撰写实验报告。参考网站：https://ww2.mathworks.cn/help/driving/examples/ground-plane-and-obstacle-detection-using-lidar.html

3. 在 Matlab 中进行多传感器融合的练习，撰写实验报告。参考网站：https://ww2.mathworks.cn/help/driving/examples/forward-collision-warning-using-sensor-fusion.html

第 6 章

无人驾驶车辆定位导航

无人驾驶车辆定位导航技术用来提供车辆的位置、位姿等信息。本章主要介绍基于 GPS 的定位、基于 GPS/DR 的组合定位、基于高精度地图的定位,以及 SLAM 技术。

6.1 基于 GPS 的定位

具有全球导航定位能力的卫星定位导航系统称为全球卫星导航系统(Global Navigation Satellite System,GNSS),它是一个能在地球表面或近地空间的任何地点为适当装备的用户提供三维坐标和速度以及时间信息的空基无线电定位系统。目前,世界上知名的全球卫星导航系统包括美国的全球定位系统(Global Positioning System,GPS)、俄罗斯的 GLONASS、伽利略定位系统和中国的北斗卫星导航系统。下面以 GPS 系统为例,介绍其定位原理与定位特性。

6.1.1 GPS 定位基本原理

GPS 定位问题可以转化为利用已知坐标位置的卫星获取点 P 的坐标位置问题。

假设卫星发出的电磁波在传播过程中速度是匀速的,且电磁波信号未发生折射和反射。如图 6-1 所示,可以通过测量信号传播时间获得卫星与 P 点的距离。从理论上说,为获取点 P 的坐标位置需要 3 颗卫星。

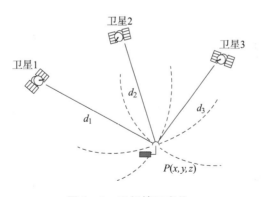

图 6-1 理想情况定位

但真实情况下,电磁波在传播过程中经历了电离层和对流层以及外部干扰,导致信号的传播速度是不均匀的。同时,又因为卫星时钟与 GPS 时钟存在偏差,接收机时钟与 GPS 时钟也存在偏差,导致信号的传播时间无法准确测量。因此仅通过 3 颗卫星来实现定位是不现实的。

假设存在卫星 j，当卫星发出信号时，卫星时钟为 t^j，GPS 时钟为 t_G^j。当接收器收到信号时接收器时钟为 T，GPS 时钟为 T_G。那么在发射信号时，卫星时钟相对于 GPS 时钟的偏差为 Δt_j，如式（6-1）所示；接收信号时接收时钟相对于 GPS 时钟的偏差为 Δt，如式（6-2）所示。

$$\Delta t^j = t^j - t_G^j \tag{6-1}$$

$$\Delta t = T - T_G \tag{6-2}$$

则测量的传播时间 τ^j 为接收器时钟减去卫星时钟，如式（6-3）所示。由此可知，测量到的传播时间与实际传播时间之间存在偏差。

$$\tau^j = T - t^j = (T_G - t_G^j) + \Delta t - \Delta t^j \tag{6-3}$$

此外，GPS 信号在传播过程中还存在其他的误差，比如电离层时间误差 t_{ion}^j，对流层时间误差 t_{tro}^j，多路径延迟时间误差 t_{mp}^j。综合考虑以上影响，测量的传播时间 τ^j 如式（6-4）所示。

$$\tau^j = (T_G - t_G^j) + \Delta t - \Delta t^j + \Delta t_{\text{ion}}^j + \Delta t_{\text{tro}}^j + \Delta t_{\text{mp}}^j \tag{6-4}$$

两边同乘以光速，可以得到 GPS 定位的基本观测方程：

$$\rho^j = R^j + c\Delta t - c\Delta t^j + c\Delta t_{\text{ion}}^j + c\Delta t_{\text{tro}}^j + c\Delta t_{\text{mp}}^j \tag{6-5}$$

$$R^j = \sqrt{(x-x^j)^2 + (y-y^j)^2 + (z-z^j)^2} \tag{6-6}$$

其中，R^j 为接收机与观测卫星 j 之间的几何距离；(x, y, z) 和 (x^j, y^j, z^j) 分别是接收机和卫星 j 在地心空间直角坐标系中的三维坐标；ρ^j 是测量得到的 R^j 的观测量，其与真实距离 R^j 往往不同，所以称为"伪距"。

在式（6-6）中，可以通过地面监控系统对卫星钟差 Δt_j 进行测定，同时通过卫星播发导航电文的方式可以将电离层时间误差 t_{ion}^j、对流层时间误差 t_{tro}^j、多路径延迟时间误差 t_{mp}^j 和卫星位置 (x^j, y^j, z^j) 等信息提供给用户。因此方程共含 4 个未知数：x, y, z 和 Δt，至少需要同时拥有 4 颗卫星的观测数据，才能解算出定位信息。

6.1.2 GPS 定位特性

图 6-2 表示的是一个环形路径的 GPS 定位效果。如图中大椭圆内的区域所示，因环境的遮挡导致 GPS 无法实现定位，出现了定位的不连续；如小椭圆内区域所示，由于 GPS 更新频率低，导致了定位距离间隔较大。GPS 的定位误差导致了方框内区域所示的定位跳动现象。

为了减少 GPS 定位误差，可以使用差分 GPS 定位技术提高定位的精度。差分 GPS 系统由基准站、数据传输和移动站组成。其工作过程是：在 GPS 接收机附近设置一个已知精度坐标的差分基准站，基准站的 GPS 接收机连续接收 GPS 卫星信号，将测得的位置与该固定位置的真实位置的差值作为公共误差校正量，然后通过无线数据传输将该校正量传送给移动站的接收机，移动站的接收机用该校正量对本地位置进行校正。

差分 GPS 系统从工作方式上可以分为位置差分、伪距差分、载波相位差分。载波相位又称为实时动态定位（Real Time Kinematic，RTK），是建立在实时处理两个测站的载波相位基础上的。实现载波相位差分的方法分为两类：修正法和差分法。前者与伪距差分

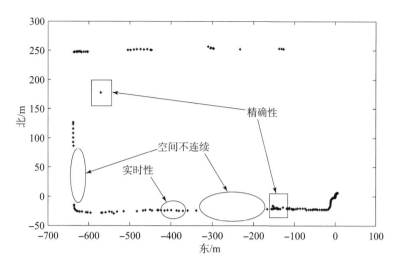

图 6-2 环形路径 GPS 定位效果

相同，基准站将载波相位修正量发送给移动站，以改正其载波相位，然后求解坐标。后者将基准站采集的载波相位发送给移动站进行求差解算坐标。图 6-3 所示的是一种基准站和移动站的连线示意图。

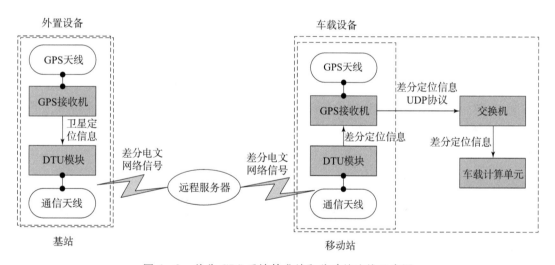

图 6-3 差分 GPS 系统基准站和移动站连线示意图

RTK 技术有一定局限性，使得其在应用中受到限制，主要表现为：
（1）用户需要架设本地的参考站（基准站）。
（2）误差随距离增加。
（3）误差增加使流动站和参考站距离受到限制。
（4）可靠性和可行性随距离降低。

为了克服 RTK 技术的以上缺陷，可以采用网络差分定位技术。网络差分定位技术扩展了 RTK 的作业距离。图 6-4 所示是一种网络差分定位解决方法示意图。

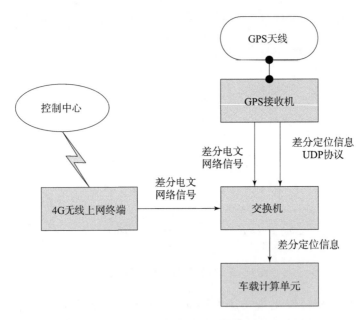

图 6-4 一种网络差分定位解决方法

6.2 基于 GPS/DR 的组合定位

基于低成本的单点 GPS 定位方法在车辆定位与导航中应用日趋广泛，但是在实际的应用中它还存在着一些缺点。其中主要的缺点是数据输出频率低，动态环境中可靠性差，易受到外界环境的干扰等，尤其是在高楼林立的城市，或者车辆通过隧道及立交桥时，GPS 卫星信号将很差甚至中断而无法满足定位要求。为保证车辆定位的连续性和可靠性，就需要其他的辅助手段，如航迹推算（Dead Reckoning, DR）定位。

6.2.1 航迹推算定位

DR 定位中用到惯性传感器。在惯性传感器中测量角加速度的仪器称"陀螺仪"。测量直线加速度的仪器称"加速度计"。

航迹推算技术利用车辆航向、速度和里程计等传感器的信息，推算出车辆相对于起始点的位置。通常，车辆的运动空间可以近似看作二维空间 (e, n)。其中，e 为局部平面坐标系的东向位置坐标，n 为局部平面坐标系的北向位置坐标。因此可以根据车辆的起始点 (e_0, n_0) 和初始航向角 θ_0，以及实时获取的车辆行驶距离和航向角的变化，推算出车辆的位置。原理如图 6-5 所示。

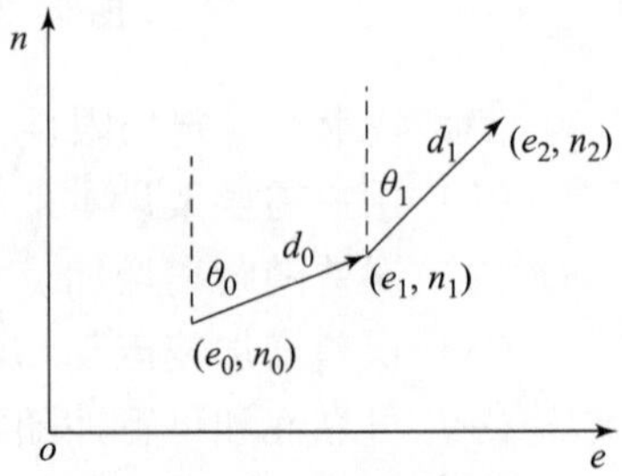

图 6-5 航迹推算

图中车辆位置 (e_1, n_1) 可根据式（6-7）和式（6-8）求得：

$$e_1 = e_0 + d_0 \sin\theta_0 \qquad (6-7)$$

$$n_1 = n_0 + d_0\cos\theta_0 \qquad (6-8)$$

同理，(e_2, n_2) 可根据 (e_1, n_1) 的位置求得。以此类推，当车辆位于 (e_k, n_k) 时，车辆位置如式（6-9）、式（6-10）、式（6-11）所示：

$$e_k = e_0 + \sum_{i=0}^{k-1} d_i\sin\theta_i \qquad (6-9)$$

$$n_k = n_0 + \sum_{i=0}^{k-1} d_i\cos\theta_i \qquad (6-10)$$

$$\theta_k = \theta_0 + \sum_{i=0}^{k-1} \Delta\theta_i \qquad (6-11)$$

当采样周期恒定且采样频率足够高时，可以近似认为在采样周期内车辆的加速度接近零，则进一步可以得到 (e_k, n_k, θ_k) 用速度、角速度、采样周期、航向角的表达式：

$$e_k = e_0 + \sum_{i=0}^{k-1} v_i T\sin\theta_i \qquad (6-12)$$

$$n_k = n_0 + \sum_{i=0}^{k-1} v_i T\cos\theta_i \qquad (6-13)$$

$$\theta_k = \theta_0 + \sum_{i=0}^{k-1} \omega_i T \qquad (6-14)$$

6.2.2 GPS/DR 组合方式

航迹推算在短时间内能够保持较高的精度，且有较好的抗干扰性。但是由于传感器本身存在随机漂移和随机误差，在推算过程中定位误差将随时间而累积。另一方面，如果单独依靠 GPS，遇到没有 GPS 信号的情况，如车辆经过隧道时，车辆就无法进行定位。综合考虑上述情况，可以将 DR 定位与 GPS 定位相结合，即 GPS/DR 组合定位方式。

GPS 定位和 DR 定位结合的方式可分为切换式与数据融合式。

1. 基于切换式的 GPS/DR 组合定位

基于切换式的 GPS/DR 组合定位原理如图 6-6 所示。当 GPS 信号有效时，则系统工作于 GPS 定位模式，同时利用 GPS 输出的定位信息对 DR 定位系统的推算位置进行更新。当 GPS 信号无效时，系统就切换到 DR 定位模式。

基于切换式的 GPS/DR 组合定位方法没有将 GPS 和 DR 两种系统的信息融合在一起，两者的优点不能得到充分发挥。

2. 基于数据融合式的 GPS/DR 组合定位

基于数据融合式的 GPS/DR 组合定位分为松耦合和紧耦合两种形式。如图 6-7 所示，松耦合形式直接利用 GPS 接收机输出的位置和速度信息，与 DR 输出的航向角和速度进行数据融合。这种方式组

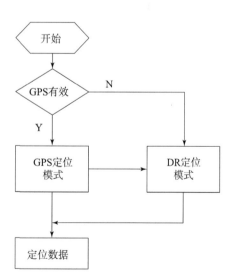

图 6-6 基于切换式的 GPS/DR 组合定位

合结构简单，两个系统能够独立工作。

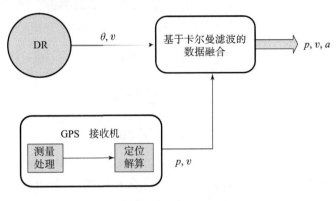

图 6-7　松耦合

而紧耦合形式则利用 GPS 接收机输出的原始信息（如伪距、伪距率等）和 DR 输出的信息（如速度变化和航向角变化）进行数据融合，如图 6-8 所示。这种方式组合精度更高，可提高 GPS 的接收精度和动态性能。

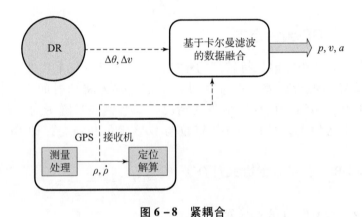

图 6-8　紧耦合

6.3　高精度地图

人类驾驶员在一个陌生的环境驾驶普通车辆，往往需要电子导航地图。与之对应，对于无人驾驶车辆，也有一种帮助其实现自动驾驶的地图，称为高精度地图。高精度地图可以为无人驾驶汽车提供高精度的静态信息以及动态的实时交通信息，供车辆感知交通环境，做出决策和规划，躲避拥堵等。

1. 高精度地图的定义

狭义的高精度地图是指精度更高、内容更加详细的地图。广义的高精度地图则是指直接构建一个几乎真实的三维世界，包括绝对位置的形状信息和拓扑关系、语义、特征等属性。

高精度地图相比于传统的导航地图，从精度上来说，传统地图是米级，而高精度地图则可能是厘米级、亚米级;从更新频率角度,可将道路数据划分为4类:永久静态数据(更新频率约为1个月)、半永久静态数据(频率为1 h)、半动态数据(频率为1 min)、动态数据(频率为1 s)。传统导航地图一般只需要前两者,而高精度地图为了应对各类突发状况,保证自动驾驶的安全,需要更多的半动态数据以及动态数据,这大大提升了对数据实时性的要求。

2. 高精度地图的制作及关键技术

高精度地图的制作过程,一般包括数据采集、自动融合、识别、人工验证和发布。

数据采集包括实地采集、处理以及后续更新。普通电子导航地图往往根据卫星图像和GPS定位生成,而高精度地图为了达到厘米级精度,需要利用地图采集车实地采集多种传感器信息制作地图。

数据采集之后,可以自动化制作,把不同传感器采集的数据进行融合,即把定位信息、点云、图像等数据叠加在一起,进行道路标线、路沿、路牌、交通标志等路面元素的识别。

自动化处理的数据还不能达到百分之百的准确,需要人工进行确认和完善。

从前面的制作流程可以看出,高精度地图的关键技术有:多传感器的高精度标定,用来确保地图信息的精度;点云、图像目标识别,用来提取出车道线、路牌、路杆、信号灯、护栏等丰富信息;地图的动态更新,在采集制作完地图后,进行大范围的实时动态更新。

3. 高精度地图的应用

高精度地图可以用于高精度定位、辅助环境感知、路径规划等场景。

若将定位比作拼图,则无人驾驶车辆需要迅速知道自己处于拼图的哪一块(图6-9)。如果同时提供地图和地图上的一小部分,无人驾驶车辆需要迅速确定自己在地图上的确切位置,实现高精度定位。

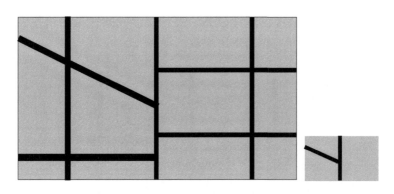

图6-9 匹配定位示意图

无人驾驶车辆使用从各类传感器收集的数据,如摄像机图像数据以及激光雷达的三维点云数据来查找地标,借助高精度地图进行精确的匹配定位,从而精确定位自己所处的位置(图6-10)。

高精度地图可以帮助感知系统缩小检测范围。例如,高精度地图可能会告知无人驾驶车辆在特定位置寻找交通标志(图6-11),传感器就可以集中在该位置检测交通标志。

图 6-10 查找地标

这个特定位置称为感兴趣区域（Region of Interest，ROI），ROI 可以帮助提高检测精确度和速度，并节约计算资源。

图 6-11 交通标志示意图

高精度地图也可以为车辆提供低速限制、人行横道或减速带的信息（图 6-12）。利用这些信息，无人驾驶车辆可以提前做出决策、规划。

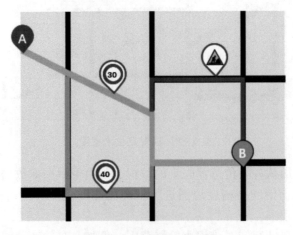

图 6-12 限速标志示意图

6.4 SLAM 技术

在无人驾驶车辆定位时,如果地图已知,即使没有 GPS 信息,也可以根据现有的地图,由传感器获取周围环境信息,通过相应的特征匹配,来定位自身的位置。但是当驾驶环境未知时,无人驾驶车辆只能通过传感器获取信息,然后提取有效信息构建环境地图实现定位。但是为了构建环境地图又必须知道无人驾驶车辆的观测位置,这就形成了一个矛盾——为了创建环境地图模型,需要知道各个时刻的位置;为了定位,需要知道环境的地图模型。两者间相互影响,故需要对两个模型同时进行维护,进行同步定位与地图创建。

同步定位与地图创建(Simultaneous Localization And Mapping,SLAM)是指无人驾驶车辆在未知环境中,从某一位置出发,在运动过程中通过环境信息,进行车体位置与航向的确定,同时创建环境地图并对地图进行实时更新。SLAM 可以同时知道无人驾驶车辆在什么地方以及周围环境是什么样的。

图 6-13 描述了 SLAM 的过程。图中的圆点表示大地坐标系下的路标点,也可认为是环境中的特征点,这些路标点对于构建地图至关重要。首先无人驾驶车辆在某一位姿下观测到一些路标点,在下一时刻,无人驾驶车辆在新的位姿点又会观测到一些路标点,这些路标点包括之前已经观测到的路标点,也包括新的路标点。由于两个时刻下的两个位姿观测到了相同的路标点,这样就可以估计出两个相邻时刻下无人驾驶车辆位姿的变换关系。

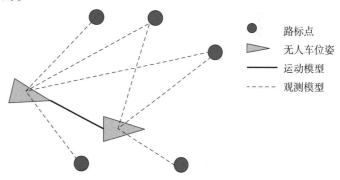

图 6-13 无人驾驶车辆观测路标点

以此类推,可以推断出其他时刻的位姿,同时,将无人驾驶车辆在不同时刻观测到的环境信息与相应时刻下无人驾驶车辆的位姿结合起来,也能实现局部地图的创建。

SLAM 技术根据传感器使用的不同可以分为激光雷达 SLAM、视觉 SLAM 以及融合类的 SLAM。其中,激光雷达 SLAM 根据使用的激光雷达的不同又分为二维激光雷达 SLAM 和三维激光雷达 SLAM。视觉 SLAM 也可根据相机的类型和数目分为单目 SLAM、双目 SLAM 和 RGB-D SLAM。融合类的 SLAM 主要包括由视觉、雷达、IMU 的不同组合产生的 SLAM 结果。

6.4.1 激光雷达 SLAM

激光雷达 SLAM 中有一些经典的方案,其中 Gmapping、Hector-SLAM、Karto-SLAM 属于二维激光雷达 SLAM;谷歌开源的 Cartographer 可以实现二维建图或三维建图,如图 6-14 所示;三维的激光雷达 SLAM 中较为经典的方案有 LOAM 等。

在二维激光雷达 SLAM 中,Hector-SLAM 采用基于扫描匹配的方法,对传感器要求

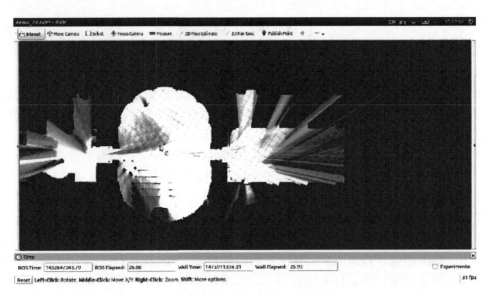

图 6–14 Cartographer 建图

高,在传感器精度高的情况下,定位建图的效果较好;Gmapping 采用 RBPF 粒子滤波的方法,是二维激光雷达 SLAM 用得最广的方法;Karto-SLAM 采用图优化的方法计算更新激光雷达的位姿。Cartographer 以子地图(Submap)为单位构建全局地图,以消除构图过程中产生的累积误差。

在三维的激光雷达 SLAM 中,LOAM 是较为经典的方案之一。LOAM 的定位和建图过程是异步进行的。采用了一个高频的(如 10 Hz)用于定位的里程计,和一个低频(如 1 Hz)的建图过程,能够实现三维激光雷达的 SLAM 过程,如图 6–15 所示。

图 6–15 三维建图示意

SLAM 技术发展到现在,大致的框架已经基本固定,包括前端、后端、回环检测与建图。每得到一帧激光雷达的数据后,通过前端来计算它与之前帧数据之间的位姿变换关系,由此递推就可以知道车辆运动里程和车辆当前的位姿,所以前端也称为"激光里程计"。但是在前端这一步中,求解位姿会有误差,如果只依靠前端,当车辆绕了一圈回到起点时,由于误差的原因,前端无法知道车辆回到了起点。这时就需要回环检测,来检测当前场景是否已经到过。后端优化的作用,是结合前端和回环检测提供的信息校正车辆位姿,最后,再把优化后的位姿结果和环境信息建立成地图。整体流程如图 6 – 16 所示。

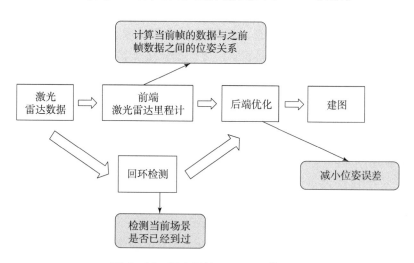

图 6 – 16 激光雷达 SLAM 工作流程

SLAM 中地图的常用表示模型有栅格地图、拓扑地图、特征地图和点云地图等,如图 6 – 17 所示。栅格地图是把周围环境划分为大小相等的正方形栅格结构,每个栅格赋予一个表示状态的属性值,表示栅格被占据概率和没被占据的概率之间的比例。拓扑地图是一种基于拓扑结构的地图表示方法,节点代表环境的地点或者状态信息,用节点之间的连线表示物体之间的关系。特征地图是从传感器的感知信息中提取几何特征(点、线、

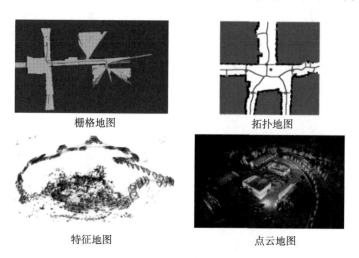

图 6 – 17 SLAM 中地图的常用表示模型

面等),并把很多环境特征的集合定义为地图。点云地图顾名思义是将密集的激光点云形成地图,能够反映丰富的环境信息。

1. 前端

激光雷达 SLAM 的前端包含特征提取、数据关联和地图更新三步。其前端是根据两帧激光雷达点云中对环境中同一物体的测量值差异,来计算相邻两帧激光雷达数据之间的位姿变换关系的,比如有一个静止物体,前一时刻激光雷达测得它在正前方 10 m,而现在这一时刻激光雷达测得它在正前方 9 m,便可以知道激光雷达自身向前移动了 1 m。因此,前端首要要判断出相邻两帧激光雷达数据中哪些物体是同一物体,并求解它们之间的位姿变换关系,这些对应了前端算法的第一步特征提取和第二步数据关联。之后,就可以用完成关联的两帧激光雷达数据和它们之间的位姿变换关系更新地图。

1)特征提取与数据关联

在激光 SLAM 进行特征提取时,常用的特征有点特征、线特征、弧特征、面特征。

激光 SLAM 进行的数据关联也可以称为点云配准,其应用最广泛的算法是 ICP 及其衍生算法以及 NDT 算法。

ICP(Iterative Closest Point,迭代最近点),本质上是将点云之间的匹配问题转换为求两个点云之间距离的最小值的问题。图 6-18 中,红色点云用大写字母 P 表示,p_i 表示其中的任意一个点。绿色点云为参考点云,用大写字母 Q 表示,q_i 表示其中的任意一个点。需要求出点云 P 到点云 Q 的位姿变换(即旋转矩阵 R 和平移向量 T)。第一步是计算 P 中的每一个点在 Q 中的对应最近点;第二步是求得使上述对应点对平均

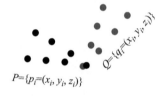

图 6-18 ICP 原理 1
(见彩插)

距离最小的 R_i,T_i;然后对 P 使用第二步求得的 R_i,t_i 变换,得到新的点集 P。

图 6-19 中的蓝色点云代表新点集 P。这时变换后的点云与参考点云 Q 还没完全重合,所以进行下一次迭代。即把蓝色点云作为新的点云 P 再次进行上述过程的第一、第二步。若某次迭代后,点云 P 到点云 Q 对应点对平均距离小于某一给定阈值,则停止迭代计算。

将每次迭代求得的 R 和 t 组合起来,就得到了红色点云到绿色点云的位姿变换,如图 6-20 所示。这个以点和点之间的距离为优化目标的 ICP 算法也叫点到点 ICP。

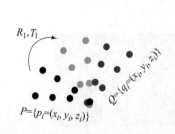

图 6-19 ICP 原理 2(见彩插)

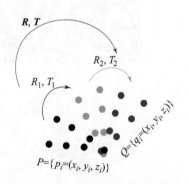

图 6-20 ICP 原理 3(见彩插)

由于点云的稀疏性，易受噪声影响，点到点 ICP 误差较大。所以之后又衍生出了点到线 ICP、点到面 ICP，以及面到面 ICP。它们是结合之前的点、线、面特征拟合出线或者面，再优化点到线、点到面或者面到面的距离，以此进行位姿估计。ICP 算法对初值依赖较大，容易陷入局部最优值，而且因为要利用对应点的特征计算和匹配，所以速度比较慢。

而 NDT（Normal Distributions Transform，正态分布变换）算法则没有这个问题。NDT 算法首先结合栅格地图，将参考点云用栅格划分计算参考点云，对每个栅格中的点云计算其正态分布概率 $P(x)$，其中 x 是落入栅格中的点的坐标，式（6-15）为其概率分布公式。根据这些点的坐标，可以得到坐标的均值 μ 和协方差 Σ，根据使用的激光雷达是二维还是三维决定 $D=2$ 或 $D=3$。假设 $\boldsymbol{x}=\{x_1,x_2,\cdots,x_n\}$ 为一帧待匹配的源点云，待估计的位姿变换变量为 T，可以构建出最小二乘表达式（6-16）求解出变换矩阵 $\boldsymbol{T}^*$。

$$p(\boldsymbol{x}) = \frac{1}{(2\pi)^{D/2}\sqrt{|\boldsymbol{\Sigma}|}}\exp\left(-\frac{(\boldsymbol{x}-\boldsymbol{\mu})^T\boldsymbol{\Sigma}^{-1}(\boldsymbol{x}-\boldsymbol{\mu})}{2}\right) \quad (6-15)$$

$$\boldsymbol{T}^* = \underset{T}{\operatorname{argmin}}\sum_{k=1}^{n}\frac{(T\boldsymbol{x}_k-\boldsymbol{\mu})^T\boldsymbol{\Sigma}^{-1}(T\boldsymbol{x}_k-\boldsymbol{\mu})}{2} \quad (6-16)$$

2）地图更新

这里以最常用的栅格地图为例介绍如何更新地图。在栅格地图中，环境被等分为多个栅格，其中任意一个栅格 s 都与一个数值 $p(s)$ 相关联，以描述栅格 s 内存在点云的概率，也叫栅格占据概率。当栅格占据概率大于 0.5，则认为被占据，即该栅格内存在点云；等于 0.5 时认为该栅格状态未知；小于 0.5 时认为未被占据，即栅格内不存在点云。

在地图创建的初始时刻，由于未对环境进行任何有效观察，可将地图中所有栅格的状态初始化为 0.5。若以灰度值范围 [0, 255] 对应栅格概率 (0, 1)，则可根据栅格概率表示出栅格地图，那么在初始时刻，所有栅格均表示为灰色。如图 6-21 所示，图中黑色的地方为被占据的栅格，白色地方为未被占据的栅格，灰色的部分则表示未知状态的栅格。

根据条件概率可知，在观测值已知的情况下，栅格地图更新过程中的任意 t 时刻，任意地图栅格 s 被占据的概率为 $p(s|z_{1:t})$，其中 $z_{1:t}$ 表示 SLAM 过程中从初始时刻到当前时刻 t 的观测值序列。t 时刻下的栅格占据概率是在前一时刻即 $t-1$ 时刻的基础上获得的，因此根据贝叶斯定理，以贝叶斯公式的形式表示出栅格 s 的占据概率如式（6-17）所示：

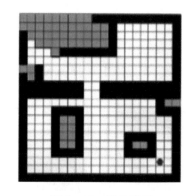

图 6-21　栅格地图

$$p(s|z_{1:t}) = \frac{p(z_t|s)\ p(s|z_{1:t-1})}{p(z_t|z_{1:t-1})} \quad (6-17)$$

根据条件概率公式可知

$$p(z_t|s) = \frac{p(s|z_t)\ p(z_t)}{p(s)} \quad (6-18)$$

因此根据式（6-17）和式（6-18）可以进一步表示出任意时刻下的栅格占据概率，同

样也能表示栅格未被占据的概率,如式(6-19)和式(6-20)所示:

$$p(s|z_{1:t}) = \frac{p(s|z_t) p(z_t) p(s|z_{1:t-1})}{p(s) p(z_t|z_{1:t-1})} \quad (6-19)$$

$$p(\bar{s}|z_{1:t}) = \frac{p(\bar{s}|z_t) p(z_t) p(\bar{s}|z_{1:t-1})}{p(\bar{s}) p(z_t|z_{1:t-1})} \quad (6-20)$$

这里以栅格被占据的概率与未被占据的概率的比值表述为栅格的状态,根据前面的公式可将栅格状态表示为式(6-21)的形式:

$$栅格的状态 = \frac{p(栅格被占据)}{p(栅格未被占据)} \rightarrow \frac{p(s|z_{1:t})}{p(\bar{s}|z_{1:t})} = \frac{p(s|z_t) p(s|z_{1:t-1}) p(\bar{s})}{p(\bar{s}|z_t) p(\bar{s}|z_{1:t-1}) p(s)} \quad (6-21)$$

由于每个栅格实际上只可能是被占据或是未被占据,两者概率值相加为1,由此可以将栅格状态仅用栅格占据概率来表示:

$$\frac{p(s|z_{1:t})}{p(\bar{s}|z_{1:t})} = \frac{p(s|z_t)}{1-p(s|z_t)} \frac{p(s|z_{1:t-1})}{1-p(s|z_{1:t-1})} \frac{1-p(s)}{p(s)} \quad (6-22)$$

下面以对数的形式改写式(6-20),得到

$$\log\left(\frac{p(s|z_{1:t})}{1-p(s|z_{1:t})}\right) = \log\left(\frac{p(s|z_t)}{1-p(s|z_t)}\right) + \log\left(\frac{p(s|z_{1:t-1})}{1-p(s|z_{1:t-1})}\right) - \log\left(\frac{p(s)}{1-p(s)}\right) \quad (6-23)$$

其中,等式左边第一项可以以 $l_t(s)$ 表示,它代表的是当前时刻更新后的栅格状态;等式右边第一项由当前测量值得出;等式右边第二项表示前一时刻的栅格状态,以 $l_{t-1}(s)$ 表示,等式右边的第三项由初始的概率值得出,是一个固定值。经过这样的处理,当前时刻与前一时刻的栅格状态计算就能转化为简单的加减运算。

通过以上计算,可以很容易地得到已更新的栅格状态,但最终需要知道栅格占据概率才能绘制栅格地图,所以在得到栅格状态后还需将其还原为栅格占据概率,由此就可以得到更新后的栅格地图,过程如图6-22所示。

已更新的栅格状态 $l_t(s)=\log\left(\frac{p(s|z_{1:t})}{1-p(s|z_{1:t})}\right)$

还原为栅格占据概率 $p(s|z_{1:t})=1-\frac{1}{1-\exp(l_t(s))}$

图6-22 栅格状态还原为占据概率

2. 后端

通过激光SLAM前端得到的位姿估计存在误差累积问题,随着无人驾驶车辆运动轨迹以及时间的增长,无人驾驶车辆位姿估计的误差也不断增加。后端作用就是结合前端和回环检测提供的信息消除前面累积的误差并校正车辆位姿。

图6-23中显示了后端优化前的SLAM地图和后端优化后的地图,可以看出,后端优化前地图中的相邻两栋墙壁之间不垂直,尤其是左上角的两块区域完全不重合,地图

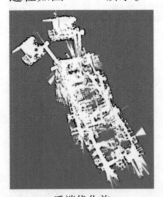

后端优化前　　　　后端优化后

图6-23 后端优化前后对比

存在很多错误，偏差严重，后端优化后则消除了这些错误。

后端可以分为基于滤波的方法和基于非线性优化（图优化）的方法。由于图优化方法比滤波方法效率更高，所以得到了越来越多的应用。

图优化，是把优化问题表现成图的一种方式。图论意义的图，由若干个顶点（Vertex）以及连接着这些点的边（Edge）组成。用顶点表示优化变量，在 SLAM 问题中可以为车辆状态或特征点，用边表示约束项，约束项可以是观测方程或是运动方程。对于任意一个非线性最小二乘问题，可以构建与之对应的图。

接下来举例说明图优化的机制。如图 6-24 所示，假设有一辆小车初始起点在位置坐标 x_0 处，小车向前移动到达位置坐标 x_1 处，传感器测得它向前移动了 1 m。然后又向后返回，到达位置坐标 x_2 处，传感器测得它向后移动了 0.8 m。此时，通过闭环检测，发现它回到了原始起点。可以看出，传感器误差导致计算的位置和回环检测结果有差异。图优化的作用就是通过调整 x_0、x_1、x_2 使得车辆最好地满足上述条件。把这个问题写成图优化的形式，就是先用节点表示车辆的位置，用边表示初始值、传感器测量值或者回环检测结果；节点就是图优化中待优化的变量，边是图优化中的约束。

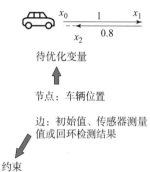

图 6-24　图优化示例

首先将每个节点表示出来，这样就可以进一步表示出每个节点处的测量误差，通常以残差平方和表示总的测量误差，残差平方和即为优化的目标函数。为了使残差平方和最小，对其中的每个变量都做偏导，并使其为 0，最终解得各节点的最优解。这样可以很好地修正观测误差，使其接近真实值。图 6-25 展示了小车案例的图优化机制。

在图优化问题中，可以使用 g2o 开源库进行高效方便的优化实现。g2o 是一个用于优化基于图形的非线性误差函数的开源的 C++ 框架。它具有高效性，一个 2D 的 SLAM 算法可以通过不到 30 行的 C++ 代码来实现。此外，其还具有通用性和可扩展性。

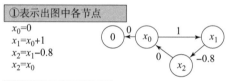

图 6-25　图优化机制

3. 回环检测

回环检测是指无人驾驶车辆能够识别出之前到达过的场景，使得地图形成闭环的能力。回环检测成功，可以显著地减小累积误差，在大面积、大场景地图构建上是非常有必要的。但如果是错误的回环检测结果则可能使地图变得很糟糕。

闭环检测主要有三种方法：帧-帧匹配、帧-图匹配和图-图匹配。

帧-帧匹配单帧激光数据的信息量小，匹配时有局限性，容易和其他相似度高的数据发生错误匹配；连续帧的激光数据重复部分多，存在很大的冗余性，匹配效率低，在大尺度地图中匹配速度缓慢。

帧-图的匹配方法可适当地提高匹配效率，但依然没有解决单一激光数据匹配时的局限性问题。两帧激光数据如图6-26所示。由于画圈部分相似度高，经匹配算法检测，会被判断为存在闭环关系，造成错误的匹配结果。

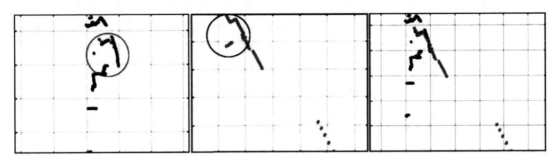

图6-26　闭环误检

图-图匹配方法将多帧激光数据构成局部地图后与子地图匹配，构建局部地图能去除连续帧之间的冗余信息，使图-图匹配时要计算的栅格数少于帧-图匹配，提高匹配效率。同时，由于子地图中包含多帧观察数据，信息量比单帧数据丰富，能够避免闭环误检，因此其具有效率高、误匹配率较低的特点。

6.4.2　视觉SLAM

视觉SLAM框架与激光雷达SLAM框架类似，同样需要经过前端处理、后端优化、回环检测以及最后的建图。但其中与激光雷达有所不同的是视觉SLAM的前端采用视觉里程计，特征的提取与匹配都是基于视觉图像而言。本节主要介绍视觉里程计及后端优化的相关内容。

1. 视觉里程计

视觉里程计的目的是根据拍摄的图像估计相机的运动。基于相机模型与几何学模型等来计算恢复车体本身的6自由度运动，包括3自由度的旋转和3自由度的平移。关键步骤包括特征提取、特征匹配、运动估计、局部优化。

视觉里程计按照实现方式可以分为特征点法和直接方法。特征点法能够在噪声较大、相机运动较快时工作，但地图则是稀疏特征点。直接法不需要提取特征，能够建立稠密地图，但存在着计算量大的缺陷。视觉里程计按照摄像头个数可以分为单目视觉里程计和立体视觉里程计。单目视觉里程计存在尺度歧义问题；立体视觉里程计不存在尺度问题，能够提供更丰富的数据。

1）特征提取

首先介绍第一个关键步骤——特征提取。特征提取的好坏会直接影响到视觉SLAM算法的表现。在常用的特征点中，主要可以分为角点特征和块特征两类。常用的角点特征有Harris角点和FAST角点，常用的块特征有SIFT、SURF特征。Harris角点对亮度和对比度的变化不敏感，具有旋转不变性，但不具有尺度不变性。FAST关键点牺牲了一些精度和鲁棒性，以提高其计算的速度，但是本身不具有方向性。SIFT特征在计算时充分考虑了在图像变换过程中出现的光照、尺度、旋转等变化，鲁棒性好，但随之而来的是极大的计算量。

ORB 特征由关键点与描述子组成。关键点称为 Oriented FAST，是一种改进的 FAST 角点；描述子称为 BRIEF。ORB 特征是目前非常具有代表性的实时图像特征，在检测质量和检测性能上取得较好的折中。FAST 角点主要检测局部像素灰度变化明显的地方，以速度快著称。如果某一像素与邻域的像素差别较大，那么就可能是角点。图 6-27 展示了 FAST 角点的提取方法。首先，从图像中选取一点 p（指像素），在以该点为圆心，3 像素长度为半径的圆上的 16 个像素点中依次选取像素点与 p 点的灰度值进行比较，若存在有连续的 n 个像素都比 p 点的像素灰度值大或者小，则认为该点 p 是一个角点。n 的常用取值有 9、11、12。

Oriented FAST 角点对传统的 FAST 角点进行了改进，使得最终形成的 ORB 特征具有尺度不变性和旋转不变性。在图像块中定义图像的矩，通过矩可以找到图像块的质心。连接图像块的几何中心 O 与质心 C，得到方向向量 $\boldsymbol{OC}$，即可描述特征的方向。

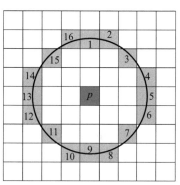

图 6-27　FAST 角点

2）特征匹配

与激光雷达 SLAM 的前端类似，在进行了特征提取后，需要进行数据关联，确定当前看到的特征与之前看到的特征之间的对应关系。在视觉 SLAM 中，这常被称为特征匹配。

特征匹配主要有两种方法：一种方法是在一张图像上提取特征点，在其他的图像中使用局部搜索的方法来寻找对应的关联特征点，这种方法适用于相机运动小、图像变化不大的情况；另一种方法是分别在两个图像上检测特征点，然后通过某种相似性度量对特征点进行匹配，可以相应提高效率。

3）运动估计

SLAM 问题的一项核心任务就是对相邻两帧图像的运动变化做出估计，从而得到整体的运动轨迹以及当前的运动状态。在得到对应的特征后，就可以计算帧间的相对运动。

根据使用的匹配特征点的维度不同，大体上有三种估计方法：

（1）2D-2D：待计算的两帧图像间的特征点都用二维图像坐标进行表示，常应用在单目相机中。

（2）3D-3D：待计算的两张图像中的特征点都使用三维坐标表示。类似于激光 SLAM 中的运动估计，同样可以采用 ICP 的方法求解，常应用在双目相机中。

（3）3D-2D：待计算的两帧图像间，前一张用三维坐标表示，后一张用二维坐标表示。这种情况下通过计算特征点重投影位置的最小误差来得到满足优化函数的解。这个问题称为 PnP 问题。

2. 后端优化

视觉 SLAM 的后端优化通常也以图优化的形式进行求解。激光 SLAM 章节中已经介绍过，图是由若干个顶点，以及连接着这些点的边组成。用顶点表示优化变量，用边表示约束项。对于任意一个非线性最小二乘问题，可以构建与之对应的图。

如图 6-28 所示，假设用三角形表示相机位姿节点，用圆形表示路标点，它们构成了图优化的顶点；蓝色线表示相机的运动模型，红色虚线表示观测模型，它们构成了图优化的边。

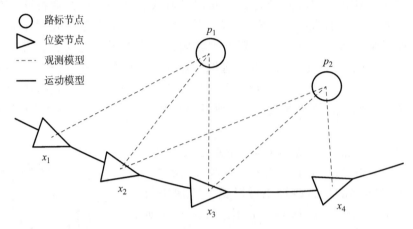

图 6-28 图优化模型（见彩插）

事实上，图优化中一条边可以连接一个、两个或多个顶点，这主要反映在每个约束项与多少个优化变量有关。此处的边可以表示为三维点到相机成像平面的重投影误差，最终求解目标就是使重投影误差最小。

将像素坐标（观测到的投影位置）与 3D 点按照当前估计的位姿进行投影得到的位置相比较得到的误差，称为重投影误差。常使用光束法平差进行最小化重投影误差的求解。光束法平差是视觉三维重建问题中一种同时得到最佳的三维结构和视觉参数估计的联合优化方法。在 SLAM 问题中具体指通过将每一个待优化的三维特征点和相机位姿进行优化调整后，使得特征点与其在相机上的投影的连线都能穿过光心。

近年来出现了很多经典的视觉 SLAM 框架。2007 年提出的 Mono SLAM 是第一个实时的单目视觉 SLAM 系统，它以扩展卡尔曼滤波为后端，追踪前端非常稀疏的特征点；同年，PTAM 也被提出，实现了跟踪与建图过程的双线程并行化，并首次使用非线性优化作为后端；2014 年出现的 LSD-SLAM，核心贡献是将直接法应用到了半稠密的单目 SLAM 中，同年提出的 SVO 采用特征点法和直接法结合的方法，根据关键点周围的信息估计相机的运动及位姿；2015 年，ORB-SLAM 出现，相比于之前的 SLAM 系统，优点主要有支持单目、双目、RGB-D 三种模式，其采用 ORB 特征，用时短、可实时计算、大范围运动时也能进行回环检测和重定位，并使用三个线程完成 SLAM。

习 题

1. 分析北斗卫星导航系统与 GPS 的异同。
2. 分析讨论激光雷达 SLAM 与摄像机视觉 SLAM 的异同。
3. 举例说明高精度地图在无人驾驶中的作用。

第 7 章
无人驾驶车辆决策与规划

第 5 章介绍了无人驾驶车辆环境感知相关的内容,第 6 章介绍了定位导航的内容,本章介绍无人驾驶车辆的决策与规划。

7.1 无人驾驶车辆行为决策

无人驾驶车辆行为决策是指,通过各种车辆传感器感知到的交通环境信息,考虑行驶区域、动静态障碍物以及车辆汇入和让行规则,与无人驾驶行为知识库中的各种决策知识与经验相匹配,进而选择适合当前道路交通环境的行为规则。行为决策模块在宏观上决定了无人驾驶车辆如何行驶。宏观层面的决策包括道路上的正常跟车、遇到交通灯和行人时的等待避让,以及在路口和其他车辆的交互通过等。

依据横纵向驾驶行为分类,无人驾驶车辆行为决策问题可以分为横向驾驶行为推理问题和纵向速度决策问题两类。其中,驾驶行为推理问题指车道保持、停车避让等行为之间的选择问题;速度决策问题指车辆是否应该加速、减速或保持匀速行驶的问题。

依据决策对象分类,无人驾驶车辆行为决策问题可以分为本车行为决策和其他车辆驾驶行为识别与预测。无人驾驶车辆行为决策系统需要识别交通场景中其他车辆的驾驶行为以及所表现出的驾驶意图,预测其未来的行驶趋势,并以此为依据进行本车的行为决策。

如图 7-1 所示,以无人驾驶车辆智能认知能力进行分级,可以将驾驶行为分为车辆控制行为、基本行车行为、基本交通行为、高级行车行为和高级交通行为。

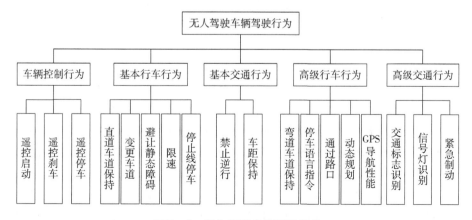

图 7-1 无人驾驶车辆驾驶行为

相对于行为决策问题,驾驶行为是指车辆表现出的具体的行驶动作,例如车道保持行为、换道行为、加速/减速行为;而驾驶意图是指车辆的行驶趋势,也就是车辆未来时刻将采取的驾驶行为。

典型的无人驾驶车辆行为决策系统,其行为决策方法主要包括基于规则的方法以及基于统计的方法两大类。

最常用的行为决策方法是基于规则的方法,即多种基于状态机的系统用于对交通场景进行评价并且在该体系框架中进行行为决策。基于规则的行为决策模型典型代表有卡内基·梅隆大学的无人驾驶车辆 Boss。2007 年美国 DARPA 城市挑战赛的冠军 Boss 无人驾驶车辆基于有限状态机,可执行一系列人工定义的决策状态以实现准确的行为决策,例如检查车距以确定车辆能否充分加速。状态估计器得到当前车辆在道路模型中的位置,目标选择器根据车辆位置和相应道路模型以及任务规划所产生的全局目标轨迹,产生当前的、即将发生的、未来将要发生的运动目标。该方法模拟了人类推理的过程,使得 Boss 安全自动行驶超过 3000 km 并获得城市挑战赛冠军。

基于规则的决策模型优点是易于搭建和调整、实时性好、应用简单;但是其一般是针对特定场景手工设定的,难以适应所有情况。

基于统计的决策方法主要是应用各种机器学习方法来进行行为决策。德国的布伦瑞克工业大学为了适应在城市交通场景中不可避免的传感器噪声,提出一种基于部分可观察马尔可夫模型的两步决策算法用于实时换道决策。此外,还有基于马尔可夫决策过程的强化学习决策方法。人类决策的过程是通过感官对外部环境进行感知,获取所处状态,人脑处理分析状态并选择适合的行为。类似于人类决策,首先通过无人驾驶车辆配备的各类传感器感知环境信息,传递给强化学习决策系统。此时强化学习决策系统的作用相当于人脑,分析处理各类信息并根据经验奖励信息做出行为决策。

慕课 7-1 介绍了基于规则的决策方法,7-2 介绍了基于强化学习的决策方法,可以结合《智能车辆理论与应用》一书第 5 章进行学习。

7.2 无人驾驶车辆路径规划

人工驾驶车辆时,如想要从北京理工大学中关村校区驾车前往北京理工大学良乡校区,导航系统可以给出多条规划路线,有的路线时间短、有的路线收费少、有的路线红绿灯少。

上述例子对应着全局路径规划,即根据已知地图,搜索出一条从起点到终点的、无碰撞的、最优全局路径,如图 7-2 (a) 所示。其中,最优可以是时间最短,也可以是距离最短。

除了全局路径规划外,无人驾驶车辆的路径规划还包括局部路径规划。即在全局期望路径的引导下,根据实时获取的环境信息以及定位信息,规划出可以安全避障并能跟踪全局路径的局部期望路径。如图 7-2 (b) 所示。

图 7-3 展示了无人驾驶车辆几个重要模块之间的关系。其中,全局路径规划的输出,是局部路径规划的输入。局部路径规划的输入还包括实时环境感知信息。局部路径规划输出的是一条满足车辆运动学约束、几何学约束的、曲率连续的局部期望路径。速度规

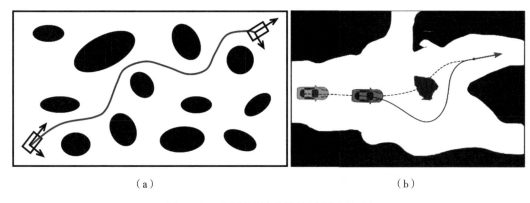

图 7-2 全局路径规划及局部路径规划

(a) 全局路径规划；(b) 局部路径规划

划在局部期望路径基础上，系统地考虑驾驶安全性、乘坐舒适性等约束，规划出车辆行驶的速度曲线。可以看出，规划模块在整个无人驾驶系统中是一个承上启下的模块，上承环境感知，下接运动控制，是无人驾驶车辆的中枢模块。

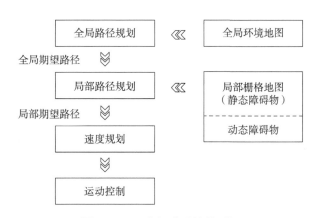

图 7-3 无人驾驶系统关系图

7.2.1 环境地图表示方法

路径规划的前提是已知所在的环境地图。下面将介绍环境地图的表示方法，主要内容为路径表示方法、地图表示方法以及如何生成路径。

1. 路径表示方法

如图 7-4 所示，路径通常用图来表示。一个可行的路径就是图中各顶点的序列。图用 G 表示，V 表示所有顶点的集合，E 表示所有边的集合。如果边是有方向的，则这个是有向图；如果边是有代价的，则是个权重图；如果两种属性都有，那就是权重有向图。

2. 地图表示方法

在路径规划中环境地图的表示方法主要有度量地图表示法和拓扑地图表示法。度量地图表示法采用坐标系中栅格是否被

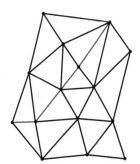

图 7-4 路径的表示方法

障碍物所占据的方式来描述环境特征。而拓扑地图则是选用节点来表示道路上的特定位置，用节点与节点间的关系来表示道路间联系。

1）度量地图表示法

如图 7-5 所示，度量地图表示法有几何表示法、均匀分解法和四叉树分解法等。其中，均匀分解法中栅格大小均匀分布，能够快速直观地融合传感器信息。

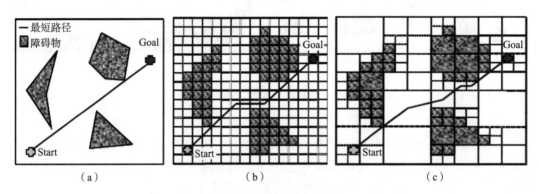

图 7-5　度量地图表示法
(a) 几何表示法；(b) 均匀分解法；(c) 四叉树分解法

环境信息用均匀栅格地图表达后，栅格节点间需要建立一定的连接关系才能保证能从起始点搜索到目标点的有效路径。图 7-6 表示了栅格节点间的典型连接关系，图 7-6（a）是八连接，它表明从当前栅格可以到达与之相邻的 8 个栅格节点；图 7-6（b）表示的是十六连接，它表明可以从当前栅格到达与之相近的 16 个栅格。值得指出的是，将环境信息表示成均匀栅格地图时，规划出的最优路径仅为栅格内最优，常用于局部路径规划。

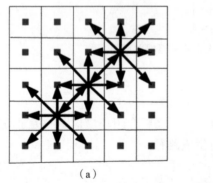 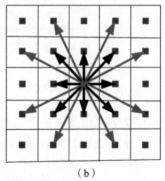

图 7-6　栅格节点间的典型连接关系
(a) 八连接；(b) 十六连接

2）拓扑地图表示法

拓扑地图模型选用节点来表示道路上的特定位置，用节点与节点间的关系来表示道路间联系。这种地图表示方法结构简单、存储方便、全局连贯性好，适合于大规模环境下的路径规划。

图 7-7 展示了拓扑地图的形式，其由建立道路上关键节点间的逻辑关系得来，节点

与节点之间的连线近似地表达了相应道路，而这些相应道路连线又为无人驾驶车辆行驶提供了近似行驶路径。

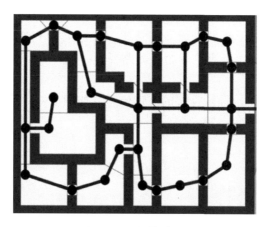

图 7-7 拓扑地图

3. 路径的生成方式

如图 7-8 所示，为了生成路径，需要对扩展的过程进行记录，保存每一个节点的来源，即该节点由哪一个节点扩展而来，最后通过这些记录进行回溯，即可得出完整的路径。图 7-8（a）中箭头表示的路线即为生成的路径。图 7-8（b）中，每个方块上的箭头指向它的来源点，图中的任何一个方块都可以通过连续不断地沿着箭头找到起始点，形成一个完整的路径。

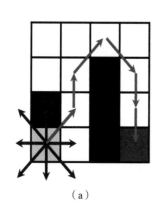
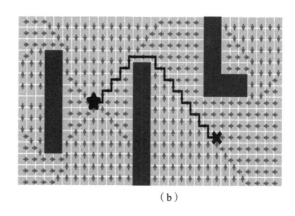

（a）　　　　　　　　　　　　　　（b）

图 7-8 路径的生成方式

（a）路径的生成；（b）路径生成过程回溯

常见的路径规划算法主要有三大类，分别是基于搜索的方法、基于采样的方法和基于优化的方法。

7.2.2 基于搜索的路径规划算法

1. Dijkstra 算法

Dijkstra 算法是由荷兰计算机科学家艾兹赫尔·戴斯特拉在 1956 年提出的，用于解决最短路径问题。它基于广度优先的搜索方法。广度优先搜索是从根节点开始，沿着树的宽度遍历树的节点，如果所有节点均被访问，则算法中止。广度优先搜索算法是在所有方向上均匀探索。Dijkstra 算法是优先扩展距离值较小的节点。

Dijkstra 算法的流程图如 7-9 所示，该算法维护两个集合，S_n 和 T_n。开始时，把起始点放入到 S_n，其他的点放入到 T_n。如果 T_n 非空，就把 T_n 中到达起始节点路径最短的节点放入到 S_n 中，修改 T_n 中剩余节点到起始点的路径值，循环计算，直至 T_n 集合全部移到 S_n 集合中。

下面以一个例题演示 Dijkstra 算法的工作流程，如图 7-10 及表 7-1 所示。

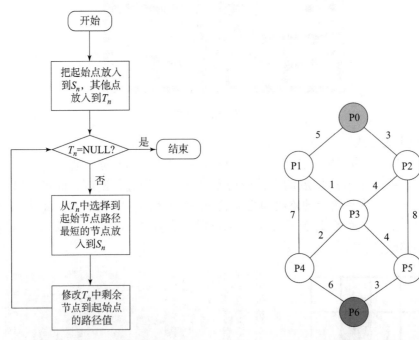

图 7-9 Dijkstra 算法的流程图　　　　图 7-10 Dijkstra 算法案例

表 7-1 Dijkstra 算法工作流程

序号	集合 S_n	集合 T_n	所选顶点	最短距离 distance [1] [2] [3] [4] [5] [6]
1	P_0	$P_1, P_2, P_3, P_4, P_5, P_6$	P_2	5, 3, ∞, ∞, ∞, ∞
2	P_0, P_2	P_1, P_3, P_4, P_5, P_6	P_1	5, 0, 7, ∞, 11, ∞
3	P_0, P_2, P_1	P_3, P_4, P_5, P_6	P_3	0, 0, 6, 12, 11, ∞
4	P_0, P_2, P_1, P_3	P_4, P_5, P_6	P_4	0, 0, 0, 8, 10, ∞
5	P_0, P_2, P_1, P_3, P_4	P_5, P_6	P_5	0, 0, 0, 0, 10, 14
6	$P_0, P_2, P_1, P_3, P_4, P_5$	P_6	P_6	0, 0, 0, 0, 0, 13
7	$P_0, P_2, P_1, P_3, P_4, P_5, P_6$			0, 0, 0, 0, 0, 0

起点是 P_0，终点为 P_6。首先将 P_0 放入到 S_n 集合中，其余各点放入到 T_n 中。P_0 与 P_1、P_2 的距离分别为 5 和 3，其他点与 P_0 是不可达的，用无穷大表示。因为 P_2 距离最短，所以 P_2 被选择了。把 P_2 点放入 S_n 集合中，重新计算各点的距离。由于 P_2 被扩展了，这时 P_0 可以经过 P_2 到达 P_3，距离是 7。P_0 到 P_1 的距离为 5，所以 P_1 被选择了。以此类推，直到 T_n 中所有节点都被扩展移到 S_n 中。从表中可以看到，Dijkstra 算法不仅求出了起点到终点

的最短路径,而且求出了起点到其他各节点的最短路径。

图 7-11 展示了 Dijkstra 算法在 Matlab 中的示例。示例使用了一个 50×50 的栅格地图,地图中红色"×"代表障碍物,左下角的"○"代表起始点,目标点标记为 Target。图中绿色的点是扩展过的点,也就是放入到集合 S_n 中的点。可以看出 Dijkstra 算法几乎遍历了整个地图才找到最优路径。

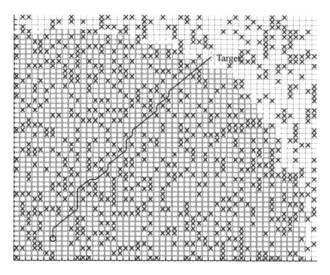

图 7-11 Dijkstra 算法 Matlab 示例 2(见彩插)

2. A^* 算法

Dijkstra 算法能够找到最短路径,但是需要遍历整个地图。由于搜索过程没有目标性,对于图 7-12 所示这种复杂环境,非常耗时。

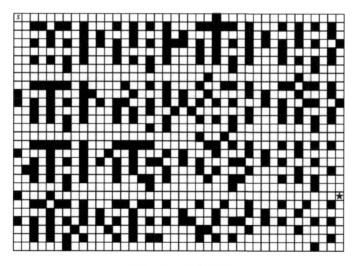

图 7-12 复杂环境

人的搜索具有方向性,研究人员在 Dijkstra 算法的基础上引入了启发值函数,提出了 A^* 算法。

如式（7-1）所示，A*算法在路径搜索时的成本函数 $f(s)$ 中引入了启发值函数 $h(s)$，它表示当前节点到目标节点的估计值，常用欧氏距离来进行估计，如式（7-2）所示。$g(s)$ 表示从起始节点到当前节点 s 的路径长度。

$$f(s) = g(s) + h(s) \tag{7-1}$$

$$h(s) = \sqrt{(x-x_{goal})^2 + (y-y_{goal})^2} \tag{7-2}$$

启发值函数的作用是，引导搜索向目标节点扩展，减少搜索所需的状态节点，从而提高搜索效率。

该算法一定能搜索到最优路径的前提条件是，启发值要小于当前节点到目标节点的真实距离。数学表达如式（7-3）所示。

$$h(s) \leq cost*(s, s_{goal}) \tag{7-3}$$

图7-13为A*算法的流程图。

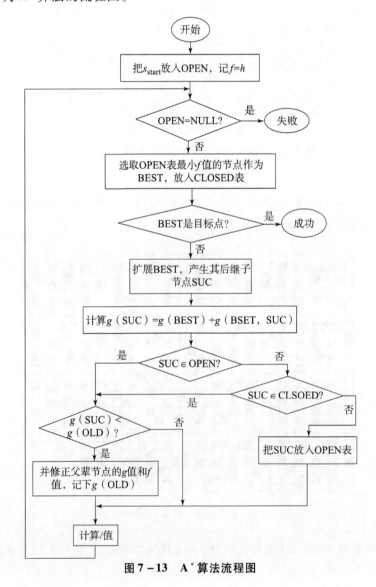

图7-13 A*算法流程图

A*算法用OPEN和CLOSED两个集合来管理节点，OPEN集存放扩展过的节点的子节点，它们属于待扩展节点；CLOSED集存放扩展过的节点。

下面结合实例介绍，如图7-14及表7-2所示。

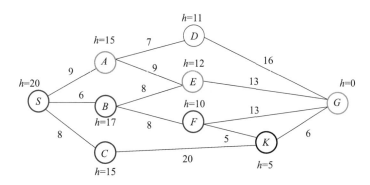

图7-14 A*算法示例

表7-2 A*算法工作流程

	OPEN 集合	CLOSED 集合
1	S (20)	∅
2	A (24) B (23) C (23)	S (20)
3	K (33) A (24) B (23)	S (20) C (23)
4	K (33) E (26) A (24) F (24)	S (20) C (23) B (23)
5	E (26) A (24) G (27) K (24)	S (20) C (23) B (23) F (24)
6	E (26) A (24) G (25)	S (20) C (23) B (23) F (24) K (24)
7	E (26) G (25) D (27)	S (20) C (23) B (23) F (24) K (24) A (24)
8	E (26) D (27)	S (20) C (23) B (23) F (24) K (24) A (24) G (25)
最优路径：		S (20) B (23) F (24) K (24) G (25)

起点是S，终点是G。首先把起点S放入OPEN集合中，此时CLOSED是空集。由于OPEN集合只有一个节点，作为扩展节点，存入CLOSED集合。S节点的子节点有A、B、C，把它们放入OPEN集合。表里面括号中为成本函数f值，也就是$g+h$，比如A是9+15=24。选择子节点中f值最小的节点，此时B和C的f值相等，但是C节点的启发值$h=15$小于B节点启发值，因此扩展C节点，将C节点移到CLOSED集合中。再将C节点的子节点K放入到OPEN集合中；此时，K、A、B点都是待扩展节点。此时，B点f值最小，因此将B节点作为扩展节点，将B移到CLOSED集合中，其子节点E、F作为待扩展节点，放入到OPEN表中。

之后将f移到CLOSED表中，将K、G放入到OPEN中，由于K已经在OPEN表中，所以需要重新计算K的f值；将K移到CLOSED中，将K的子节点G放入到OPEN中，由于G已经在OPEN表中，需要重新计算f值。以此类推，直至扩展到目标节点，找到最优路径为$S-B-F-K-G$。

这里给出一个Matlab中的仿真示例，同样使用图7-11所示地图。如图7-15所示，使用A*算法可以得到最优路径，绿色为扩展的节点。

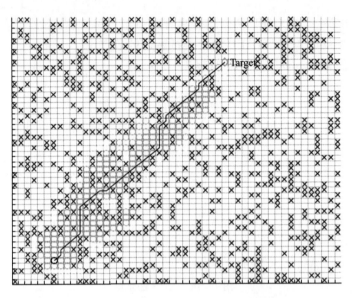

图 7-15 A* 算法 Matlab 示例（见彩插）

对比图 7-11 和图 7-15，可以看出 Dijsktra 算法遍历整个地图，而 A* 算法使用了启发值函数，引导节点向着目标点进行扩展，大大减少了搜索的节点。

3. 改进的 A* 算法

在地图较大情况下，搜索路径可能需要扩展大量状态节点，导致算法满足不了实时性要求。为了考虑实时性，研究人员对基本的 A* 算法进行了改进，比较常见的改进有权重 A*（Weighted A*）算法、任意时间修复 A*（Anytime Repairing A*）算法。

1) 权重 A* 算法

如式（7-4）所示，权重 A* 算法在启发值函数 $h(s)$ 前乘以权值系数 ε ($\varepsilon \geqslant 1$)，则权重 A* 的启发值函数为 $\varepsilon * h(s)$，这时成本函数用 $key(s)$ 表示。

$$key(s) = g(s) + \varepsilon * h(s) \tag{7-4}$$

图 7-16 (c) 中的 $\varepsilon = 1$，它是基本的 A* 算法，它搜索的路径为最优路径。图 7-16 (a)、图 7-16 (b) 的权值系数分别为 3、2，它们搜索的路径不是最优的。

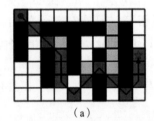 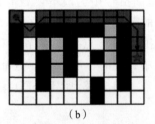 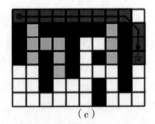

(a)　　　　　　　　　(b)　　　　　　　　　(c)

图 7-16 不同权重的 A* 算法（见彩插）

(a) $\varepsilon = 3$；(b) $\varepsilon = 2$；(c) $\varepsilon = 1$

2) 任意时间修复 A* 算法

在权重 A* 算法基础上，提出了任意时间修复 A* 算法，简称 ARA* 算法。它通过给定较大的权值系数，快速搜索出次优路径，然后逐步减小 ε 值，利用剩余的规划时间逐渐优化已获得的次优路径,直至分配的规划时间耗尽,从而返回给定时间内的搜索路径。

需要指出的是,基本 A^* 算法、权重 A^* 算法、任意时间修复 A^* 算法,均属于非增量式的规划算法,通常用于静态不变的环境。

针对动态环境,研究人员提出了一种增量式的路径规划算法——LPA^* 算法(Lifelong Planning A^*)。该算法不必在每次碰到新的障碍物后重新从起始状态到终止状态进行路径规划,只对环境变化的局部区域进行节点扩展。即当探测到节点之间的边缘消耗改变后,它可以重新建立这些边缘消耗改变的节点之间的连接关系。

图 7-17 展示了采用 LPA^* 算法进行路径规划示例。图中 S 表示起点,G 表示目标点。左图为最开始时的规划结果有 22 个栅格被扩展,而当车辆移动一步后,由于传感器没有探测到环境地图改变,因此路径也没有发生改变,如中间图所示。右图所示是车辆移动两步后的规划结果,基于传感器的探测信息,之前认为的一个障碍物栅格变成了自由栅格,这时 LPA^* 算法根据新的环境信息仅对受此栅格影响的若干栅格间的连接关系进行修复,从而避免了从终止状态到起始状态进行重新规划。

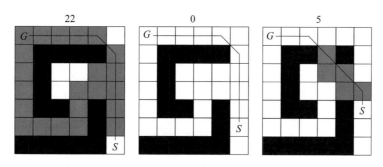

图 7-17 LPA^* 算法路径规划示例

基于考虑实时性的 ARA^* 算法和考虑动态环境的增量式 LPA^* 算法,研究人员提出了一种实时、增量式的规划算法,即 AD^* 算法。AD^* 算法具有 ARA^* 算法的实时性,在搜索过程中通过不断地减小启发值比例因子 ε 逐渐优化所得的路径;同时其通过引入 LPA^* 算法中处理动态环境下节点之间的边缘消耗改变情况的机制,保证增量性。

AD^* 算法的基本流程为:

(1)设定初始权值系数;
(2)运用 ARA^* 算法进行路径规划;
(3)同时,检测环境是否变化,若有环境变化,结合 LPA^* 算法进行规划;
(4)减小权值系数,对路径进行优化,直至分配的规划时间耗尽。

2007 年美国 DARPA 城市挑战赛冠军,即卡耐基·梅隆大学 Boss 无人驾驶车辆,采用了 AD^* 算法进行实时路径规划。

7.2.3 基于采样的路径规划算法

1. 确定性采样方法

采样,指的是把连续量转化成离散量的过程。这里说的确定性采样是指按照预先确定的原则将连续空间离散化。根据采样域的不同,确定性采样可以分为两类:控制空间采样和状态空间采样,如图 7-18 所示。

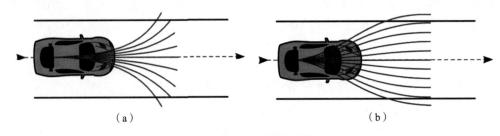

图 7-18 确定性采样
(a) 控制空间采样;(b) 状态空间采样

控制空间采样方法通常对转向空间或速度空间进行采样,生成不同的圆弧工作空间。控制空间采样结果被广泛应用于局部搜索路径规划。如图 7-19 所示,是将控制空间的采样结果作为搜索的运动单元。

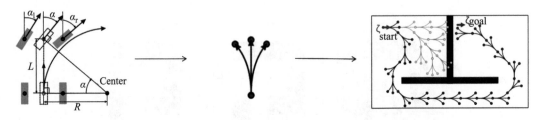

图 7-19 控制空间采样方法

状态空间采样方法是通过一定的曲线模型生成从当前状态到目标状态的曲线。状态空间表示动态系统在输入变量下随时间变化的状态。在车辆问题中,状态空间是指车辆位置和位姿的集合。用于状态空间采样典型的曲线有 Dubins 曲线、Reeds-shepp 曲线、B 样条曲线和高次多项式曲线等。下面主要介绍前两种曲线。

1) Dubins 曲线

如图 7-20 所示,一辆阿克曼转向的无人驾驶车辆,需要从位置 A 移动到位置 B,不允许倒车,那么车辆该沿什么路径行驶呢?

图 7-20 Dubins 曲线引入 1
(箭头表示车头朝向)

其实答案会有很多,但是其中的最短路径是 Dubins 曲线,如图 7-21 所示。

Dubins 曲线在 1957 被提出,它是在满足曲率约束以及规定的始端和末端的切线方向的条件下,在二维平面连接起止位姿的最短路径。

2) Reeds-Shepp 曲线

依然是图 7-20 所示的移车问题,一辆阿克曼转向的无人驾驶车辆,需要从位置 A 移动到位置 B,这时允许倒车,那么最短路径不再是 Dubins 曲线,而是 Reeds-Shepp 曲线。

Reeds-Shepp 曲线在 1990 年被提出。Reeds-Shepp 曲线与 Dubins 曲线有一些相似点。

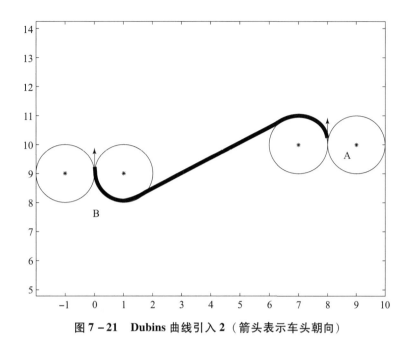

图 7-21 Dubins 曲线引入 2（箭头表示车头朝向）

首先，Dubins 曲线是 Reeds-Shepp 曲线的特殊情况，二者都是由最大曲率的圆弧和直线段构成；其次，对任意的起止位姿，Reeds-Shepp 曲线与 Dubins 曲线均存在。

Reeds-Shepp 曲线与 Dubins 曲线的不同点主要有：当环境中存在障碍物时，以 Reeds-Shepp 曲线为运动单元对任意的起止位姿都存在，而以 Dubins 曲线为运动单元则不然。即只要存在连接起止位姿的无碰撞路径，那么就存在以 Reeds-Shepp 曲线为组成单元的无碰撞路径。

2. 随机采样方法

快速探索随机树（Rapidly exploring Random Tree，RRT）是一种随机采样算法，它不需要对空间进行建模，减少了计算复杂度。

如图 7-22 所示，原始的 RRT 算法是通过将一个初始点作为随机树的根节点，通过随机采样，增加叶子节点的方式，构造一个随机扩展树，当随机扩展树中的叶节点距离目标点较近时，便可以在随机树中找到一条由树节点组成的连接初始点和目标点的路径。

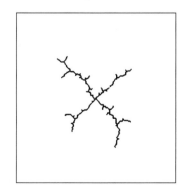 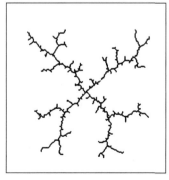 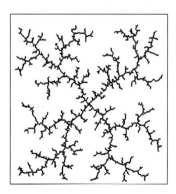

图 7-22 原始的 RRT 算法

RRT 是一种基于概率采样的搜索方法，通过状态空间的随机采样点，把搜索导向空白区域，从而寻找到一条从起始点到目标点的规划路径。通过对状态空间中的采样点进行碰撞检测，能够有效解决高维空间和复杂约束的路径规划问题。其中，状态空间是车辆所有可能位姿组成的集合，位姿是指位置和姿态；自由空间是状态空间中无碰撞区域。

这里以二维环境为例介绍 RRT 的工作流程，如图 7-23 所示。

首先在环境中有个起始点 q_{init}。通过采样生成一个新的随机点 q_{rand}；找到树中距离这个随机点最近的点 q_{near}；然后找出最近点周围离最近点与随机点形成直线最近的空白点 q_{new}；判断此空白点 q_{new} 是否满足非完整性约束，如果不满足，则舍弃，若满足，则判断连接最近点与空白点之间的路径是否与障碍物发生碰撞，若不碰撞，则将这个空白点添加到树中。

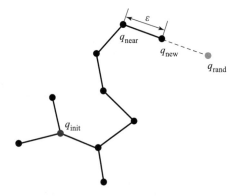

图 7-23　RRT 的工作流程

由于 RRT 搜索空间的盲目性、记忆性的缺点，其需要耗费大量的时间。2000 年有学者提出了连接型 RRT（RRT_Connect）。如图 7-24 所示，连接型 RRT 首先同时从初始状态点和目标状态点生长两棵随机树；每一次迭代过程中，其中一棵树进行扩展，尝试连接另一棵树的最近节点来扩展新节点；然后两棵树交换次序重复上一迭代过程。

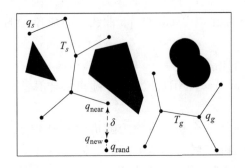 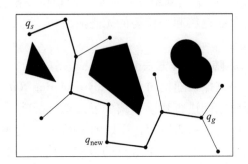

图 7-24　连接型 RRT

连接型 RRT 算法增加了启发式策略，在搜索速度、搜索效率方面有了明显提高。但 RRT 算法和连接型 RRT 算法的共同缺点是，它们的路径都不是最优的，并没有添加评价路径长度的函数，搜索路径策略都是基于随机采样的搜索。

因此，2010 年，MIT 的学者提出了渐近最优的 RRT* 算法。该算法改进了父节点选择的方式，采用代价函数来选取拓展节点领域内最小代价的节点为父节点。同时，每次迭代后都会重新连接现有树上的节点，从而保证得到渐近最优解。RRT* 算法是渐近优化的，也就是随着迭代次数的增加，得出的路径是越来越优化的。

7.3 无人驾驶车辆运动规划

运动规划（Motion Planning）由于包含了对速度的要求，因此，运动规划也可以理解为常说的轨迹规划。下面以动态窗口算法（Dynamic Window Approach，DWA）为例进行介绍。

动态窗口算法的主要流程：
（1）依据一定规则，对车辆的速度空间 (v, ω) 进行采样；
（2）根据采样得到的多个样本，生成一组预测轨迹；
（3）删除不符合要求的轨迹，并利用目标函数评价可行轨迹；
（4）选择最优轨迹，下发给控制模块；
（5）循环步骤（1）~（4），直到到达目标位置。

接下来，将对各个步骤进行具体讲解。

首先需要建立车辆模型，即得到车辆位姿 (x, y, θ) 与 (v, ω) 的关系，为轨迹生成做准备。为了减少计算量，可采用离散化的阿克曼转向运动学模型。当采样时间间隔 Δt 比较小时，可以认为车辆的轨迹是由多段短直线连接起来的。车辆的微分约束可以写成离散化的形式，如式（7-5）~式（7-7）所示。

$$x_{t+1} = x_t + v\Delta t^* \cos(\theta_t) \tag{7-5}$$

$$y_{t+1} = y_t + v\Delta t^* \sin(\theta_t) \tag{7-6}$$

$$\theta_{t+1} = \theta_t + \omega \Delta t \tag{7-7}$$

得到车辆运动学模型之后，就可以在速度空间 (v, ω) 中进行多次采样，从而推算出一组轨迹。在二维速度空间 (v, ω) 中，存在无穷多组样本。但是根据车辆本身的限制和环境的约束就可以将其限定在一定范围内，也就是一个动态窗口中。

所谓动态窗口，是指在车辆行驶过程中，这个约束窗口会动态变化。这些约束包括：速度和角速度不能超过车辆限制，如式（7-8）所示；速度和角速度变化不能超过车辆加减速能力，如式（7-9）所示。

$$(v, \omega)_i \in \{(v, \omega) \mid v \in [v_{\min}, v_{\max}], \omega \in [\omega_{\min}, \omega_{\max}]\} \tag{7-8}$$

$$(v, \omega)_i \in \{(v, \omega) \mid v \in [v_c - a_{\max}^{\mathrm{dec}}\Delta t, v_c + a_{\max}^{\mathrm{acc}}\Delta t], \omega \in [\omega_c - a_{\omega,\max}^{\mathrm{dec}}\Delta t, \omega_c + a_{\omega,\max}^{\mathrm{acc}}\Delta t]\} \tag{7-9}$$

在得到的动态窗口中，可以分别对 v 和 ω 进行等间隔采样，得到 $v_1, v_2, \cdots, v_n$ 和 $\omega_1, \omega_2, \cdots, \omega_m$，再将其两两组合，得到采样结果。

得到速度空间采样结果之后，根据车辆的初始位置和车辆运动学模型，按照一个预设的采样时间，能够得到一组预测轨迹。之后删除有碰撞的轨迹，就得到了一组可行的参考轨迹。图 7-25 展示了车辆在某次采样后得到的多条候选轨迹。

然后需要构造一个评价函数，选择最优的一条作为最终结果。举例来说，评价函数中可以考虑参考轨迹到全局路径的距离、参考轨迹终点到局部终点的距离、参考轨迹到障碍物的最近距离等。根据重要程度设置不同的权重系数。代价最低的参考轨迹就是最优轨迹。如式（7-10）所示。

$$\mathrm{cost} = \alpha^* \mathrm{distance\_to\_path} + \beta^* \mathrm{distance\_to\_localgoal} + \lambda^* \mathrm{obs\_cos}t \tag{7-10}$$

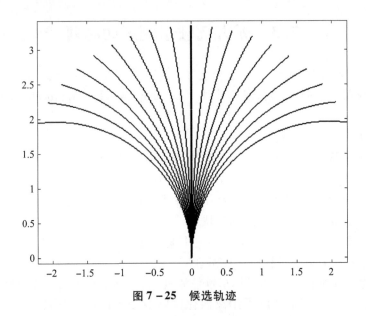

图 7-25 候选轨迹

其中，distance_to_path 表示参考轨迹到全局路径的距离；distance_to_localgoal 表示参考轨迹终点到局部终点的距离；obs_cost 表示参考轨迹到障碍物的最近距离；不同的项可以设置不同的权重 α、β、λ。cost 值最小的轨迹即为最优轨迹。此外，也可以将车速、航向角偏差等添加进评价函数中。

如图 7-26 所示，DWA 算法可以用 ROS 与 V-REP 联合仿真实现。由 V-REP 构建仿真环境，其中包含阿克曼转向车辆 Manta（图 7-27）、静态障碍、地形等；ROS 负责地图管理、全局规划、局部规划和控制算法。仿真时，V-REP 和 ROS 进行交互，交互信息包括激光雷达数据、里程计信息、方向盘转角、横纵向速度等。

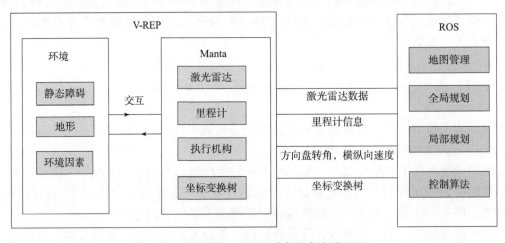

图 7-26 ROS 与 V-REP 联合仿真实现 DWA

仿真过程中选择最优轨迹时，可以考虑轨迹到全局路径的距离、到局部终点的距离、到障碍物的距离等。也可以调整与速度相关的参数，以保证行驶安全或行驶效率。

图 7-27　V-REP 自带的阿克曼转向车辆 Manta

仿真运行效果如图 7-28、图 7-29 所示。图 7-28（b）和图 7-29（b）是 V-REP 场景，包括车和行驶环境以及激光雷达的实时检测效果；图 7-28（a）和图 7-29（a）是 Rviz 界面，显示了建立的栅格地图，并展示了实时规划和运动，其中黑色矩形框表示车辆。给定目标点的位姿（即位置和方向）后，会观察到车辆开始运动。

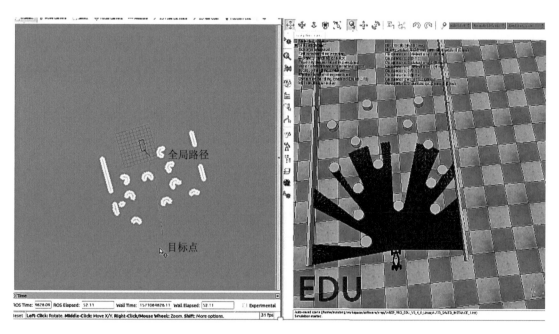

图 7-28　仿真运行起始阶段（见彩插）

全局规划程序提供了一条全局路径并输入到局部规划程序中。局部规划是在栅格地图上进行的，对激光雷达检测到的障碍物进行了膨胀，避免与车体发生碰撞。图 7-29 中的蓝色轨迹是运行过程中选择的最优轨迹，车辆会沿着这条轨迹行驶。

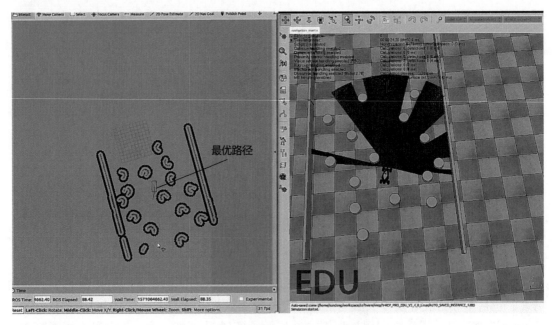

图 7-29 仿真运行中间阶段（见彩插）

习 题

1. 用 Matlab 编程实现以下功能：生成 50×50 的地图，×表示障碍物，在地图中给定起点和终点，用 A^* 算法实现路径规划。

2. 对比分析广度优先算法、Dijkstra 算法、A^* 算法、ARA^* 算法、AD^* 算法的异同。

第 8 章
无人驾驶车辆运动控制

本章介绍无人驾驶车辆运动控制相关的内容，包括车辆模型、纯跟踪算法、Stanley 算法、PID 控制方法等内容。

8.1 车辆模型

车辆模型一般可以分为车辆运动学模型和车辆动力学模型。车辆运动学模型只考虑速度、加速度等；而车辆动力学模型一般包括用于分析车辆平顺性的质量-弹簧-阻尼模型和分析车辆操纵稳定性的车辆-轮胎模型。两者研究的侧重点不同，平顺性分析的重点是车辆的悬架特性，而车辆操纵稳定性分析的重点是车辆纵向及侧向动力学特性。控制模块是要跟踪期望路径，属于车辆操纵稳定性问题，所以控制模块分析建立的动力学模型属于车辆-轮胎模型。

在介绍车辆运动学模型前，首先了解轮式车辆的转向方式。

轮式车中有四种比较典型的转向方式：独立转向、阿克曼转向、铰接转向和差速转向，如图 8-1 所示。

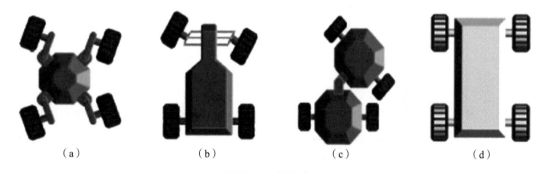

图 8-1 转向方式
(a) 独立转向；(b) 阿克曼转向；(c) 铰接转向；(d) 差速转向

独立转向的每个车轮都安装有转向驱动装置，根据既定的运动协调关系和控制算法实现转向功能。阿克曼转向通过连杆机构实现左右两侧车轮在运动学上的协调，实现转向。铰接转向通过车体的铰接实现转向，铰接点可以是主动的，也可以是被动的。在被动铰接的配置下，首先车体一部分通过差速实现转向，使得前面车体通过铰接点与后面车体有一定角度，进而实现转向。差速转向依靠调整车体两侧车轮速度实现不同的转弯半径，当左右车轮速度相等、方向相反时，可实现中心转向。多数轮式车辆都是采用阿克曼转向的形式进行转向,所以本节的运动学模型也是基于阿克曼转向模型建立的。

图 8-2 所示为阿克曼转向图解,阿克曼转向的特点是,沿着弯道转弯时,利用四连杆的相等曲柄使内侧轮的转向角比外侧轮大,使四个轮子路径的圆心大致上交会于后轴的延长线上瞬时转向中心,让车辆可以顺畅地转弯。

通过三角形关系求解,可以得到左前轮转角和右前轮转角的求解公式分别为式(8-1)和式(8-2),其中 L 为轴距,R 为转向半径,B 为轴距。

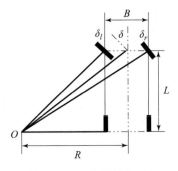

图 8-2 阿克曼转向图解

$$\tan\delta_l = \frac{L}{R - \frac{B}{2}} \tag{8-1}$$

$$\tan\delta_r = \frac{L}{R + \frac{B}{2}} \tag{8-2}$$

通过模型简化,可以将双轨车辆模型简化成如图 8-3 所示的单轨自行车模型,前轮转角 δ 求解公式如式(8-3)所示。

$$\tan\delta = \frac{L}{R} \tag{8-3}$$

阿克曼转向车辆因为是前轮转向,会受到最大前轮转角(对应车辆的最小转弯半径)等约束。在阿克曼转向车辆特性的基础上建立运动学模型,如图 8-4 所示。

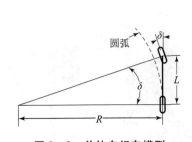

图 8-3 单轨自行车模型

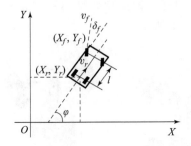

图 8-4 基于阿克曼转向的车辆运动学模型

运动学是以几何学的角度研究物体的运动规律,包括物体在空间的位置、速度等随时间变化而产生的变化。在坐标系 OXY 下,(X_r, Y_r) 和 (X_f, Y_f) 分别为车辆后轴和前轴轴心的坐标,其中变量下标 f 代表前,r 代表后。图 8-4 中 φ 为车体的横摆角(航向角),δ_f 为前轮偏角,v_r 为车辆后轴中心速度,v_f 为车辆前轴中心速度。

联立前后轴运动学约束和后轴轴心行驶速度如式(8-4)和式(8-5),得到 $\dot{X}_r$,$\dot{Y}_r$ 方向的速度如式(8-6)。

$$\begin{cases} \dot{X}_f\sin(\varphi + \delta_f) - \dot{Y}_f\cos(\varphi + \delta_f) = 0 \\ \dot{X}_r\sin\varphi - \dot{Y}_r\cos\varphi = 0 \end{cases} \tag{8-4}$$

$$v_r = \dot{X}_r\cos\varphi + \dot{Y}_r\sin\varphi \tag{8-5}$$

$$\begin{cases} \dot{X}_r = v_r\cos\varphi \\ \dot{Y}_r = v_r\sin\varphi \end{cases} \qquad (8-6)$$

进一步求解车辆运动学模型的横摆角速度，如图 8-5 所示。

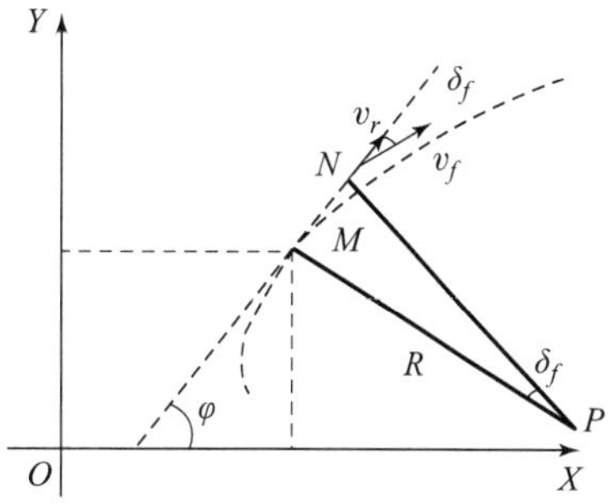

图中，R 为后轮转向半径，P 为车辆的瞬时转动中心，M 为车辆后轴轴心，N 为前轴轴心。此处假设转向过程中车辆质心侧偏角保持不变，即车辆瞬时转向半径与道路曲率半径相同。联立前后轴的运动学约束方程和前后轮的几何关系方程如式（8-7）和式（8-8），得到横摆角速度公式（8-9）。

$$\begin{cases} \dot{X}_f\sin(\varphi+\delta_f) - \dot{Y}_f\cos(\varphi+\delta_f) = 0 \\ \dot{X}_r\sin\varphi - \dot{Y}_r\cos\varphi = 0 \end{cases} \qquad (8-7)$$

$$\begin{cases} X_f = X_r + l\cos\varphi \\ Y_f = Y_r + l\sin\varphi \end{cases} \qquad (8-8)$$

$$\omega = \dot{\varphi} = \frac{v_r}{l}\tan\delta_f \qquad (8-9)$$

图 8-5　车辆运动学模型

将车辆运动学模型改写成矩阵形式，如式（8-10）所示。

$$\begin{bmatrix} \dot{X}_r \\ \dot{Y}_r \\ \dot{\varphi} \end{bmatrix} = \begin{bmatrix} \cos\varphi \\ \sin\varphi \\ 0 \end{bmatrix} v_r + \begin{bmatrix} 0 \\ 0 \\ 1 \end{bmatrix} \omega \qquad (8-10)$$

8.2　纯跟踪与 Stanley 算法

8.2.1　纯跟踪算法

纯跟踪算法是在阿克曼转向车辆模型的基础上推导出来的，如图 8-6 所示。

图中，点 (P_x, P_y) 是待跟踪路径上的一个目标点，也称为预瞄点；车辆后轮中心代表车辆当前位置，l 是车辆当前位置到预瞄点的距离，即预瞄距离；α 是当前位置与预瞄点的连线和车辆当前航向的夹角。纯跟踪算法，就是要通过控制前轮偏角 δ 使车辆后轮可以沿着一条半径为 R 且连接当前位置和预瞄点的圆弧行驶。

根据正弦定理，可以得出式（8-11）。通过推导，可以得到圆弧曲率 k 的计算公式（8-12）。

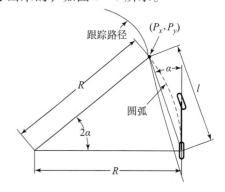

图 8-6　纯跟踪算法示意图

$$\frac{l}{\sin(2\alpha)} = \frac{R}{\sin\left(\frac{\pi}{2}-\alpha\right)} \tag{8-11}$$

$$k = \frac{1}{R} = \frac{2\sin\alpha}{l} \tag{8-12}$$

式（8-3）可以改写为式（8-13）。

$$\delta = \arctan(kL) \tag{8-13}$$

把式（8-12）代入，得到纯跟踪算法表达式（8-14）。

$$\delta = \arctan\left(\frac{2L\sin\alpha}{l}\right) \tag{8-14}$$

从式（8-14）可以看出，纯跟踪算法的输入量主要有预瞄距离 l，而输出量是阿克曼转向车辆的前轮偏角 δ。

为了分析纯跟踪算法的影响因素与其控制性能的关系，可以用 Matlab-V-REP 进行联合仿真。V-REP 自带了一个阿克曼转向模型的车辆 Manta，通过搭建车辆仿真环境，建立 V-REP 与 Matlab 的连接关系，通过 Matlab 编写的程序来控制 V-REP 中的车辆，完成联合仿真。

设置初始速度、初始转角、轴距、中心距、前轮最大转角、预瞄距离等参数后，开始仿真。从仿真场景图 8-7 中可以看到车辆从给定的初始位置，最终跟踪上了待跟踪的黄色路径。其中红色表示车辆运行的轨迹。

图 8-7 联合仿真场景（见彩插）

8.2.2 Stanley 算法

在 Stanley 算法中，同样使用阿克曼转向模型，如图 8-8 所示。

图中，(P_x, P_y) 是位于跟踪路径上的、距离前轮中心最近的路径点；d 为距离偏差（前轮中心到路径点的距离）；φ 为角度偏差（距离车辆前轮最近的路段的航向与车辆当前航向的偏差）；v 为前轮速度；δ 为前轮偏角。

在不考虑角度偏差的情况下，距离偏差越大，前轮转向角越大。假设车辆 t 时刻的位置，在 (P_x, P_y) 点的切线方向往前 $l(t)$ 处，再把 $l(t)$ 写成速度与比例系数 k 的关系式，以消除距离偏差为目的，可得到的前轮偏角控制量为式（8-15）。

$$\delta_d = \arctan\frac{d}{l} = \arctan\frac{kd}{v} \qquad (8-15)$$

为了消除角度偏差 φ，可令前轮偏角控制量与该偏差相等，如式（8-16）所示。

$$\delta_\varphi = \varphi \qquad (8-16)$$

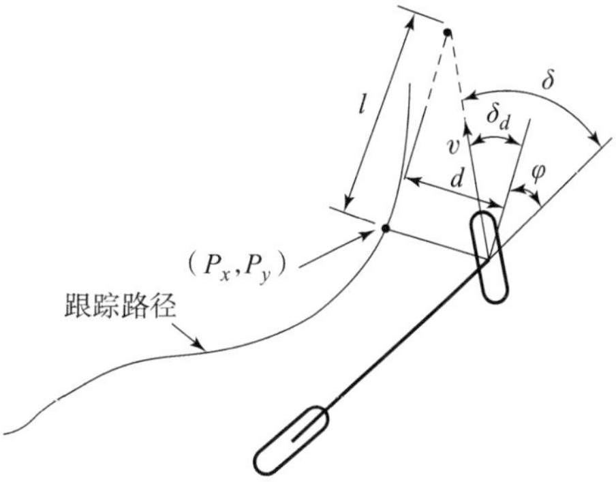

将两种控制量相加，即可得到 Stanley 算法表达式为

$$\delta = \delta_\varphi + \delta_d = \varphi + \arctan\frac{kd}{v} \qquad (8-17)$$

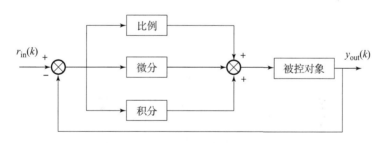

图 8-8 Stanley 算法示意图

同样可以用 Matlab 和 V-REP 进行联合仿真，来分析 Stanley 算法的影响因素与其控制性能的关系。

8.3 PID 控制

PID 是闭环控制算法中最简单的一种，可有效地纠正被控制对象的偏差，使其达到一个稳定的状态。图 8-9 为模拟 PID 控制系统原理框图，在 PID 算法中 P 代表比例（Proportional）环节，I 代表积分（Integral）环节，D 代表微分（Differential）环节。

图 8-9 PID 控制系统原理框图

从框图中可以看到，PID 是一种线性控制器，它根据给定值 $r_{in}(t)$ 与实际输出值 $y_{out}(t)$ 构成控制方案，通过不断减小作用于被控对象的误差实现控制量不断趋近给定值。

比例环节的计算公式为式（8-18）。比例环节成比例地反映控制系统的偏差信号 $e(t)$，偏差一旦产生，控制器立即产生控制作用，以减小偏差。但是其不能彻底消除偏差。比例系数在合理的数值范围内，取值越大，控制作用越强，系统响应越快。但是取值过大，会使系统产生较大的超调和振荡。

$$u_1(t) = k_p e(t) \qquad (8-18)$$

积分环节的计算公式为式（8-19）。在积分时间足够的情况下，积分控制能完全消除误差，使系统误差为零。但是积分作用太强会使系统超调加大，甚至使系统出现振荡。

$$u_2(t) = k_i \int_0^t e(t)\,\mathrm{d}t \qquad (8-19)$$

积分控制作用的引入虽然可以消除静差，但是降低了系统的响应速度，特别是对于具有较大惯性的被控对象，用比例积分控制器很难得到好的动态调节品质，系统会产生较大的超调和振荡，这时可以引入微分环节。

微分环节的计算公式为式（8-20）。微分环节的作用能反映偏差信号的变化趋势（变化速率），能在偏差信号变得太大之前，在系统中引入一个有效修正信号，从而加快系统的动作速度，减少调节时间。

$$u_3(t) = k_d \frac{\mathrm{d}e(t)}{\mathrm{d}t} \qquad (8-20)$$

将三个环节线性叠加，可以得出 PID 的控制规律公式：

$$u(t) = k_p \left(e(t) + \frac{1}{T_I} \int_0^t e(t)\,\mathrm{d}t + T_D \frac{\mathrm{d}e(t)}{\mathrm{d}t} \right) \qquad (8-21)$$

可以运用 Simulink 搭建 PID 控制仿真模型。Simulink 是 Matlab 软件的扩展，它是实现动态系统建模和仿真的一个软件包，它与用户的交互接口是基于 Windows 的模型化图形输入。

利用 Simulink 进行系统仿真的步骤：启动 Simulink，打开 Simulink 模块库；打开空白模型构建窗口；建立 Simulink 仿真模型；设置仿真参数，进行仿真；最后输出仿真结果。

图 8-10 给出了 Simulink 模块库，在启动 Simulink、新建空白模型窗口后，打开 Simulink 模型库，选择需要的模块，拖拽需要的模块并将它们进行连接，完成想要建立的运动学模型。

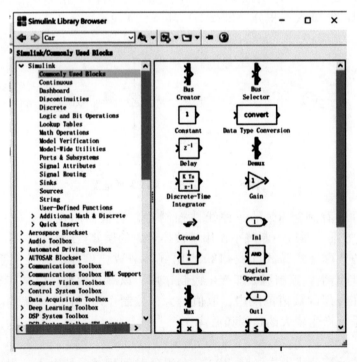

图 8-10　Simulink 模块库

根据式（8-9）和式（8-10）可知，在建立 PID 控制仿真模型中需要用到正余弦函数模块、乘积模块，考虑到输出量是车辆当前的位置，对 X、Y 速度要进行积分，因此还要用到积分模块。图 8-11 展示了为搭建车辆运动学模型所需要的几个基本模块，包括正余弦函数模块、乘积模块和积分模块。

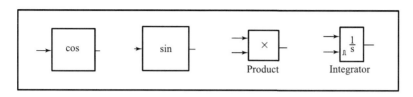

图 8-11 正余弦函数模块、乘积模块和积分模块

下面通过一个 Matlab 工具箱案例来介绍 PID 路径跟踪控制。工具箱的下载网址：https：//petercorke.com/toolboxes/robotics-toolbox

先将下载的压缩包解压，获得 rvctools 文件夹和相关说明文档。然后打开 Matlab 2019a，在命令行执行下列命令后，命令行中会显示工具箱相关信息：

```
>>addpath RVCDIR   % 其中 RVCDIR 为 rvctools 文件夹的路径
>>startup_rvc
```

接着在命令行输入下面语句，Simulink 会自动启动，打开路径跟踪案例：

```
sl_pursuit
```

首先将案例中车辆跟踪的轨迹从默认的折线更改为一个圆形轨迹。

新建 Subsystem 模块，命名为 circle，然后创建 Mask，接着进入参数"Parameters & Dialod"选项卡添加参数。这里的参数有两个，分别为圆形轨迹半径（radius）和旋转频率（freq）。接下来退出选项卡。双击模块，设置参数。半径设为 0.5，频率设为 0.1。然后进入 circle 搭建子系统。搭建完毕的子系统如图 8-12 所示，它表示了一个圆形的运动轨迹。最后将原有 trajectory 模块更换为建立完毕的 circle 模块，接入主系统。

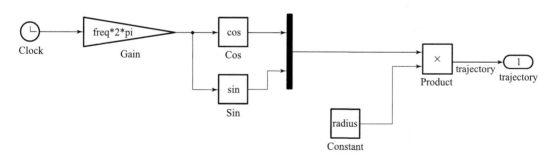

图 8-12 搭建完毕的 circle 子系统

图 8-13 所示是本案例使用的 PID 控制系统，实际上只采用比例-积分环节。
图 8-13 中绿色方框中为控制系统误差的生成，在表达式（8-22）中可以看出其计

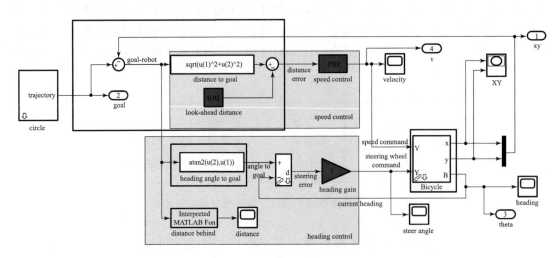

图 8-13 PID 控制系统模型（见彩插）

算了车辆位置和期望位置的距离差，再减去设定的容许偏差得到误差。而后误差被输入到其右侧的 PI 控制器中进行控制，如式 8-23 所示。

$$e = \sqrt{((x_c - x)^2 - (y_c - y)^2)} - d^* \quad (8-22)$$

$$u(t) = k_p\left(e(t) + \frac{1}{T_1}\int_0^t e(t)\,\mathrm{d}t\right) \quad (8-23)$$

将比例系数设为 1，积分系数设为 0.5。然后为车辆运动模型设置参数，包括加速度、速度限制、转角限制和初始条件的设置。

图 8-13 中橙色方框中计算了车辆当前位置到期望位置连线与坐标轴的夹角，如式(8-24)。而后输入到其右侧，在与车辆航向角做差得到角度差，输入比例环节进行控制，如式(8-25)。

$$\theta^* = \arctan\frac{(y_c - y)}{(x_c - x)} \quad (8-24)$$

$$\alpha = K_h(\theta^* - \theta) \quad (8-25)$$

图 8-13 右侧蓝色方框中是单轨自行车模型，可以对照之前介绍的公式理解此模块。

检查仿真配置之后，点击 run 按钮运行仿真，XYscope 显示车辆从原点出发，很快跟踪上了之前设置的圆形轨迹（图 8-14）。

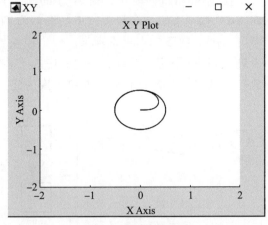

图 8-14 路径跟踪

8.4 模型预测控制

模型预测控制（Model Predictive Control，MPC）最明显的优点是能在控制过程中增加多种约束，当自动驾驶车辆在低速时，车辆平台运动学约束影响较大，而随着速度的增加,动力学特性对运动规划与控制的影响就越明显。高速行驶时车辆在紧急转向或低附着路面上变道、紧急避障时,轮胎附着力常常达到饱和,轮胎侧偏力接近附着极限。在弯道行驶中易发生因前轴侧滑而失去轨迹跟踪能力的车道偏离现象或因后轴侧滑甩尾而失稳现象,即使熟练的驾驶员也经常无法控制车辆稳定行驶。如果轨迹跟踪控制系统能通过预测来满足滑移、侧倾等动力学约束,并通过主动前轮转向控制车辆,在保证车辆稳定性的前提下跟踪预期路径,则可有效地避免事故。

模型预测控制的基本原理可用图 8-15 表示。

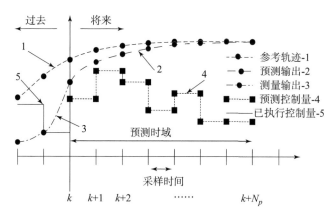

图 8-15　模型预测控制的基本原理图

控制过程中,始终存在一条期望参考轨迹,如图 8-15 中曲线 1 所示。以时刻 k 作为当前时刻(坐标系纵轴所在位置),控制器结合当前的测量值和预测模型,预测系统未来一段时域内 $[k, k+N_p]$(也称为预测时域)系统的输出,如图 8-15 中曲线 2 所示。通过求解满足目标函数以及各种约束的优化问题,得到在控制时域 $[k, k+N_c]$ 内一系列的控制序列,如图 8-14 中的矩形波 4 所示(从坐标系纵轴开始),并将该控制序列的第一个元素作为受控对象的实际控制量,当来到下一个时刻 $k+1$ 时,重复上述过程,如此滚动地完成一个个带约束的优化问题,实现对被控对象的持续控制。

图 8-16 为 MPC 控制原理框图。

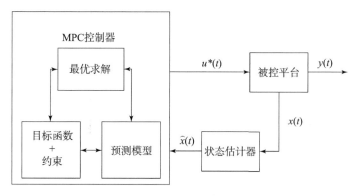

图 8-16　MPC 控制原理框图

图中包含了 MPC 控制器、被控平台和状态估计器三个模块。图中 MPC 控制器结合预测模型、目标函数和约束条件进行最优化求解，得到当前时刻的最优控制序列 $u^*(t)$，输入到被控平台，被控平台按照当前的控制量进行控制，然后将当前的状态量观测值 $x(t)$ 输入状态估计器。状态估计器对于那些无法通过传感器观测得到或者观测成本过高的状态量进行估计。将估计的状态量输入到 MPC 控制器，再次进行最优化求解以得到未来一段时间的控制序列。如此循环，就构成了完整的模型预测控制过程。

慕课 8-5 中介绍了线性时变模型预测控制和 CarSim + Matlab 联合仿真。该内容需要具备高等数学、线性代数、现代控制理论等方面的知识，可以结合《无人驾驶车辆模型预测控制》一书进行学习。

习　题

1. 根据以下网页内容，开展"基于 Stanley 算法的横向控制"实验，写实验报告：
https：//ww2.mathworks.cn/help/driving/examples/lateral-control-tutorial.html

2. 根据以下网页内容，开展纯跟踪控制实验，写实验报告：
https：//ww2.mathworks.cn/help/robotics/examples/path-following-for-differential-drive-robot.html

第 9 章

智能网联

本章介绍智能网联技术，包括智能网联技术概述、V2X 简介、智能网联技术应用场景和案例分析。

9.0 概述

前面介绍的无人驾驶车辆，都是通过激光雷达、相机等车载传感器获取各种信息，进行环境感知，进而实现无人驾驶。这种方式在真实复杂环境中有一定的局限性。例如，如图 9-1 所示路口，直行方向是绿灯，左转方向是红灯。左转车道上有待转车辆，阻挡了绿色直行车辆的视线。此时，如果有行人闯红灯横过马路，很容易发生危险。因此，在类似这种遮挡场景下，以及在雨雪天、雾天等恶劣天气下，车载传感器存在"看不见、看不清、看不准"等情况。这时引入 V2V 和 V2I 等方式，能够提供超出车载传感器感知范围的信息。V2V、V2I 等网联技术可以看作车载传感器的一个重要补充。它通过和周边车辆、行人、道路、基础设施等的通信，获取更多的信息，增强本车对周围环境的感知。

图 9-1 路口遮挡场景

2011 年，欧洲举办了首届协作驾驶大挑战赛，旨在通过 V2X 通信技术实现车辆安全、高效、清洁、平稳驾驶。协作驾驶大挑战赛推动了世界各国开展网联车辆相关技术的研究。

引入 V2V、V2I 等网联技术后可以使智能汽车实现智能网联化的转变。智能网联汽车可显著提高交通效率、降低油耗和排放、减少交通事故，并对促进汽车产业转型升级具有重大战略意义。图 9-2 所示为智能汽车网联化示意图。

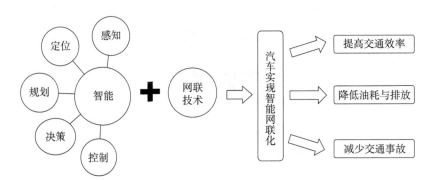

图 9-2 智能汽车网联化示意图

为全面实施"中国制造2025",深入推进"互联网+",推动相关产业转型升级,大力培育新动能,发挥标准在车联网产业生态环境构建中的顶层设计和引领规范作用,2017年底,工业和信息化部、国家标准化管理委员会共同组织制定了《国家车联网产业标准体系建设指南》系列文件,根据标准化主体对象和行业属性分为总体要求、智能网联汽车、信息通信、电子产品与服务等部分。

2018年12月,工业和信息化部印发了《车联网(智能网联汽车)产业发展行动计划》,提出分阶段实现智能网联汽车产业高质量发展的目标。

2019年9月,中共中央、国务院印发实施《交通强国建设纲要》。《纲要》中指出,加强智能网联汽车研发,形成自主可控完整的产业链。

2020年2月,国家发改委、中央网信办等11部委联合发布《智能汽车创新发展战略》。《战略》将智能汽车正式提升到国家战略高度,对产业链和生态闭环各环节提供了顶层指导与发展路径。

9.1 V2X 简介

V2X 是将车辆与一切事物相连接的新一代信息通信技术,其中 V 代表车辆,X 代表任何与车辆交互信息的对象。

按照通信交互对象的不同,V2X 通信场景大致可以分成 V2V(车辆之间的通信)、V2P(车与行人的通信)、V2R(车辆与道路的通信)、V2I(车辆与基础设施的通信)、V2N(车与网络的通信)和 V2C(车与云之间的通信)。

对 V2X 的研究早在 20 世纪 80 年代就开始了。1986 年美国启动了 PATH 计划,应用先进技术来增加高速公路的容量和安全性,减少交通堵塞、大气污染和能源消耗。20 世纪 90 年代,美国进行了自动公路系统演示试验,演示了车队自动起步、车辆编队等项目。

同样,我国对于 V2X 技术也十分重视,2020 年 4 月,工信部公示了 8 个 V2X 相关的通信行业标准,助力 V2X 产业发展。

V2X 技术的发展离不开智能交通基础设施的建设。2020 年 4 月 26 日,交通运输部发布的《公路工程适应自动驾驶附属设施总体技术规范（征求意见稿）》进一步明确了公路工程适应自动驾驶的策略。同年 6 月，北京市政府在推出的新基建方案中，明确表示要大力建设网联道路，支持 V2X 产业发展，计划在三年内铺设网联道路 300 km；同时，杭州的智慧高速公路也即将进入实质性建设阶段，该高速公路具有车路协同和伴随式信息走廊等功能，未来可用于货车编队行驶的测试和试验；另有多个地方也相继开展智慧高速公路的建设。

V2X 是通过通信技术实现的。目前应用于 V2X 的通信技术主要有两大类：一类是 DSRC，专用短程通信；另一类是 C-V2X，其中 C 代表蜂窝网络，是基于蜂窝网通信技术演进形成的车用无线通信技术。

DSRC 技术基于 IEEE 802.11p 标准，该标准定义了 IEEE 802.11 标准的增强功能，以支持车辆的无线接入。20 世纪 90 年代末，欧美日政府基本确定以 DSRC 技术为 V2X 的核心。

C-V2X 包含基于 LTE 及 5G 的 V2X 系统，可以直接利用蜂窝网络，以及现有的基站和频段。

LTE-V 是我国具有自主知识产权的 V2X 技术，属于 LTE 后续演进技术的重要应用分支。

5G 也是 C-V2X 的重要组成部分。从 1G 到 5G，每一次移动通信技术的变革，都会产生各种新型的应用。5G 技术的到来，同样将会极大地促进智能网联汽车的发展。

9.2　智能网联应用场景

在众多的自动驾驶场景中，有一些场景仅依赖车载传感器就可以实现其功能，但是可能无法保证技术的可靠性和车辆的安全性。有一些场景仅依赖车载传感器无法实现其功能，此时引入智能网联技术是一个可行的方案。相关数据表明，引入智能网联技术能够帮助解决 54% 单车智能在路测中遇到的问题。

接下来，介绍几个典型的智能网联技术应用场景。首先介绍多车编队场景。

车辆编队行驶能够减小车辆间距，在保证公路车辆密度的同时可以增加交通流量。而且，车辆编队的紧密排列可以减小车辆之间空气阻力，对车辆运输，尤其是重型货车的长途运输过程中的节能减排有着重要的经济意义。图 9-3 是车辆编队直线行驶的情形。这时，仅依赖于车载传感器可以实现编队的功能。但是如果在车辆编队转弯时，如图 9-4 所示，

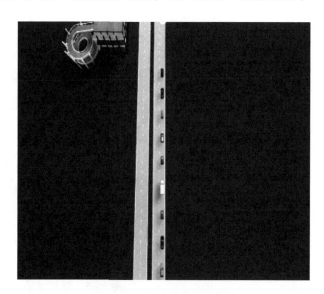

图 9-3　车辆编队形式场景

由于传感器自身的局限,前车可能超出后车传感器的检测范围,造成目标车辆识别错误。这时引入网联技术,当前车不在后车传感器的检测范围内时,后车可以通过网联技术得到前车的信息并完成对前车的跟踪。

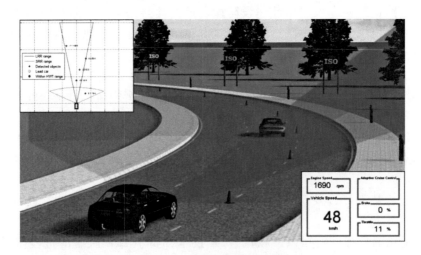

图 9-4 编队车辆转弯场景

下面介绍遮挡情况下的自动紧急制动(AEB)。

传统的 AEB 系统仅使用毫米波雷达、相机等车载传感器获取前车信息来实现。但是在一些存在车辆间遮挡的场景,如图 9-5 所示,此场景包含三辆车,其中前车为蓝色轿车,中间车为厢式货车,本车为黑色轿车。当前车因为某些原因紧急制动时,如果中间车未能及时响应,而本车又因为车载传感器视野原因,无法第一时间获知前车紧急制动的信息,很容易产生追尾。引入网联技术后,本车通过网联技术获得前车与中间车发送的行驶信息,并结合自身状态信息及时采取制动措施,保证车辆的安全。

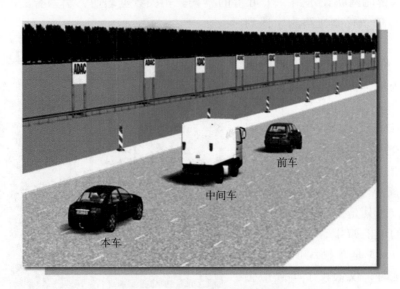

图 9-5 遮挡场景下的紧急制动

下面介绍交通标志识别场景。

交通标志识别系统是通过安装在车辆前部的相机捕获标志，使用图像处理的方法完成对交通标志的检测和识别。以目前的技术，即使是基于深度学习的交通标志检测方法，也不能保证100%准确检测。引入网联技术后会较大程度上简化系统的复杂性。系统通过网联技术就获得路侧单元发送的交通标志信息。以交通信号灯为例，通过网联技术不仅可以得到灯的状态，还可以知道绿灯或红灯的剩余时间，如图9-6所示。

图9-6 交通标志识别场景

更进一步，假如在一条长直公路上间隔分布着很多交通信号灯，如图9-7所示，这种情况下，引入V2X技术之后，无人驾驶车辆可以提前接收到交通信号灯的信息，从而可以规划出车辆最佳通行策略。例如，在保障行驶安全的前提下，通过尽量减少停车、急加速、急减速的次数，一方面提高通行效率，另一方面保证乘坐舒适性。

图9-7 多信号灯长直公路场景

此外，在匝道入口汇流场景中，若匝道与主行车道之间存在视线遮挡，匝道上的车辆便无法判断主干道车辆信息，极易发生交通事故。若两车道车辆可以在汇流之前通过网联技术交换位置速度信息，从而给驾驶员更多的判断时间和判断依据，就会大大降低事故发生的概率。

智能网联的应用场景还有很多，这里就不一一列举了。

9.3 案例分析

如图 9-8 所示，这是一个匝道区域。按照交通规则，进入主干道的匝道车辆应该在进入合流三角地带之前打开转向灯，然后观察主行车道上车流动态，接着加速到主行车道要求的车速，再次观察，最后安全汇入主行车道。如果匝道上的车辆在汇入主行车道的过程中严格按照交通规则行驶则可以大大降低交通事故率。但是如果匝道上的车辆不遵守交通规则，对于主行车道上的车辆来说存在碰撞的危险。这里选取行驶在主行车道上的车辆作为无人驾驶车辆，同时匝道上的车辆为有人驾驶车辆。本例中限定主行车道上的无人驾驶车辆采用制动的方法来避免碰撞。也就是说，不具备换道的条件。

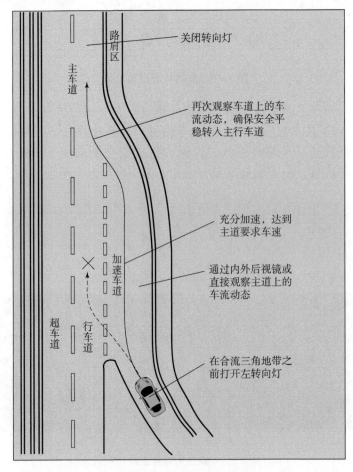

图 9-8 匝道入口回流规则

这里介绍匝道区域无人驾驶采用的三种方法。第一种是仅基于车载传感器。感知模块获取的状态信息作为输入进入数据处理模块。数据处理模块包括碰撞时间计算,计算后输出车辆的油门控制量和制动控制量,如图 9-9 所示。

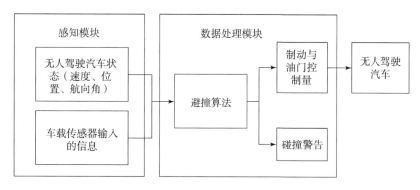

图 9-9　仅基于车载传感器的匝道无人驾驶系统

第二种采用了 V2V 信息。系统分为有人驾驶车辆和无人驾驶车辆两部分,如图 9-10 所示,首先有人驾驶车辆将自身状态信息生成 CAM 信息,再通过 V2V 通信传输到无人驾驶车辆。然后无人驾驶车辆综合自身和有人驾驶车辆的状态信息进行 TTC(碰撞时间)计算,根据计算结果输出控制量给执行模块,这样就可以克服车载传感器存在的感知盲区问题。其中 CAM 是一种 V2V 通信的信息类型,包括车辆实际速度、加速度、位置、航向等。

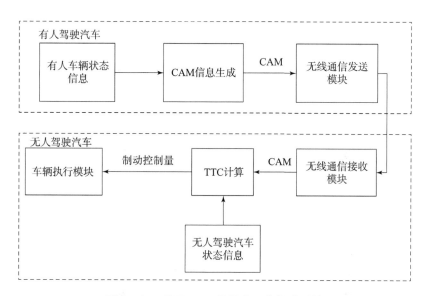

图 9-10　基于 V2V 的匝道无人驾驶系统

第三种方法综合了 V2V 与车载传感器信息。无人驾驶车辆通过自身的定位信息和路侧单元的信息判断是否进入匝道区域,在进入匝道区域后通过位置比对获取该匝道的场景信息,如匝道类型、匝道长度、加速车道长度等。然后系统开始工作。流程图 9-11 所示,首先通过 V2V 获取的信息计算冲突时间,判断两车在匝道入口处是否会发生碰撞。

根据判断结果采取相应措施，避免冲突。在有人驾驶车辆汇入主行车道后，就会进入传感器的感知范围，则使用传感器信息计算碰撞时间，通过基于传感器信息的避撞系统，保证无人驾驶车辆安全通过匝道区域。

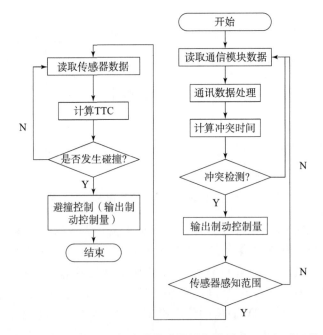

图 9-11 综合 V2V 与车载传感器信息的匝道无人驾驶系统

图 9-12 展示的是一种考虑匝道车辆驾驶意图的避撞系统结构。

首先有人驾驶车辆状态信息输入到状态估计和冲突判断模块，然后输出预测出的驾驶意图和计算出的冲突时间到决策模块，再由决策模块输出到信息处理模块，转变为控制量后发送到底层控制模块，同时底层控制模块会把控制状态反馈到冲突判断模块。

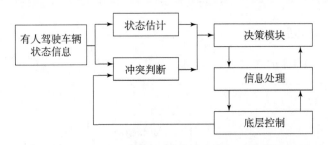

图 9-12 考虑匝道车辆驾驶意图的避撞系统结构示意图

下面介绍状态估计模块，如图 9-13 所示。首先获取不同驾驶意图的有人驾驶车辆的状态信息，然后对数据进行离线训练，得到两类不同驾驶意图的隐形马尔可夫模型，即让车和不让车。在无人驾驶车辆行驶过程中，可以通过 V2V 获得匝道区域内有人驾驶车辆的状态信息；然后利用速度分级方法得到离散的观察序列，再计算观察序列对应让车和不让车两种驾驶意图隐形马尔可夫模型的概率，最后选择最大概率对应的驾驶意图作为对有人驾驶车辆驾驶意图的估计。

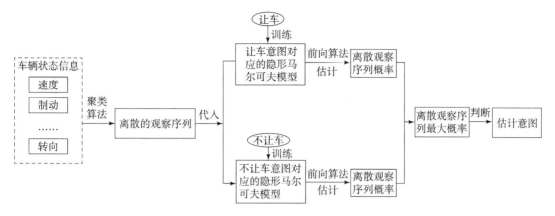

图 9-13 状态估计模块示意图

在估计有人驾驶车辆意图时,有可能出现让车和不让车的概率值相近的情况,也就是出现意图估计不明确。如图 9-14 所示,通过交互操作(例如加速行驶),无人驾驶车辆可以给有人驾驶车辆一个明确的信息,这样有人驾驶车辆就会知道无人驾驶车辆的行车意图。此时无人驾驶车辆再次预测有人驾驶车辆的意图。有时候可能需要多次交互,才能获得明确的意图。

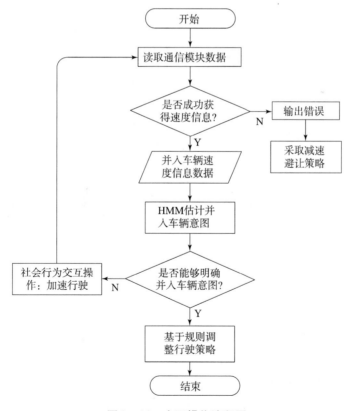

图 9-14 交互操作流程图

意图明确后，可以利用有限状态机模型对无人驾驶车辆的行车状态进行调整，如图 9-15 所示。图中事件 E1 表示保持当前行车状态无法避免碰撞；E2 表示保持当前行车状态可以安全通过匝道口；E3 表示有人驾驶车辆的驾驶意图是让车；E4 表示有人驾驶车辆的驾驶意图是不让车。如果 E1 与 E3 同时发生，则无人驾驶车辆加速行驶通过匝道区域；如果 E2 发生，则保持当前状态通过匝道区域；如果 E1 与 E4 同时发生，则减速行驶通过匝道区域。

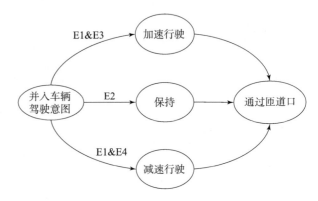

图 9-15　有限状态机模型

下面利用 PreScan 和 Matlab 来联合仿真演示这一实例，如图 9-16 所示。无人驾驶车辆以 88 km/h 的速度在最右侧车道行驶，车上装有一个长距离雷达和一个短距离雷达。有人驾驶车辆在匝道上行驶并且即将汇入主道，其初始速度是 54 km/h 并在加速行驶。

图 9-16　PreScan 和 Matlab 联合仿真场景

首先在 PreScan GUI 中搭建仿真环境，主要包括建筑、道路、树木、车辆和传感器，经过编译之后就可以在 PreScan 中查看三维模型。然后在 Matlab Simulink 中编写车辆控制算法。最后运行程序开始仿真，就可以在 PreScan 中观察仿真过程并得到仿真结果，如图 9-17 所示。

下面介绍具体的步骤，如图 9-18 所示。首先打开 PreScan GUI，并在其中搭建仿真环境。如图 9-18（a）所示，在 GUI 界面左边的元件库中可以找到道路、车辆、树木及传感器的模型，然后将其拖拽到建模区，搭建如图 9-18（b）所示的高速公路匝道入口环境。其中无人驾驶汽车装有一个 DSRC 无线通信接收传感器和雷达。有人驾驶车辆装有一个 DSRC 无线通信发送传感器。设置 DSRC 在同一无线通道。

第 9 章 智能网联

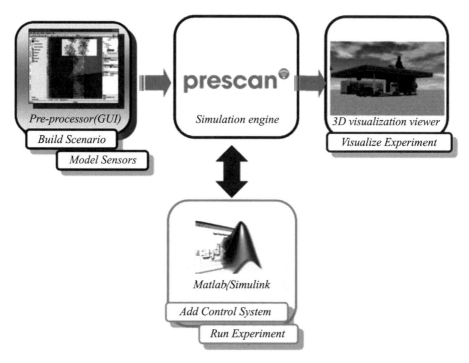

图 9-17 联合仿真过程示意图

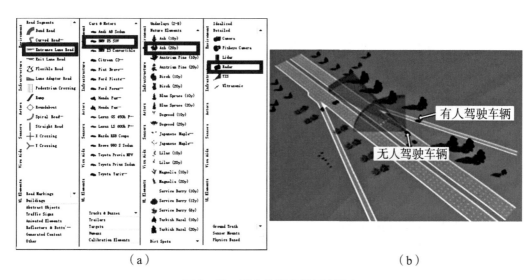

图 9-18 联合仿真步骤示意图 1
(a) GUI 界面；(b) 搭建

搭建完匝道入口环境之后，对搭建的环境编译生成对应的仿真实验文件。首先，点击最上面图中 Parse 按钮进行编译，成功后会出现中间图的提示，都显示为绿色的勾。之后点击 Build 按钮，生成对应的文件，最后可以点击最下面图片中按钮在 3D 环境中进行查看，如图 9-19 所示。

Parse

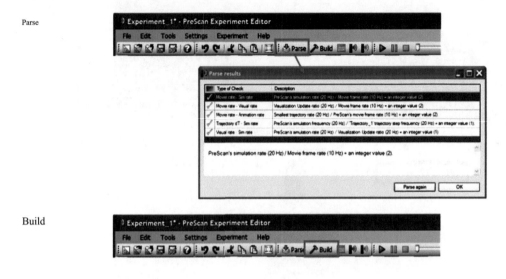

Build

图 9-19　联合仿真步骤示意图 2

生成对应的文件后，还需要联合 PreScan 和 Matlab。第一步，点击图中的按钮，在 PreScan 中打开 Matlab；第二步，在 Matlab 中找到以 .mdl 为后缀名的文件，这个文件是 Matlab Simulink 文件，双击打开它，如图 9-20 所示。

图 9-20　联合仿真步骤示意图 3

接下来就可以在打开的 Simulink 中编写控制算法。编写完成之后，第三步，点击 Generate 按钮创建并更新 cs 文件。第四步，点击"运行"按钮进行仿真，如图 9-21 所示。

Simulink 搭建的仿真模型如图 9-22 和图 9-23 所示，其中 1 为 DSRC 无线通信模块，2 为碰撞判断模块，3 为车辆底层控制模块，4 为避撞算法模块，5 为车载雷达感知模块。仿真环境搭建好之后，就可以开始仿真了。

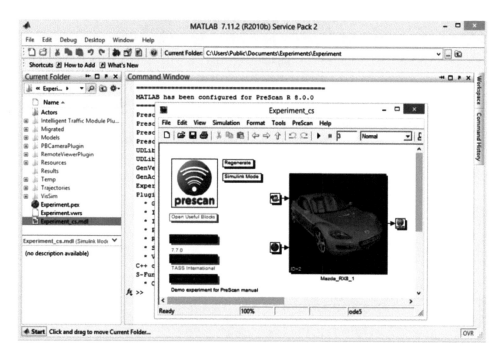

图 9 – 21　联合仿真步骤示意图 4

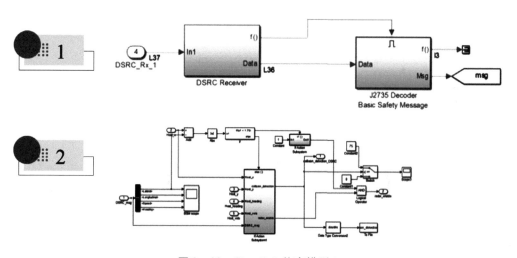

图 9 – 22　Simulink 仿真模型 1

接下来对实验得到的结果进行分析，如图 9 – 24 所示。图 9 – 24（a）中实线和虚线分别为有人驾驶车辆的速度、加速度曲线。图 9 – 24（b）表示有人驾驶车辆状态估计结果。图 9 – 24（c）为冲突判断，图 9 – 24（d）为无人驾驶车辆速度曲线。在 $t=0$ s 时，判断出与有人驾驶车辆有潜在冲突，此时对有人驾驶车辆的驾驶意图估计不明确，于是无人驾驶汽车采取保守策略，适当减速。在 $t=0.8$ s 时，无人驾驶车辆判断出有人驾驶车辆的意图为不让车，这时仍然存在潜在的冲突，于是无人驾驶汽车继续采取减速策略，直至 $t=2.8$ s，与有人驾驶车辆的冲突消除后，再加速行驶。

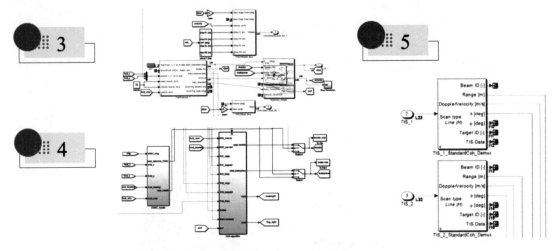

图 9 – 23　Simulink 仿真模型 2

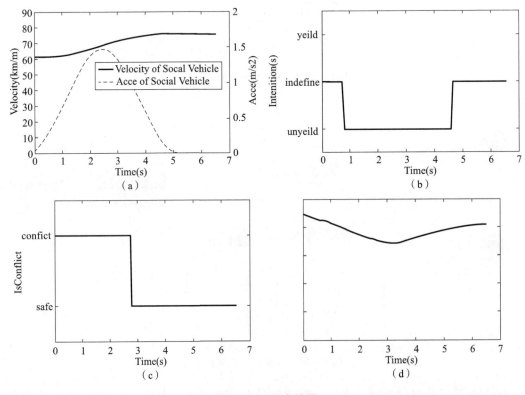

图 9 – 24　仿真结果

习　　题

1. 举例说明智能网联技术的应用场景。
2. 请从"安全、高效、舒适、节能"角度分析，为什么要引入智能网联技术？

第 10 章
设计、测试与评估

本章介绍无人驾驶车辆设计、测试与评价等方面的内容。

10.1 无人驾驶车辆设计方法

在开始设计之前，需要了解无人驾驶车辆的功能需求。下面从行驶环境的分析、功能模块的分析和技术路线的确定三个方面了解无人驾驶汽车的功能需求。

行驶环境分析包括对结构化道路和非结构化道路的分析。结构化道路又分为高速公路、城市快速路和城市道路。它们都具有清晰的车道线标记，其主要差异在于高速路或快速路一般不存在交叉路口情况，只需要对同向车流做反馈，不存在突然插入的对向或侧向车辆，并且输出也只需要基于车道的加减速和换道策略，功能需求的复杂度较城市道路工况要低。而对于城市道路，其具有组成复杂、行人交通量大、道路交叉点多、车辆类型杂、车速差异大等特点。此外，城市道路中还有更不稳定的非机动车车流的影响。这些都会导致城市道路中无人驾驶车辆行驶工况更加复杂。非结构化道路，如越野环境，某些封闭园区和乡村道路、土路，在路面具有较为明显的边界，但道路边界的约束状况信息无法预先获知，且路面中没有车道线等道路标志。

以城市环境为例，功能模块分析一般要求包括基本导航能力、基本交通行为能力、先进导航技术能力和先进交通技术能力。以越野环境为例，功能模块分析一般包括野外环境自主机动，野外障碍识别、避让，道路通行和阻断，道路的动态路径规划等。

目前，实现无人驾驶的技术路线有很多种。有些传统车企采用的是从高级驾驶辅助系统逐渐发展到无人驾驶的路线。有些互联网企业采用的是以人工智能为主的技术路线；另有一些引入车联网技术，形成智能网联系统。

了解了无人驾驶车辆的功能需求之后，以 2005 年 DARPA 挑战赛冠军——斯坦福大学的无人驾驶汽车 Stanley 为例介绍无人驾驶汽车的总体设计。其硬件平台分为环境传感器组、定位传感器组、安全措施组、计算机系统和执行系统五个部分，其中装有六个计算机，三个负责运行比赛软件，一个用来记录比赛数据，还有两个处于闲置状态。其软件平台分为传感器接口层、感知层、控制层、车辆接口层、用户接口层和全局服务层六层，其中用户接口层包含远距离控制的 E-Stop 和一个启动软件的触屏模块。E-Stop 系统是一个无线装置，可以使无人驾驶汽车 Stanley 在紧急情况下安全停车。

无人驾驶汽车的分系统设计主要分为感知系统设计、规划系统设计、控制系统设计和底层系统设计。

感知系统设计主要分为传感器布局、传感器感知范围计算和感知算法设计三部分内容。同一个传感器在车上安装位置不同，会导致它的感知范围不同，多个传感器组合安装在不同位置，也会产生不同的感知效果。因此在传感器安装前，需要根据任务目标计算感知范围，确定传感器的安装位置。另外，感知系统的设计还建立在行驶环境、功能模块和技术路线的清晰分析的基础之上，针对越野环境和城市环境可能设计出截然不同的感知系统。

规划系统设计主要分为环境建模、全局路径规划、局部路径规划、速度规划等内容。由于无人驾驶车辆环境感知系统无法提供完整的环境信息且行驶环境中存在较多的动态障碍物，容易造成全局路径不可行的情况。同时，无人驾驶车辆通常以较高速度行驶，不可能停车等待全局路径的重新规划，所以无人驾驶车辆的路径规划方法需要很好的实时性。

控制系统设计主要分为控制系统性能参数和设计约束、车辆平台执行器特性、车辆控制系统设计等内容。

底层控制系统在早期主要采用加装执行机构的方法由传统车辆改造而成，设计内容包括油门控制设计、电控制动系统设计和电控转向设计三部分。但是这种方法控制延迟较大，且维修不方便，所以实现车辆底层自动操纵最理想的方法是与车辆厂商开展合作，通过总线实现对车辆电控化底层执行单元的控制。

10.2 仿真测试

仿真测试主要有两种方式：基于数据集的仿真测试和基于软件的仿真测试。

1. 基于数据集的仿真测试

KITTI 数据集是无人驾驶学术圈使用最广泛的数据集之一，它是德国卡尔斯鲁厄理工大学建立的数据库。该数据集用于评测立体图像、光流、视觉测距、3D 物体检测、3D 跟踪等技术在车载环境下的性能。

SYNTHIA 数据集是在虚拟场景下自动产生类似于真实场景中的合成图像的数据集，主要用于给深度卷积神经网络提供大量的带标注信息的样本。

City Scapes 数据集，即城市景观数据集，其本质就是一个计算机视觉语义分割数据集。城市景观数据集旨在评价视觉算法在语义城市场景理解任务中的性能，以利用大量注释数据的研究，例如用于训练深层神经网络。

Apollo Scape 是百度在 2017 年创立的 Apollo 开放平台的一部分，是三维自动驾驶公开数据集，采集的图像来自中国的北京、上海、深圳等城市。数据集可以用于各种自动驾驶相关应用，包括但不限于 2D/3D 场景理解、定位、转移学习和驾驶模拟。

2. 基于软件的仿真测试

用于无人驾驶车辆仿真测试的软件主要有 PreScan、CarSim、Gazebo、CARLA、V-REP 等。

PreScan 主要用于驾驶辅助、驾驶预警、避撞、减撞等功能的前期开发和测试，正成为许多汽车制造商及研发单位的有力工具。

PreScan 应用场景有很多。第 9 章介绍过自动紧急制动（Autonomous Emergency Braking，AEB）系统，使用 PreScan 可以实现 AEB 系统的仿真。

车道保持辅助（Lane Keeping Assistance，LKA）系统是一种车辆横向的控制系统，它在车道偏离预警系统的基础上对车辆进行控制，能够使车辆在车道线内稳定行驶。PreScan 同样可以对该系统进行仿真测试，使用摄像机来识别并跟踪车道线，并控制车辆和车道线之间的距离。

行人检测（Pedestrian Detection，PD）系统是指通过安装在汽车上的动态视觉传感器，综合使用各种智能算法对汽车视觉范围内的行人进行检测，从而在对行人运动理解的基础上，采取一定的措施，达到辅助驾驶甚至自动驾驶的功能的一个系统。

PreScan 还能进行硬件在环（Hardware-in-the-loop，HIL）仿真。HIL 仿真是一种软件测试的高效方法，该技术能确保在开发周期早期就完成嵌入式软件的测试。到系统整合阶段开始时，嵌入式软件测试就要比传统方法更彻底更全面，这样可以及早地发现问题，因此降低了解决问题的成本。

CarSim 是专门针对车辆动力学的仿真软件，主要用来预测和仿真汽车整车的操纵稳定性、制动性、平顺性、动力性和经济性，广泛应用于现代汽车控制系统的开发。

Gazebo 是一款功能强大的三维物理仿真平台，典型应用场景有测试机器人算法、设计机器人和用现实场景进行回归测试。

CARLA 包含三个模块的自动驾驶仿真功能，分别为经典的规则化无人驾驶、端对端模仿学习无人驾驶、端对端强化学习无人驾驶。

V-REP 是一个虚拟机器人及自动化模拟平台，具有强大的应用程序接口、模拟传感器和距离计算、碰撞检测等。V-REP 的应用主要有图像处理、地图构建、运动规划等六种场景。其不仅可以独立仿真，也可以借助 Matlab、Visual Studio 和 ROS 等软件进行联合仿真。

10.3　实车测试

实车测试主要分为比赛测试、封闭测试基地测试和实际道路测试三种。

实车测试的方法之一就是通过比赛测试无人驾驶车辆的性能。较为著名的无人驾驶车辆比赛包括美国 DARPA 挑战赛、欧洲 ELROB 比赛、中国"智能车未来挑战赛"。当采用比赛的方式进行无人驾驶车辆的测试时，比赛的评分标准也就成了参赛车辆的评价指标。DARPA 采用的一种评估方法为 Percept OR，其特点是提前不知道测试路线与环境，且测试完成之前不允许操作人员看到测试路线与环境。以客观的量化指标记录车辆的表现，主要关注无人驾驶车辆的测试方法以及测试中其表现如何。2013 年的中国"智能车未来挑战赛"以 4S 作为评价指标，分别在城郊道路和城区道路进行测试，针对两种不同的道路环境，设置了不同的任务场景。根据无人驾驶车辆在各个任务场景下的安全性、智能性、平稳性、速度四个方面进行评价打分，以此作为衡量无人驾驶车辆的性能指标。

驾驶测试场是重现无人驾驶汽车使用中遇到的各种各样道路条件和使用条件的测试场地，用于验证和试验无人驾驶车辆的软件算法的正确性。著名的无人驾驶测试场 M-City 从 2014 年开始建设，于 2015 年 7 月 20 日正式开放，是世界上首个测试智能车辆、V2V/V2I 车联网技术的专用封闭测试场。相关车辆测试时，必须要通过 A、B、C 三道关卡。A 代表 Accelerated Evaluation（加速验证）；B 代表 Behave Competence（表现能力），要通过几十个项目的测试；C 代表 Corner Cases（一些特别容易出错的场景）。

除了 M-City，国外还建设有其他很多的无人驾驶车辆封闭测试场地。例如美国密歇根州的 Willow Run 测试基地，谷歌还曾租用加利福尼亚 Castle 空军基地内部分区域用来测试无人驾驶汽车，瑞典也建设有 AstaZero 安全技术综合试验场。

我国近年来也建设了很多无人驾驶车辆测试试验场。2018 年 7 月 10 日，交通运输部为国内首次认定的三家"自动驾驶封闭场地测试基地"授牌，分别为交通运输部公路院综合试验场、重庆基地综合试验场、长安大学车联网与智能汽车试验场。上海还建设有国内首家智能网联汽车封闭测试区，测试区设有多种测试功能场景，包括对 V2X 通信技术的测试。截至 2019 年年底，北京已建成 3 个封闭测试场，其中由北京智能车联产业创新中心建成并运营的国家智能汽车与智慧交通（京冀）示范区亦庄基地是全国首个 T5 级封闭测试场，可提供全天候全路况自动驾驶测试服务。

实际道路测试是最真实、最可信的，也是检验无人驾驶车辆的最终场地。国外在无人驾驶车辆实际道测试上起步较早。2012 年，美国内华达州为谷歌无人驾驶汽车颁发了第一张上路测试牌照，从这以后，国内外各大互联网公司和汽车企业等研发的无人驾驶车辆都开始在公共道路上进行测试。截至目前，美国加利福尼亚州是全美无人驾驶道路测试申请最多的城市，包括谷歌、百度在内的数十家企业已经获得在该州的无人驾驶路测牌照。加利福尼亚州将无人驾驶汽车上路监管分为测试和部署两个阶段，测试阶段只允许车厂的员工进入无人驾驶车辆，部署阶段允许乘客进入无人驾驶车辆。

早在 2013 年，德国就允许博世的无人驾驶技术进行路试，之后又有奔驰等公司相继得到政府批准，在德国高速公路、城市交通、乡间道路等多环境开展无人驾驶汽车的实地测试。2017 年 5 月，德国联邦议会、联邦参议院通过首部无人驾驶汽车的法律，允许汽车无人驾驶系统未来在特定条件下代替人类驾驶。

国内的无人驾驶汽车实际道路测试也在蓬勃发展之中。

2018 年，工业和信息化部、公安部、交通运输部联合印发《智能网联汽车道路测试管理规范（试行）》，文件中明确规定了道路测试的测试项目。据不完全统计，截至 2019 年 10 月 31 日，全国共有 20 余个省区市出台了智能网联汽车测试管理规范或实施细则，其中有 20 多个城市发出测试牌照。

以北京为例，2017—2018 年，北京市出台了无人驾驶车辆道路测试的政策指导文件，并发布了《北京市自动驾驶车辆封闭测试场地技术要求（试行）》《北京市自动驾驶车辆道路测试能力评估内容与方法（试行）》等一系列配套的无人驾驶车辆道路测试标准文件。2018 年北京市为 8 家企业的 56 辆自动驾驶车辆发放了道路临时测试牌照，自动驾驶车辆在道路测试中已安全行驶超过 15.36 万千米。《北京市自动驾驶车辆道路测试能力评估内容与方法（试行）》中规定测试车辆的评估内容分为认知与交通法规遵守能力评估、执行能力评估、应急处置与人工介入能力评估、综合驾驶能力评估、网联驾驶能力评估五个方面，根据评估内容的难易程度，道路测试场景的复杂程度，将自动驾驶车辆能力评估分为 1~5 级。自动驾驶车辆在评估人员的现场监督下，按照其申请评估内容的操作要求及评估人员指令，除标明在测试驾驶员协助下完成驾驶的评估内容外，均需由自动驾驶车辆在自动驾驶状态完成驾驶。通过某评估分级内的全部评估内容专项，则对应等级自动驾驶能力评估为通过。1~5 级每评估分级满分为 100 分，评判为扣分制，成绩达到80分为通过。2019年6月北京市发布《北京市自动驾驶车辆测试道路管理办法（试行）》，2019年10月，发布团体标准T/CMAX 119-2019《自动驾驶车辆测试道路要求》。截至2019年年底，北京市已累计开放4个区县的自动驾驶测试道路，共计151条，503.68 km；开放全国首个自动驾驶测试区域，面积约40 km^2；道路测试里程突破104.02万千米。

10.4 机遇与挑战

无人驾驶车辆的发展十分迅猛，它的未来也同样充满着机遇和挑战。

无人驾驶车辆未来的机遇主要体现在以下几方面：

（1）智能网联技术的迅猛发展。智能网联技术在10年内将快速发展，预计在2030年基本建成智能网联汽车产业链与智慧交通体系。其技术途径综合了无人驾驶车辆中感知、定位技术与智能交通系统的信息技术，发展的重点也是在于解决智能网联技术中的关键问题，如环境感知系统搭建、信息安全监测与防护关键技术等。2020年6月召开的联合国世界车辆法规协调论坛（WP.29）第181次会议通过了信息安全（Cybersecurity）、软件升级（Software Updates）以及自动车道保持系统（Automated Lane Keeping Systems，ALKS）这三项智能网联汽车领域的重要法规。

（2）特定场景下的自动驾驶。例如自主泊车、快速公交、无人清扫环卫车。

（3）新型商业模式的出现。例如Waymo在美国凤凰城郊推出了首个商业无人驾驶乘车服务。特斯拉则在美国部分地区提供无人驾驶出租服务Robotaxi，同时提出Tesla-network汽车共享计划，允许私人将自己的特斯拉汽车投入到出行服务网络中，并从中获取利润分成。

（4）配套基础设备及设施的发展。例如2019年10月，广汽自主开发的V2X车载系统被工业和信息化部和行业专家评定为最接近量产的产品，受到了国际5G汽车联盟高度认可。此外，我国政府大力推动的正在建设的杭绍甬智慧高速公路项目，是我国首条"超级高速"，计划在2022年正式通车。这条"超级高速"最令自动驾驶行业人期待的就是设置了自动驾驶专用车道。除此之外，各种智慧高速公路的基础设施以及智慧高速云控平台是更大的市场，将会带来更多的商机和发展。

（5）各国政府也都推出了相关政策以此来积极推动无人驾驶汽车的发展进程。美国于2018年4月出台了《自动驾驶汽车3.0：为未来交通做准备》、2020年3月出台了《智能交通系统战略规划2020—2025》文件。欧盟、日本也相继出台了多部相关政策。我国也积极于2018年12月出台《车联网（智能网联汽车）产业发展行动计划》、2019年9月出台《交通强国建设纲要》等相关文件。2020年2月，11部委联合发布了《智能汽车创新发展战略》，标志着智能网联路线下的"车-云-路"模式将成为核心策略。为了将自动驾驶更广泛地用于实现更安全、更持续、更普惠的未来出行，2020年6月，60个国家达成自动驾驶领域里程碑式的一致，统一采用联合国提出的在特定交通环境中驾驶自动驾驶车辆的安全条例，该条例是世界上首个针对Level 3自动驾驶车辆的具有国际约束力的法规。

无人驾驶车辆也存在很多挑战，如：

（1）无人驾驶测试困难。自动驾驶测试目前主要面临两个难题，一个是高昂的数据采集和标注成本，另一个是实际路测难以企及的测试里程要求。实现真正的无人驾驶任重而道远。

（2）信息安全惹争议。相比传统汽车，未来无人驾驶车辆的网络架构会发生巨大变化，无人驾驶技术的发展趋势必然导致信息安全问题伴随终生。无人驾驶的信息安全问题主要涉及终端安全、网络信息安全和平台安全问题。无人驾驶的终端安全问题需要考虑智能车载终端、手机终端和路侧终端的问题，任何一个环节都有被入侵的可能性。无人驾驶车辆使用的计算和联网系统沿袭了既有的计算和联网架构，也继承了这些系统天然的安全缺陷。同样，与无人驾驶车辆相关的云平台方面也存在着信息安全隐患。

（3）人工智能发展瓶颈。目前认为要想实现高等级的主观能动的无人驾驶，人工智能是被广泛采用并寄予厚望的技术。在2018年的全球人工智能与机器人大会上，中国科学院张钹院士表示，我们正在通往真正人工智能的道路上，现在走得并不远，在出发点附近。

（4）社会认可度需要检验。无人驾驶车辆最终投入运营面向大众，需要大众的接受，但是现在由于技术是一个逐渐完善的过程，在应用过程中难免会存在一些问题。如果让无人驾驶车辆在危机的情况下来做决断，是让它模仿人类的道德进行判断，还是希望它会有一个已定的决断规则？如果有了明确的决断规则，那么这个规则由谁确定？假如出了交通事故，又是谁来承担可能造成的后果？无人驾驶汽车的大规模运用会带来深刻的社会结构改变，由此产生的道德讨论，社会安全，失业问题等都将长期伴随无人驾驶车辆的发展。

总而言之，无人驾驶车辆的未来发展是机遇与挑战并存的，相信未来无人驾驶技术会取得更多的突破与进展！

习 题

1. 举例说明无人驾驶车辆的信息安全问题。
2. 讨论分析，实现真正的无人驾驶任重而道远。
3. 分析无人驾驶机遇和挑战。

附录 A
激光雷达 V-REP 仿真

3.1.1 节提到了用 V-REP 仿真软件模拟激光雷达检测目标的情形，本附录介绍具体的步骤，包括车辆模型、激光雷达模型、道路模型、行人模型等的制作步骤。

A.1 车辆模型

（1）用三维建模软件（下面以 Solidworks 为例）设计车身和轮胎的三维模型，得到车身和轮胎的工程文件 body. SLDPRT 和 wheel. STDPRT。

①使用 Solidworks 打开 body. SLDPRT，进入"过滤实体模式"，分别选择车身的各个实体，点击"文件"→"另存为"，把各实体另存为 STL 格式文件。

②同样，将轮胎模型 wheel. STDPRT 各实体也另存为 STL 格式文件。

③最终产生 6 个 STL 文件：wheelhub. STL, tyre. STL, frame. STL, lamp. STL, lampshade. STL, windows. STL。可在 CAD_model 文件夹中找到。

④STL 格式的选项中，可以选择输出二进制或者 ASCII。调节品质可调整输出精度，不宜过大，一般选择默认的粗糙即可。

（2）把上面得到的 STL 文件导入 V-REP，更改各部分位置和颜色。

①点击菜单栏的"File"→"Import"→"Mesh"选择上面生成的各个 STL 文件。在弹出的对话框中，Mesh scaling 表示放大比例，这里选择 1unit represent 1 centimeter；有的三维建模软件采用 z 轴向上，有的采用 y 轴向上，这里在 Mesh Orientation 中对应选择 z 轴向上。如图 A-1 所示。

②wheelhub. STL 和 tyre. STL 组成车轮，共有 4 个车轮。frame. STL, lamp. STL, lampshade. STL 和 windows. STL，组成车身 body。

③调整车身和车轮各部分的位置。选中模型，点击"Object"→"Item Translation"→"Mouse Translation"，利用鼠标拖拽调整位置。

④调整各部分颜色。双击 Object，打开属性对话框，点击 Adjust color。如图 A-2 所示。

⑤合并模型。选中车身、车窗、车灯以及灯罩，点击"Edit"→"Grouping"→"Merging"→"Group selected shapes"。同样地，合并轮胎和轮辋。

（3）搭建小车车体和四个滚动轮并添加关节（joint）。

①点击菜单栏的"Add"→"Primitive shape"→"Cuboid"，在弹出的对话框中分别设置 x, y, z-size 参数为 2, 0.3, 0.3，其他参数保持默认，点击"OK"。

②依次选择 Cuboid 和车身，点击工具栏的"Object"→"item shift"，点击"Position"下的"Apply to selection"。

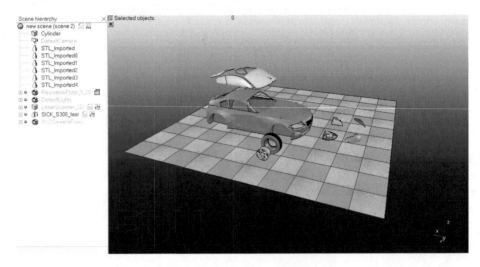

图 A–1　STL 导入 V-REP

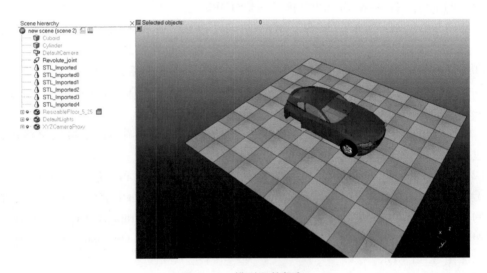

图 A–2　模型调整颜色

③点击"Add"→"Primitive shape"→"Cylinder",在弹出的对话框中设置 x、z-size 参数为 0.4、0.2,其他参数保持默认,点击"OK"。

④选中"Cylinder",点击工具栏的"Object→item rotate",点击"Orientation"将 Alpha 值改为 90。目的是让圆柱滚动方向与汽车行驶方向一致,也可根据实际情况调整圆柱方向。

⑤依次选择 Cylinder 和轮胎,点击工具栏的"Object"→"item shift",点击"Position"下的"Apply to selection"。

⑥点击菜单栏的"Add"→"Joint"→"Revolute",双击 Revolute_joint 图标,在弹出的属性框点击"Show dynamic parameters dialog",勾选"Motor enable",并设置 Target velocity 为 10,Max. torque 为 20。关闭对话框。

⑦选中"Revolute_joint",点击工具栏的"Object"→"item rotate",点击"Orientation"将 beta 值改为 90。

⑧依次选择"Revolute_joint"和"Cylinder",点击工具栏的"object"→"item shift",点击 Position 下的"Apply to selection"。此步骤设置 Revolute_joint 与 Cylinder 位置相同。

⑨拖动 Cylinder 到 Revolute_joint 下,再拖动相应的车轮到 Cylinder 下。

⑩将 Cylinder, Revolute_joint 和车轮作为整体进行复制,粘贴 3 次,并将复制出来的 3 个副本,点击"Object"→"Item Translation"→"Mouse Translation",利用鼠标拖拽调整位置。如图 A-3 所示。

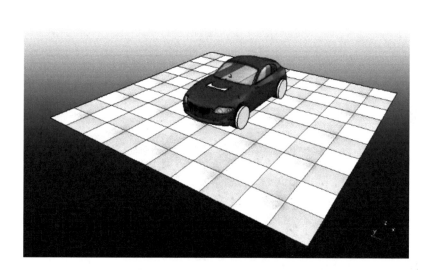

图 A-3 搭建小车车体和四个滚动轮

⑪这时点击工具栏的"start"→"resume simulation",若所有车轮向车辆前方滚动,设置成功。若出现向后滚动,则将对应的 Cylinder 和车轮拖动出来,利用工具栏的"object"→"item rotate",单独将 Revolute_joint 旋转 180°,随后再将 Cylinder 和车轮拖动回去。

⑫拖动 4 个 Cylinder,Revolute_joint 和车轮到 Cuboid 下,形成一个树状结构。如图 A-4 所示。

⑬双击 Cuboid 图标,在弹出的属性框 Common 选项卡下勾选 Object is model base。

⑭隐藏实体,结果如图 A-5 所示。隐藏所有的圆柱和立方体。双击隐藏对象,并在属性对话框中的 Common 选项卡下,将 Camera visibility layer 勾掉上边的勾,在下面打勾,将其设为隐藏,如图 A-6 所示。

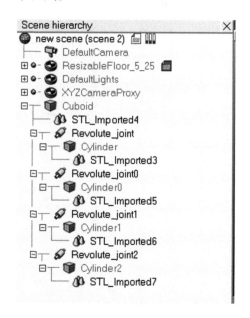

图 A-4 场景层次结构

图 A-5　隐藏实体

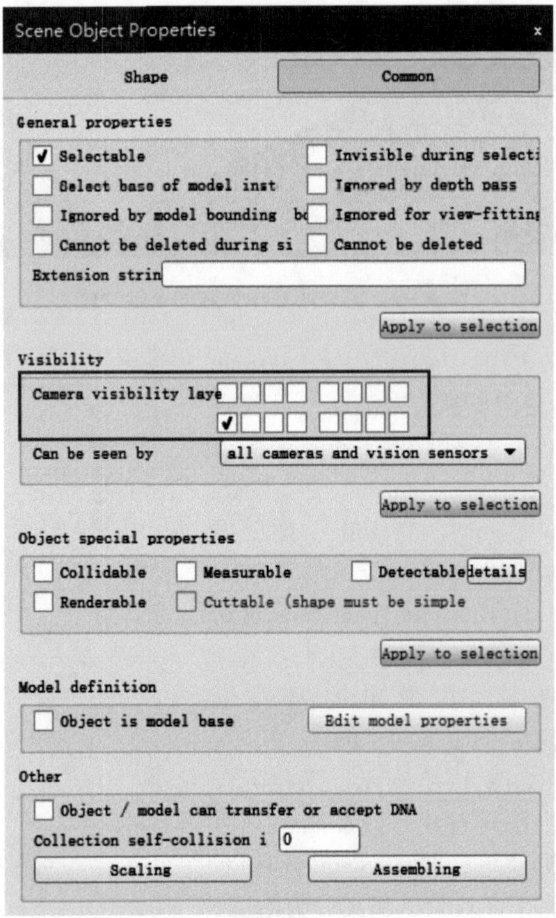

图 A-6　隐藏实体选项设置

⑮选中 ResizableFloor_5_25，将 size 拉到最大，如图 A-7 所示。点击工具栏的"start"→"resume simulation"，可观察到小车在缓慢行驶。

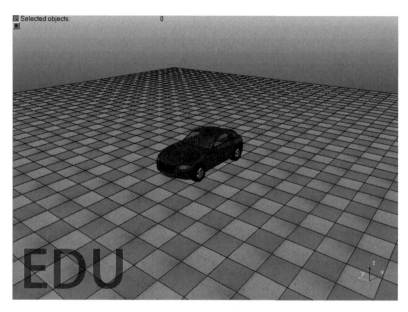

图 A-7 将地板调至最大

（4）配置前轮转向。

①添加一个 Cuboid（参数默认）和一个 Revolute_joint。依次选中 Cuboid 和左前轮对应的 Rotation_joint，点击工具栏的"Object"→"item shift"，点击 Position 下的 Apply to selection，再点击工具栏的"Object"→"Item rotate"，点击 Orientation 下的 Apply to selection；依次选中新添加的 Revolute_joint 和左前轮对应的 Rotation_joint，点击"Object"→"item shift"变换 Apply to selection。

②将新添加的 Cuboid 拖到新添加的 Revolute_joint 下，将 Cuboid 和 Revolute_joint 作为整体复制 1 个出来，并将副本移动到右前轮对应位置。

③将左前轮对应的 Rotation_joint 拖到新添加的 Cuboid 下，再将新添加的 Revolute_joint 拖到 Cuboid0 下。对右前轮进行同样操作。

④更改名字。名字和结构如图 A-8 所示。名字与脚本对应，非常重要。

（5）属性框参数设置。

①打开 Vehicle_frontleftsteeringMotorpart 属

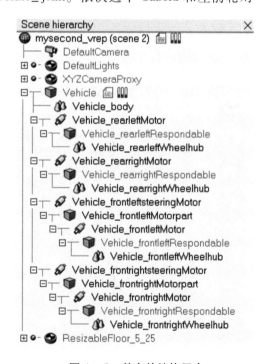

图 A-8 整车的结构层次

性对话框，点击 Show dynamic parameters dialog，勾掉 Body is respondable。对 Vehicle_frontleftsteeringMotorpart 进行相同操作。

②打开 Vehicle_frontleftsteeringMotor 属性对话框，点击 Show dynamic parameters dialog，勾上 Motor enable 和 Control loop enable，将 Max. torque 设置为 1000。对 Vehicle_frontrightsteeringMotor 的属性进行相同的设置。

③打开 Vehicle_frontleftMotor 属性对话框，点击 Show dynamic parameters dialog，勾上 Motor enable 并改变 Target velocity 为 0，Max. torque 为 200。对 Vehicle_frontrightMotor 进行相同的设置。

④打开 Vehicle_rearleftMotor 属性对话框，点击 Show dynamic parameters dialog，勾掉 Motor enable。对 Vehicle_rearrightMotor 进行相同的设置。

⑤开始仿真，点击工具栏的"start"→"resume simulation"，小车不动，因为把速度设为 0 了。

（6）添加控制脚本。

①选择 Vehicle，点击菜单栏的"Add"→"Associated child script"→"Threaded"。

②双击 Vehicle 右侧的书籍图标，编写 lua 控制脚本。

③本教程提供了一个 lua，script.txt，将内容粘贴进去即可。

④开始仿真，可以用键盘方向键控制小车运动。

A.2 激光雷达模型

（1）Components 的 sensors 文件下，单线激光雷达仿真：拖动 SICK s300 Fast 到右侧区域；64 线激光雷达仿真：拖动 Velodyne HDL-64E s2 到右侧区域。

（2）对于多线激光雷达，可以更改 lua 程序中的频率为 20 Hz，如图 A-9 所示。

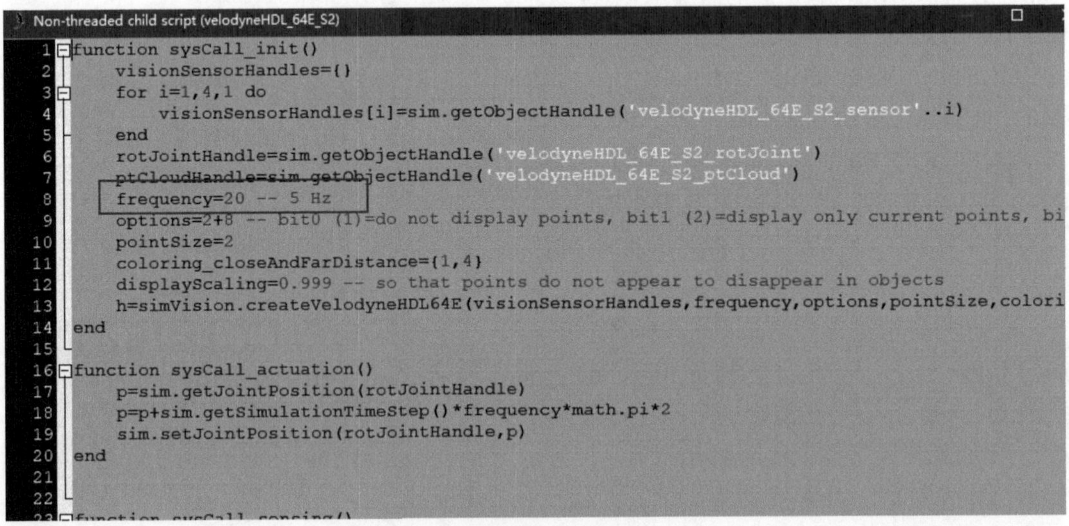

图 A-9 更改 lua 程序中的频率

(3) 利用工具栏选择"Object"→"item shift"和"rotate",调整其位置和方向,如图 A-10 所示。

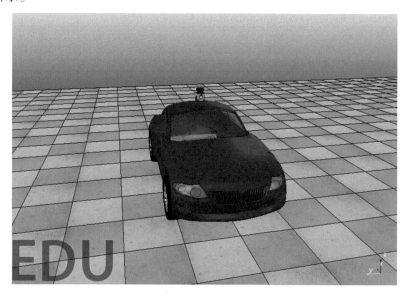

图 A-10 雷达安装在车辆上

A.3 道路和交通标志模型

(1) 选择菜单栏"File"→"load model",选择 vrep_model 文件夹中的 demo1 和 demo2 文件,将其加载到 V-REP 页面中。

(2) 利用工具栏选择"Object"→"item shift"和"rotate",调整其位置和方向,如图 A-11 所示。

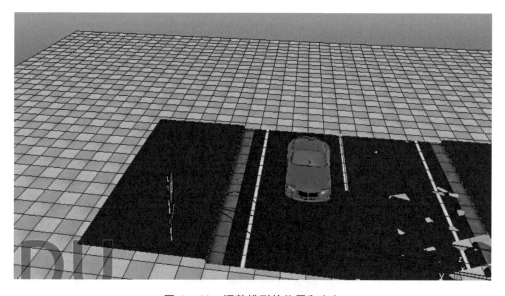

图 A-11 调整模型的位置和方向

道路和交通标志模型的建立涉及三维建模软件的操作，这里直接利用建立好的 V-REP 模型。模型建立具体步骤可参考以下链接：

https：//ivc. bit. edu. cn/jxzy/zyxz/b182130. htm

A.4 行人模型

（1） People 文件夹下，选择 Bill on path，拖动到右侧区域。

（2） 编辑行人路径。首先，选中行人路径，再点击左侧的 Toggle path edit model，进入图 A－12 所示页面，利用"Object"→"item shift"改变路径点位置，进而改变路径。

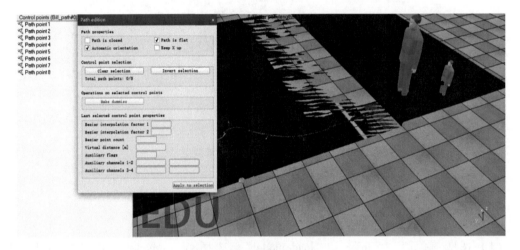

图 A－12 编辑行人路径

（3） 编辑行人尺寸。双击打开行人属性，common 下选择 scaling，输入 0.5，则缩小为 0.5 倍。如图 A－13 所示。

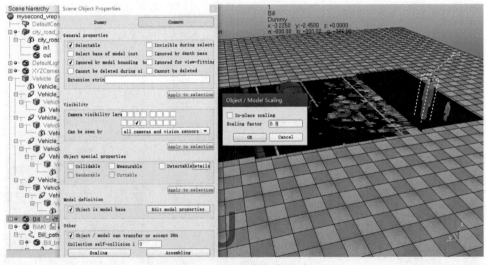

图 A－13 编辑行人尺寸

（4）利用工具栏"Object"→"item shift"和"rotate"，调整其位置和方向。

A.5 仿真

按照上述介绍搭建完成的完整文件可从下面网页下载，即可以开展仿真。
http：//ivc. bit. edu. cn/jxzy/zyxz/b182130. htm

点击工具栏的"start"→"resume simulation"，可以通过键盘控制车辆移动，行人按照路径移动。图 A – 14 和图 A – 15 分别为单线和 64 线激光雷达仿真结果。

图 A – 14　单线激光雷达仿真结果

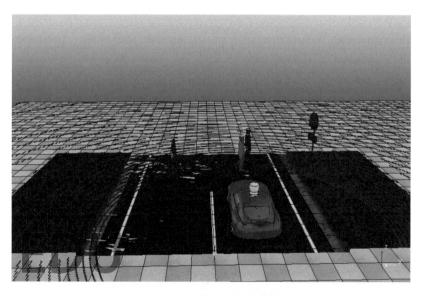

图 A – 15　64 线激光雷达仿真结果

附录 B
纯跟踪控制仿真实验（Matlab + V-REP 联合仿真）

V-REP 与 Matlab 进行联合仿真框图如图 B-1 所示，V-REP 负责提供控制体对象模型、搭建仿真环境，以及解析来自 Matlab 的 socket 控制命令，Matlab 负责控制体对象控制算法的编写。由 Matlab 输出 socket 控制命令，以控制 V-REP 中的控制体对象运动，从而完成任务。

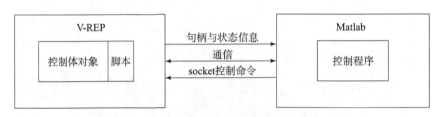

图 B-1 联合仿真时的通信控制流

B.1 准备工作

安装的 V-REP 下载地址为：http://www.coppeliarobotics.com/files/V-REP_PRO_EDU_V3_6_2_Setup.exe

注意，V-REP 和 Matlab 都必须是 64 位的。

首先新建 Matlab 项目，然后对 Matlab 进行配置，以方便其与 V-REP 建立连接。配置方法如下：

（1）将 V-REP 安装目录中 Matlab 文件夹（…\V-REP3\V-REP_PRO_EDU\programming\remoteApiBindings\Matlab\Matlab）下的 remApi.m 和 remoteApiProto.m 文件复制到 Matlab 新建项目中。

（2）将 V-REP 安装目录中 Matlab 文件夹（…\V-REP3\V-REP_PRO_EDU\programming\remoteApiBindings\lib\lib\Windows\64Bit）下的 remoteApi.dll 文件复制到 Matlab 新建项目中。

manta.ttt 为 V-REP 模型文件，文件中有被控车辆模型 Manta 和搭建的运行环境。manta.ttt 可从下面网页下载：

http://ivc.bit.edu.cn/jxzy/zyxz/182130.htm

注意，为了使车辆 Manta 与 Matlab 程序匹配，这里修改了 Manta 的 lua 脚本为：

```
if (sim_call_type = = sim.syscb_init) then

sim.setScriptAttribute(sim.handle_self,sim.childscriptattribute_
automaticcascadingcalls,false)
    end

if (sim_call_type = = sim.syscb_cleanup) then
end

if (sim_call_type = = sim.syscb_actuation) then
    if not firstTimeHere93846738 then
        firstTimeHere93846738 = 0
    end

sim.setScriptAttribute ( sim.handle _ self, sim.scriptattribute _
executioncount,firstTimeHere93846738)
    firstTimeHere93846738 = firstTimeHere93846738 +1
    if (sim.getScriptExecutionCount() = = 0) then --this part acts
as initial
        simServer = simRemoteApi.start(5050,250,false,false)
            if (simServer ~ = 0) then
                print("Server Started. Initialing....");
            end

        result = sim.clearStringSignal("CtrlValueStringName")

        steer_handle = sim.getObjectHandle('steer_joint')
        motor_handle = sim.getObjectHandle('motor_joint')
        fl_brake_handle = sim.getObjectHandle('fl_brake_joint')
        fr_brake_handle = sim.getObjectHandle('fr_brake_joint')
        bl_brake_handle = sim.getObjectHandle('bl_brake_joint')
        br_brake_handle = sim.getObjectHandle('br_brake_joint')

    end

        --the maximum steer angle 30 degree
    max_steer_angle = 0.5235987
        --the maximum torque of the motor
```

```
motor_torque = 60
dVel = 1.0
steer_angle = 0

brake_force = 0
data = sim.getStringSignal("CtrlValueStringName")
if (data) then
    ctrlvalue = sim.unpackFloatTable(data)
    deAngle = ctrlvalue[1]
    deSpeed = ctrlvalue[2]/0.1
    if (deSpeed < dVel * 0.1 and deSpeed > -dVel * 0.1) then
        brake_force = 100
    else
        brake_force = 0
    end

        -- set maximum steer angle
    if (deAngle > max_steer_angle) then
        deAngle = max_steer_angle
    end
    if (deAngle < -max_steer_angle) then
        deAngle = -max_steer_angle
    end
    sim.setJointTargetPosition(steer_handle,deAngle)

        -- brake and motor can not be applied at the same time
    if(brake_force > 0) then
        sim.setJointForce(motor_handle,0)
    else
        sim.setJointForce(motor_handle,motor_torque)
        sim.setJointTargetVelocity(motor_handle,deSpeed)
    end
    sim.addStatusbarMessage(string.format("Angle:% .2f",deAngle))
    sim.addStatusbarMessage(string.format("vel:% .1f",deSpeed))
end
result = sim.clearStringSignal("CtrlValueStringName")

sim.setJointForce(fr_brake_handle,brake_force)
```

```
    sim.setJointForce(fl_brake_handle,brake_force)
    sim.setJointForce(bl_brake_handle,brake_force)
    sim.setJointForce(br_brake_handle,brake_force)
end
```

B.2 编写程序

接下来，用 Matlab 编写纯跟踪控制程序。

首先，利用 V-REP 提供的 remApi 建立 Matlab 与 V-REP 之间的通信连接。然后，定义路网。主要包括定义路网参数、读取路网数据（roadmap.txt）和对数据进行插值处理。接着，定义车辆参数，包括初始速度、初始转角、轮距、轴距、最大转角和预瞄距离。随后，进入车辆纯跟踪控制流程。

在车辆纯跟踪控制流程中，首先需要获取到车辆前轮转角、位置和横摆角，然后执行纯跟踪算法，主要包括计算车辆位姿，给定期望路径和计算转角量。

最后，将控制量下发到 V-REP，实现对车辆的控制。

V-REP 中车辆模型的位置数据会被保存到 Matlab 中，然后以.mat 文件的形式输出。

程序代码（purepursuit.m）如下：

```
%% 与 V-REP 通信设置
%    close all;
    clear all;
%    clc;
    CommThreadCycleInMs = 50;% 设置与 V-REP 通信的线程执行时间,in ms
    disp('Program started');
    vrep = remApi('remoteApi');% using the prototype file (remoteApiProto.m)
    vrep.simxFinish(-1);% just in case,close all opened connections
    clientID = vrep.simxStart('127.0.0.1',5050,true,true,500,CommThreadCycleInMs);

    if (clientID > -1)
        disp('Connected to remote API server');
    else
        disp('Failed connecting to remote API server');
    end
%% 初始化,获取全局路径
    % 定义参数
    interpolation_length = 0.3;% 定义插值点间距
    temp_couter = 0;
```

```matlab
maxpoint = 100 000;
slope = zeros(maxpoint,1);
x_step = zeros(maxpoint,1);
y_step = zeros(maxpoint,1);
L = zeros(maxpoint,1);
interpolation_num = zeros(maxpoint,1);
interpolation_num_start = zeros(maxpoint,1);
interpolation_num_end = zeros(maxpoint,1);
road_point_x = zeros(maxpoint,1);
road_point_y = zeros(maxpoint,1);
% 读取路网文件
load('roadMap.txt');
[len,len2] = size(roadMap);
road_map = roadMap(:,2:3); % 插值经纬度
disp('Load roadMap.txt successful');
% 插值
for i = 1:len-1
    slope(i) = (road_map(i,2) - road_map(i+1,2))/(road_map(i,1) - road_map(i+1,1));
    x_step(i) = interpolation_length /(sqrt(1 + slope(i)^2));
    y_step(i) = x_step(i) * abs(slope(i));
    if road_map(i,1) > road_map(i+1,1)
        x_step(i) = -x_step(i);
    end
    if road_map(i,2) > road_map(i+1,2)
        y_step(i) = -y_step(i);
    end
    L(i) = sqrt(((road_map(i,1) - road_map(i+1,1))^2) + ((road_map(i,2) - road_map(i+1,2))^2));
    interpolation_num(i) = L(i)/interpolation_length;
    interpolation_num_start(i) = temp_couter + 1;
    temp_couter = temp_couter +(1 + interpolation_num(i));
    interpolation_num_end(i) = temp_couter;
end
interpolation_num_start = interpolation_num_start(1:len-1,1);
interpolation_num_end = interpolation_num_end(1:len-1,1);
interpolation_num_start = floor(interpolation_num_start);
interpolation_num_end = floor(interpolation_num_end);
```

```matlab
    for j = 1:len-1
        n = 0;
        for k = interpolation_num_start(j):interpolation_num_end(j)
            p = k;
            road_point_x(p) = road_map(j,1) + x_step(j) * n;
            road_point_y(p) = road_map(j,2) + y_step(j) * n;
            n = n + 1;
        end
    end
    road_point = [road_point_x,road_point_y];
    road_point = [road_point;road_map(len,:)];
    
    [r,c] = size(road_point);
    index = 1:r;
    road_point = road_point(index(all(road_point')),:);
    
    disp('Interpolation successful');
    % 其他参数
    len = length(road_point);
    speed_target = 3;
    steer_angle = 0;
    wheel_base = 1.5;
    max_angle = 30.0;
    dis = 30;
    
    [len,len2] = size(road_point);
    flag_interpolation = 1;
    i = 0;
    k = 1;
    road_pointx = road_point(:,1);
    road_pointy = road_point(:,2);
    h = 1;
%% 循环控制车辆
    while (vrep.simxGetConnectionId(clientID) ~= -1)
        % * * * * * * * * 获取前轮偏角 * * * * * * * * %
[errorCode, steer_handle] = vrep.simxGetObjectHandle(clientID,
'steer_joint',vrep.simx_opmode_oneshot_wait);
```

```matlab
    [errorCode,frontwheelapngle] = vrep.simxGetJointPosition
(clientID,steer_handle,vrep.simx_opmode_streaming);
    % * * * * * * *车辆的位置与航向* * * * * * * %

[errorCode,vehiclebody_handle] = vrep.simxGetObjectHandle(clientID,
'body_base',vrep.simx_opmode_oneshot_wait);
    [errorCode,position] = vrep.simxGetObjectPosition(clientID,
vehiclebody_handle,-1,vrep.simx_opmode_oneshot_wait);
    [errorCode,eulerAngles] = vrep.simxGetObjectOrientation
(clientID,vehiclebody_handle,-1,vrep.simx_opmode_oneshot_wait);
    heading = eulerAngles(3)*180/pi;% (-pi,pi],与x轴的夹角

    % * * * * * * *纯跟踪控制算法* * * * * * * %
    % TODO:
    % 车辆的位姿为:(x,y,\theta) = (position(1),position(2),
heading)
    i = i +1;
    x = position(1);
    y = position(2);
    theta = heading;
    theta = theta*pi/180;
    for i = h:len
        S = sqrt(((road_pointx(i)-position(1))^2)+((road_pointy
(i)-position(2))^2));
        if (S >dis)
            goal_world_x = road_point(i,1);
            goal_world_y = road_point(i,2);
            h = i;
            break;
        end
    end
    goal_local_x = (goal_world_x-position(1))*cos(heading*pi/
180)+(goal_world_y-position(2))*sin(heading*pi/180);
    goal_local_y = -(goal_world_x-position(1))*sin(heading*
pi/180)+(goal_world_y-position(2))*cos(heading*pi/180);
    R = S^2*0.5/abs(goal_local_y);
    n = i;
    min_R = wheel_base/tan(max_angle*pi/180);
```

```
        if R < min_R
            R = min_R;
        end
        steer_angle = atan(wheel_base/R)*180/pi;
        if goal_local_y < 0
            steer_angle = -steer_angle;
        end
        if ((goal_world_x - position(1))^2 + (goal_world_y - position(2))^2) < 1
            speed_target = 0;
        end
        % 给定的期望跟踪的路径为 road_point
        % 计算出转角量后请赋值给 steer_angle
        %**********下发控制量***************%
        steer_angle = steer_angle*pi/180;
        steer(k) = steer_angle;
        pose(k,1) = position(1);
        pose(k,2) = position(2);
        k = k+1;
        if position(1) >= road_pointx(end)
            break
        end
        CtrlValue = [steer_angle,speed_target];
        CtrlValueString = vrep.simxPackFloats(CtrlValue);    %
[errorCode] = vrep.simxSetStringSignal(clientID,'CtrlValueStringName',
CtrlValueString,vrep.simx_opmode_oneshot);
    end
    [errorCode] = vrep.simxStopSimulation(clientID,vrep.simx_opmode_oneshot); % 停止仿真
    vrep.simxFinish(clientID); % 断开连接
    save Distance_30.mat pose;
```

B.3 联合仿真

将 manta.ttt、purepursuit.m 和 roadMap.txt 放到建立的项目文件夹下。

双击 manta.ttt，打开 V-REP 模型文件。点击图 B-2 中的三角形按钮，便可启动 V-REP 仿真。

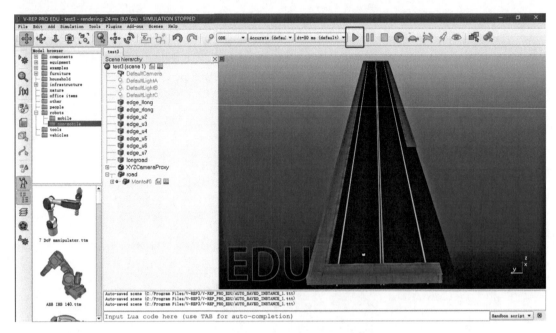

图 B-2　V-REP 场景

然后，双击打开 purepursuit.m 文件，在 Matlab 命令行中会出现以下信息：

```
Program started
Note: always make sure you use the corresponding remoteApi library
(i.e. 32bit Matlab will not work with 64bit remoteApi, and vice-versa)
Connected to remote API server
Load roadMap.txt successful
Interpolation successful
```

此后，在 V-REP 界面就会观察到车辆模型在 Matlab 纯跟踪算法的控制下沿着预定轨迹行驶。

B.4　绘制曲线

通过调整参数，可以观察不同参数对纯跟踪算法的影响。下面以预瞄距离为例进行说明。

首先，将 purepursuit.m 文件中变量 dis 的值改为 4，然后，将程序最后一行中的文件名改为"Distance_4.mat"。接着，按照前面介绍的步骤，进行预瞄距离为 4 的情况下的纯跟踪仿真实验。最后，实验结果会以设置的文件名保存在 Matlab 项目文件夹中。

随后，分别以 6、9、13、20 和 30 为预瞄距离分别重复以上实验，最后，在 Matlab 项目文件夹中，会得到以下 6 个 mat 文件。

在得到不同预瞄距离下的仿真数据后，就可以绘制曲线，程序如下：

```
x1 = load('Distance_4.mat');
x2 = load('Distance_6.mat');
x3 = load('Distance_9.mat');
x4 = load('Distance_13.mat');
x5 = load('Distance_20.mat');
x6 = load('Distance_30.mat');
x1 = x1.pose;
x2 = x2.pose;
x3 = x3.pose;
x4 = x4.pose;
x5 = x5.pose;
x6 = x6.pose;
plot(road_pointx,road_pointy,'r','LineWidth',1.5);
hold on;
plot(x1(1:end-1,1),x1(1:end-1,2),'--k');
xlabel('Position x');
ylabel('Position y');
hold on;
plot(x2(1:end-1,1),x2(1:end-1,2),'k');
hold on;
plot(x3(1:end-1,1),x3(1:end-1,2),'--m');
hold on;
plot(x4(1:end-1,1),x4(1:end-1,2),'g');
hold on;
plot(x5(1:end-1,1),x5(1:end-1,2),'b');
hold on;
plot(x6(1:end-1,1),x6(1:end-1,2));
axis([-12 172 107.5 111]);
legend('路网','预瞄距离=4','预瞄距离=6','预瞄距离=9','预瞄距离=13','预瞄距离=20','预瞄距离=30');
```

附录 C
Matlab 自动驾驶工具箱案例介绍

C.1 自动驾驶工具箱简介

自动驾驶领域涉及的系统和专业软件非常多，比如用 ROS 搭建无人驾驶车辆仿真平台，CARLA 搭建虚拟环境并测试算法等。近些年，Matlab 作为一个实用的数学类科技应用软件，也涉足自动驾驶领域，为自动驾驶系统的设计测试注入了新鲜血液。

从 Matlab R2017a 开始，Matlab 的工具箱中开始包含 Automated Driving System Toolbox，也就是自动驾驶工具箱，简称 ADST，如图 C-1 所示。它的功能非常强大，包含了自动驾驶领域的众多重要内容，可用于 ADAS 和自动驾驶系统的设计、仿真、测试，如图 C-2 所示。

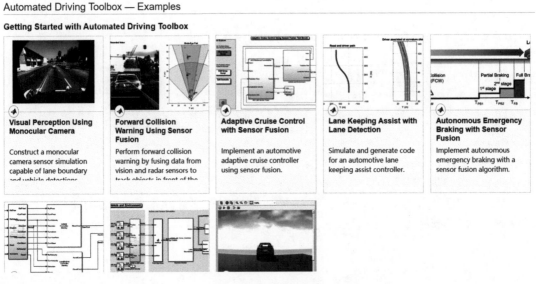

图 C-1　Matlab 自动驾驶工具箱

图 C-2　Matlab 自动驾驶工具箱的功能

C.2　自动驾驶场景搭建

既然是自动驾驶系统的设计仿真和测试,那么自动驾驶场景的构建是最基础的任务。一切数据的获取和算法的测试都要在驾驶场景中予以实现。Matlab 提供了两种自动驾驶的模拟场景,分别为立方体驾驶模拟场景和3D驾驶模拟场景,如图 C-3 所示。

图 C-3　自动驾驶模拟场景

下面以立方体驾驶模拟场景为例进行介绍。立方体驾驶模拟场景(简称为驾驶场景)需要通过 Driving Scenario Designer APP 或代码自己搭建。

C.2.1　驾驶场景基础

下面网页介绍了驾驶场景搭建的入门基础:
https://ww2.mathworks.cn/help/driving/examples/driving-scenario-tutorial.html
在 Matlab 命令行窗口运行如下命令打开案例(注意数字"1"是行号,下同):

```
1:openExample('driving/DrivingScenarioTutorialExample')
```

1. 生成 actor

ADST 驾驶场景中的模型如车辆、行人、灭火器、停车计时装置等均用 actor 简化表示,如图 C-4 所示。actor 简单来说就是一个具有雷达目标反射截面的立方体,也就是可以被各类传感器检测到的实体,并使用底面中心点对其进行定位。车辆作为一种特殊的 actor 是由后轴中心进行定位的。

1)创建驾驶场景并放置 actor

通过以下程序可以实现将两个车辆 actor 放置于驾驶场景中,尽管此时的驾驶场景并没有道路。注意在生成车辆 actor 时需要指定位置坐标

图 C-4 驾驶场景中的 actor 模型

(Position)、侧倾角(Roll)、俯仰角(Pitch)、横摆角(Yaw)、车速(Velocity)和横摆角速度(Angular Velocity)。

```
1:  % 驾驶场景
2:  scenario = drivingScenario;
3:  % 在驾驶场景中放置车辆 actor1
4:  v1 = vehicle(scenario,'ClassID',1','Position',[6 0 0],'Velocity',
    [-3 0 0],'Yaw',180)
5:  % 在驾驶场景中放置车辆 actor2
6:  v2 = vehicle(scenario,'ClassID',1,'Position',[0 10 0],'Velocity',
    [0 -4 0],'Yaw',-90)
7:  plot(scenario);
8:  set(gcf,'Name','Scenario Plot')
9:  xlim([-20 20]);
10: ylim([-20 20]);
```

下面展示了生成的车辆的属性,可以看到除了手动设定的内容,车辆 actor 还进行了许多默认属性的设定。图 C-5 展示了将两个 actor 放入驾驶场景的俯视图。

```
1:  v1 =
2:    Vehicle with properties:
3:
4:              ActorID: 1
5:              ClassID: 1
6:             Position: [6 0 0]
7:             Velocity: [-3 0 0]
8:                  Yaw: 180
9:                Pitch: 0
10:                Roll: 0
11:     AngularVelocity: [0 0 0]
12:              Length: 4.7000
13:               Width: 1.8000
14:              Height: 1.4000
15:           RCSPattern: [2x2 double]
```

```
16:      RCSAzimuthAngles: [-180 180]
17:    RCSElevationAngles: [-90 90]
18:         FrontOverhang: 0.9000
19:          RearOverhang: 1
20:             Wheelbase: 2.8000
```

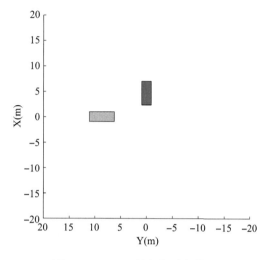

图 C-5 actor 放入驾驶场景 1

2）手动更改 actor 属性

通过程序可以更改 actor 的属性。更改车辆的航向角并展示的程序如下：

```
1: v1.Yaw = 135;
2: updatePlots(scenario);
```

展示的效果如图 C-6 所示。

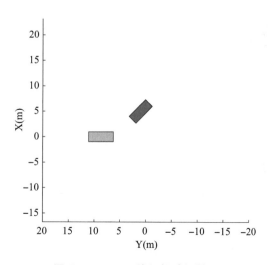

图 C-6 actor 放入驾驶场景 2

3）获取 actor 属性

可使用 actorPoses 命令获取场景中各个 actor 的位姿和速度信息，如图 C-7 所示；或使用 targetPoses 命令获取场景中某一 actor 的位姿和速度信息，如图 C-8 所示。程序如下：

```
1: ap = actorPoses(scenario)
2: v2TargetPoses = targetPoses(v2)
```

字段	ActorID	Position	Velocity	Roll	Pitch	Yaw	AngularVelocity
1	1	[6,0,0]	[-3,0,0]	0	0	180	[0,0,0]
2	2	[0,10,0]	[0,-4,0]	0	0	-90	[0,0,0]

图 C-7　各个 actor 的位姿和速度信息

v2TargetPoses
1x1 struct 包含 8 个字段

字段	值
ActorID	1
ClassID	1
Position	[10,6.0000,0]
Velocity	[-4,-3.0000,0]
Roll	0
Pitch	0
Yaw	-90.0000
AngularVelocity	[0,0,0]

图 C-8　场景中某一 actor 的位姿和速度信息

4）添加追踪图

可以添加车辆的追踪图确定车辆的相对位置。默认情况下，追踪图从车辆后方的固定距离显示投影透视图。可以输入如下代码，显示出图 C-9 所示的两辆车的相对位置：

```
1: chasePlot(v2)
2: set(gcf,'Name','Chase Plot')
```

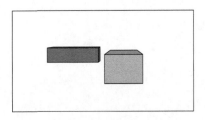

图 C-9　代表两辆车的 actor

2. 定义道路布局

actor 设置完毕后，需要设置一定的道路布局，以便实现车辆 actor 在道路上的行驶。主要有两种道路布局的创建方式：代码创建和 Driving Scenario Designer APP 创建。

1) 代码创建

可以通过如下程序实现一小段简单道路的创建，使得道路曲线平滑穿过 (0, 0)，(10, 0)，(53, -20) 三点。

```
1: scenario = drivingScenario;
2: roadCenters = [0 0;10 0; 53 -20];
3: roadWidth = 6;
4: road(scenario,roadCenters,roadWidth,'lanes',lanespec(2));
5: plot(scenario,'RoadCenters','on');
```

由于运用代码创建道路布局较为烦琐，这里不再详述，读者可以通过链接 https://ww2.mathworks.cn/help/driving/examples/define-road-layouts.html 进行学习。

2) Driving Scenario Designer APP 创建

在 Matlab 的 APP 中可以直接找到 Driving Scenario Designer APP，打开后界面如图 C-10 所示。

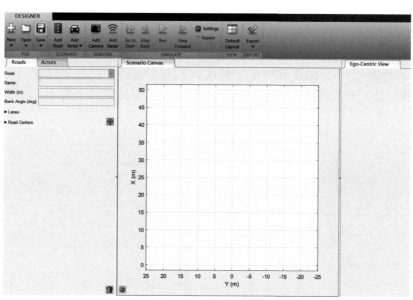

图 C-10　Driving Scenario Designer APP

Driving Scenario Designer APP 创建道路布局快速简单，并且可以直接生成 actor 拖入场景当中并设定轨迹，如图 C-11 所示。更多内容读者可以通过链接 https://ww2.mathworks.cn/help/driving/ref/drivingscenariodesigner-APP.html 学习。

在本案例中，使用代码简单创建道路。具体代码如下：

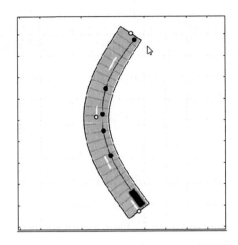

图 C-11 Driving Scenario Designer APP 创建道路布局

```
1: scenario = drivingScenario;
2: roadCenters = ...
3:   [0  40  49  50 100  50  49 40 -40 -49 -50 -100  -50  -49  -40   0
4:   -50 -50 -50 -50  0   50  50 50  50  50  50   0  -50  -50  -50 -50
5:    0   0  .45 .45 .45 .45 .45  0   0 .45 .45  .45  .45  .45   0   0];
6: bankAngles = ...
7:   [0  0  9  9  9  9  9  0  0  9  9  9  9  9  0  0];
8: road(scenario,roadCenters,bankAngles,'lanes',lanespec(2));
9: plot(scenario);
```

上述的程序第 2~5 行的矩阵的每一列代表了一个道路中心点坐标 (x, y, z)。程序第 6、7 行的向量定义了道路倾斜角。道路倾斜角表示了道路内外侧具有一定的高度差，如图 C-12 所示。

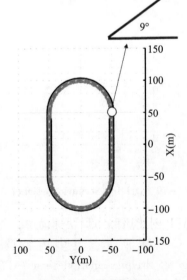

图 C-12 道路倾斜角

接下来可以获取道路内外边界并绘制展示。首先是以世界坐标系视角绘制道路，具体程序如下：

```
1:  rb = roadBoundaries(scenario)
2:  figure
3:  outerBoundary = rb{1};
4:  innerBoundary = rb{2};
5:  plot3(innerBoundary(:,1),innerBoundary(:,2),innerBoundary(:,3),'r',...
6:         outerBoundary(:,1),outerBoundary(:,2),outerBoundary(:,3),'g')
7:  axis equal
```

效果如图 C-13 所示。

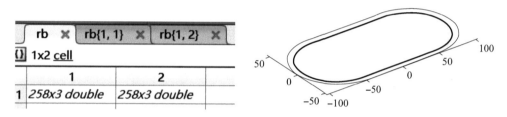

图 C-13　以世界坐标系绘制道路

其次是以车辆坐标系视角绘制道路，具体程序如下：

```
1:  % 在场景内添加车辆 actor
2:  egoCar = vehicle(scenario,'ClassID',1,'Position',[80 -40 0.45],'Yaw',30);
3:  % roadBoundaries 传入 egoCar 绘制道路
4:  figure
5:  rb = roadBoundaries(egoCar)
6:  outerBoundary = rb{1};
7:  innerBoundary = rb{2};
8:  plot3(innerBoundary(:,1),innerBoundary(:,2),innerBoundary(:,3),'r',...
9:         outerBoundary(:,1),outerBoundary(:,2),outerBoundary(:,3),'g')
10: axis equal
```

3. 指定轨迹

场景搭建完毕后，需要在仿真运行之前提前指定 actor 的轨迹。

这里依然通过矩阵设置三维轨迹点，并使用 repmat 函数将轨迹点重复 5 次，最后为两个 actor 分别设置速度 30 m/s 和 50 m/s。

```
1:  chasePlot(egoCar);
2:  fastCar = vehicle(scenario,'ClassID',1);
3:  d = 2.7/2;
4:  h = .45/2;
5:  % 设置三维轨迹
6:  roadOffset = [0  0  0  0  d  0  0  0  0  0  0 -d  0  0  0  0
7:                -d -d -d -d  0  d  d  d  d  d  d  0 -d -d -d -d
8:                 0  0  h  h  h  h  0  0  h  h  h  h  h  0  0  0]';
9:  rWayPoints = roadCenters + roadOffset;
10: lWayPoints = roadCenters - roadOffset;
11: % 将轨迹点重复5次
12: rWayPoints = [repmat(rWayPoints(1:end-1,:),5,1); rWayPoints(1,:)];
13: lWayPoints = [repmat(lWayPoints(1:end-1,:),5,1); lWayPoints(1,:)];
14: % 为两个actor分别设置速度
15: trajectory(egoCar,rWayPoints(:,:),30);
16: trajectory(fastCar,lWayPoints(:,:),50);
```

4. 运行仿真

首先需要设置采样时间（控制两次状态更新之间的时间间隔）和仿真时长，程序如下：

```
1:  scenario.SampleTime = 0.02
2:  scenario.StopTime = 4;
```

通过调用 advance 更新驾驶场景遵循轨迹的 actor，程序如下：

```
1:  while advance(scenario)
2:      pause(0.001)
3:  end
```

最终，设定完毕的 actor、对应车辆、轨迹、车速总结如表 C-1 所示。

表 C-1 驾驶场景的对应关系

actor	对应车辆	轨迹	车速
actor1（蓝色）	egoCar	rWayPoints	30 m/s
actor2（红色）	fastCar	lWayPoints	50 m/s

接下来运行仿真，场景如图 C-14 所示。

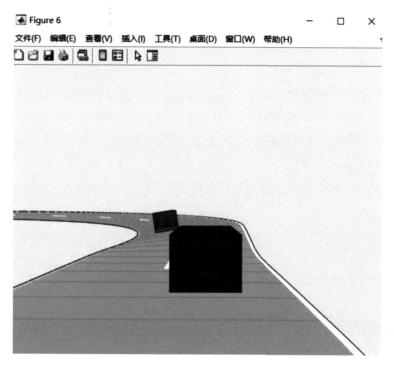

图 C-14 仿真场景（见彩插）

5. 记录场景信息

因为仿真时经常需要获取 actor 的位姿和速度信息以做分析，因此接下来介绍如何在仿真时记录场景信息。

记录场景信息需要依赖 record 函数，示例程序如下：

```
1:  close all
2:  scenario.StopTime = 0.100;
3:  poseRecord = record(scenario)
4:  r = poseRecord(5)
5:  r.ActorPoses(1)
6:  r.ActorPoses(2)
```

程序表示，在仿真的前 100 ms 内记录每个 actor 的位姿信息，并输出第 5 个记录的样本。下面展示的是返回的信息结构体：

```
1:  poseRecord =
2:    1x5 struct array with fields:
3:      SimulationTime
4:      ActorPoses
5:  r =
6:    struct with fields:
7:      SimulationTime: 0.0800
```

```
 8:         ActorPoses:[2x1 struct]
 9: ans =
10:   struct with fields:
11:             ActorID: 1
12:            Position: [2.4000 -51.3501 0]
13:            Velocity: [30.0000 -0.0028 0]
14:                Roll: 0
15:               Pitch: 0
16:                 Yaw: -0.0053
17:      AngularVelocity: [0 0 -0.0589]
18: ans =
19:   struct with fields:
20:             ActorID: 2
21:            Position: [4.0000 -48.6503 0]
22:            Velocity: [50.0000 -0.0075 0]
23:                Roll: 0
24:               Pitch: 0
25:                 Yaw: -0.0086
26:      AngularVelocity: [0 0 -0.0884]
```

6. 将多个视图与鸟瞰图合并

最后介绍一下如何将多个视图与鸟瞰图合并。调试时，可能希望查看鸟瞰图中的地面实况数据。为此可以首先创建一个具有自定义排列的多个坐标系的图框，程序如下：

```
 1: close all;
 2: hFigure = figure;
 3: hFigure.Position(3) = 900;
 4:
 5: hPanel1 = uipanel(hFigure,'Units','Normalized',
 6: 'Position',[0 1/4 1/2 3/4],'Title','Scenario Plot');
 7: hPanel2 = uipanel(hFigure,'Units','Normalized',
 8: 'Position',[0 0 1/2 1/4],'Title','Chase Plot');
 9: hPanel3 = uipanel(hFigure,'Units','Normalized',
10: 'Position',[1/2 0 1/2 1],'Title','Bird''s-Eye Plot');
11:
12: hAxes1 = axes('Parent',hPanel1);
13: hAxes2 = axes('Parent',hPanel2);
14: hAxes3 = axes('Parent',hPanel3);
```

创建后的效果如图 C-15 所示。

接下来创建 Plotter 为绘制仿真视频做准备。具体程序如下：

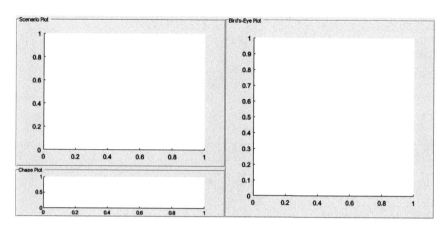

图 C-15 自定义图框

```
1:  % assign a scenario plot and a chase plot in the first two axes
2:  plot(scenario,'Parent',hAxes1);
3:  chasePlot(egoCar,'Parent',hAxes2);
4:  % assign a bird's-eye plot in third axes.
5:  egoCarBEP = birdsEyePlot('Parent',hAxes3,'XLimits',[-200 200],
    'YLimits',[-240 240]);
6:  fastTrackPlotter = trackPlotter(egoCarBEP,'MarkerEdgeColor',
    'red','DisplayName','target','VelocityScaling',.5);
7:  egoTrackPlotter = trackPlotter(egoCarBEP,'MarkerEdgeColor',
    'blue','DisplayName','ego','VelocityScaling',.5);
8:  egoLanePlotter = laneBoundaryPlotter(egoCarBEP);
9:  plotTrack(egoTrackPlotter,[0 0]);
10: egoOutlinePlotter = outlinePlotter(egoCarBEP);
```

创建后的效果如图 C-16 所示。

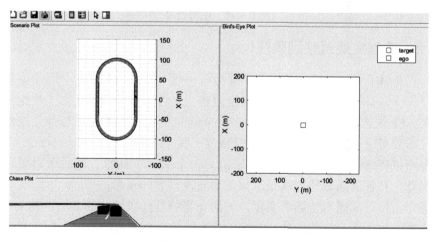

图 C-16 创建 Plotter

最后进行仿真,实现图 C-17 的效果。实现仿真的程序如下:

```
1:  restart(scenario)
2:  scenario.StopTime = Inf;
3:
4:  while advance(scenario)
5:      t = targetPoses(egoCar);
6:      plotTrack(fastTrackPlotter,t.Position,t.Velocity);
7:      rbs = roadBoundaries(egoCar);
8:      plotLaneBoundary(egoLanePlotter,rbs);
9:      [position, yaw, length, width, originOffset, color] = target
        Outlines(egoCar);
10:     plotOutline(egoOutlinePlotter, position, yaw, length, width,
        'OriginOffset',originOffset,'Color',color);
11: end
```

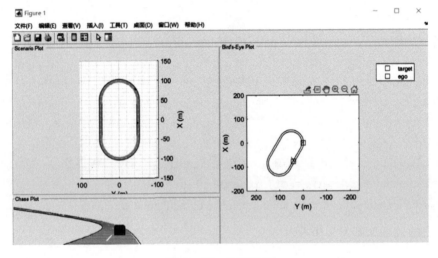

图 C-17 仿真效果

C.2.2 编程实现驾驶场景变化

C.2.1 节介绍了如何在编译器中简单地通过一行一行代码构建一个驾驶场景,并介绍了 Driving Scenario Designer APP 也可以快速创建一个驾驶场景。那么为了减少工作量,是否可以将用 APP 快速搭建的场景输出为一个 Matlab 文件,下次使用与保存过的场景类似的场景时仅需要对文件中的某个参数进行修改,就可调用这个新的场景呢? 事实上是可以的,这里可以将 APP 创建的驾驶场景导出为一个 Matlab 函数,然后可以更改此函数需要输入的参数,在搭建新的类似场景时只需要更改设置的形参即可。

本节将介绍编程实现驾驶场景变化。上面介绍的是代码编程的方法,其实还存在另外一种编程方式,称为图形编程。Matlab/Simulink 就是进行图形编程的常用工具之一。因此除了上述代码编程的内容,本节还涉及驾驶场景的 Simulink 仿真的初级内容。

下面以 Matlab 案例 "Create Driving Scenario Variations Programmatically" 的内容为主线介绍上述内容，下面网页有此案例的详细信息：

https：//ww2. mathworks. cn/help/driving/ug/create-driving-scenario-variations-programmatically. html

在 Matlab 命令行窗口运行如下命令打开案例：

```
1: openExample ('driving/CreateDrivingScenarioVariationsProgram-
   matically Example')
```

1. 函数化驾驶场景

首先介绍如何将驾驶场景函数化。添加 Matlab 示例文件夹至路径：

```
1: addpath(genpath(fullfile(Matlabroot,'examples','driving')))
```

其次在 APP 中创建一个驾驶场景。这里可以直接调用案例中的驾驶场景文件：

```
1: drivingScenarioDesigner('LeftTurnScenarioNoSensors.mat')
```

点击界面上方的 Run 即可进行仿真。

接下来点击工具栏的"Export"选项，选择"导出为 Matlab 函数"，在编译器中会显示出一个函数，如图 C-18 所示，函数名与场景名相同。该函数目前是没有形参的。

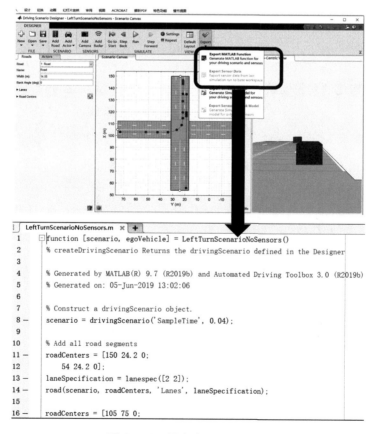

图 C-18　导出为 Matlab 函数

这个驾驶场景函数有两个返回值，分别为 scenario 对象和 egoVehicle 对象。驾驶场景函数的输出反映了场景中各个 actor 的属性和场景仿真的一系列时间设置。

此时的场景函数并没有输入形参。这时可以将其赋予输入参数，实现对场景的更改。如之前的场景中 actor 的速度是设定好的，在这里可以在函数内部将车速以一个形参替代，输入到 trajectory 函数中，在函数定义处加上对形参的声明即可。操作如图 C–19 所示。

图 C–19　将函数赋予输入参数

这样可以直接使用修改过的函数直接创建驾驶场景。本车速度可以通过传参自行设定。如这里设置为 20。

1:　scenario = LeftTurnScenarioNoSensorsModified(20)

同样可以尝试以下内容修改函数：
（1）修改车道和道路参数以测试车道线检测算法；
（2）修改车辆行驶轨迹或起始位置；
（3）修改车辆尺寸。

最后，将新构建的驾驶场景通过命令行中的如下命令输入至 APP 中，实现在 APP 中的显示：

1:　drivingScenarioDesigner(scenario)

显示效果如图 C–20 所示。此时本车首先通过交叉路口。

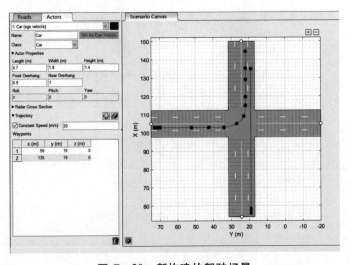

图 C–20　新构建的驾驶场景

2. 驾驶场景的 Simulink 模型

接下来介绍驾驶场景的 Simulink 模型。如果想在 Simulink 中导入驾驶场景模型，首先需要一个驾驶场景的 .mat 文件。因此使用刚搭建好的驾驶场景另存为 .mat 文件。具体操作为点击 APP 上方的"Save"，选择保存场景文件。如图 C-21 所示。

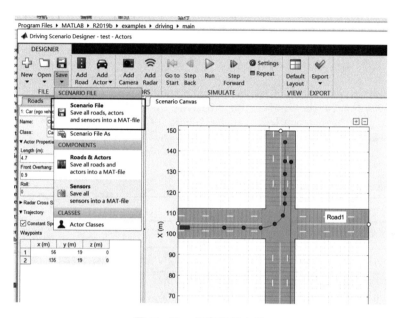

图 C-21 保存场景文件

接下来介绍如何将驾驶场景导入 Simulink。这就需要一个能读取驾驶场景文件的模块——Scenario Reader 模块。如图 C-22 所示，这个模块在 library 下的 Automated Driving Toolbox/Driving Scenario and Sensor Modeling 中。

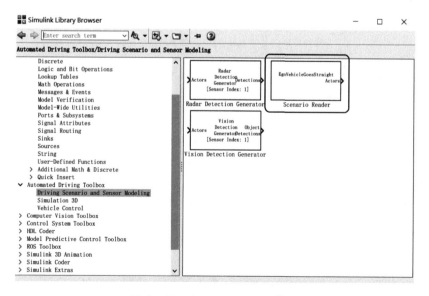

图 C-22 Scenario Reader 模块

将其放置于 Simulink 界面中并双击点开，进行配置，如图 C-23 所示。首先选择驾驶场景文件 .mat，这个文件已经由之前的 APP 另存为得到。接着选择参考系，可以选择车辆参考系（以本车为车辆参考系），也可以选择世界参考系。

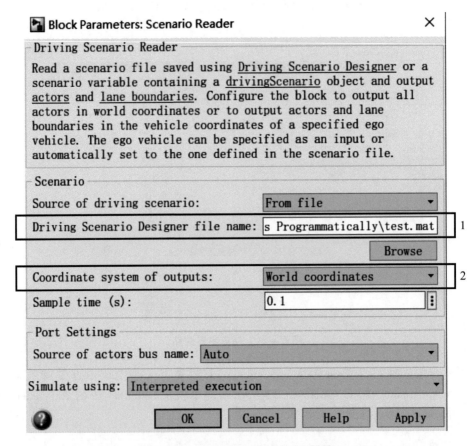

图 C-23 配置 Scenario Reader 模块 1

1-选择驾驶场景文件 .mat；2-选择参考系（车辆、世界）

若上面选择了车辆参考系，本车的位姿等数据不会显示在 actor 输出端，其他 actor 的位姿均是相对于本车而言的，且此时还需要选择本车来源。当设置其为 Scenario 时，本车的初始位姿是由驾驶场景文件 .mat 决定的。如图 C-24 所示。

当本车来源设置为另外一个选项——Input port 时，本车的初始位姿是由输入端输入的。由图 C-25 可见，此时 Scenario Reader 模块新增加了左侧端口。在 Matlab 案例——车道保持辅助与车道检测（Lane Keeping Assist with Lane Detection）中就用到了这种设置，感兴趣的读者可以查看链接 https://ww2.mathworks.cn/help/driving/examples/lane-keeping-assist-with-lane-detection.html。

至此，场景读取模块就配置完毕。接下来可以运行仿真，完成驾驶场景的 Simulink 实现。此时可以利用 Simulink 模型输出 actor 的位姿和速度曲线图，如图 C-26 所示。由于设置本车为参考系，因此这里仅输出了第二辆车的位姿和速度信息。

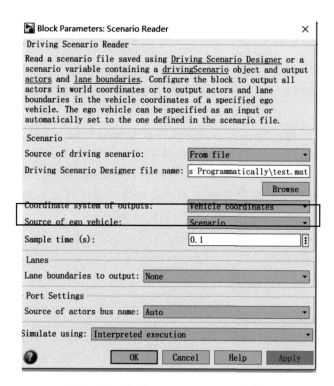

图 C-24　配置 Scenario Reader 模块 2

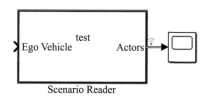

图 C-25　配置 Scenario Reader 模块 3

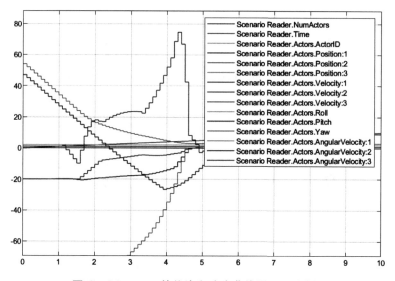

图 C-26　actor 的位姿和速度曲线图（见彩插）

C.2.3 使用驾驶场景设计器生成传感器检测模块

C.2.1 节和 C.2.2 节从不同角度介绍了如何创建驾驶场景，也就完成了自动驾驶仿真最基础的任务。但是仅仅有场景还不够，实现自动驾驶的基本要求还包括实现自动驾驶车辆对驾驶场景的检测和理解，也就是要搭建起环境和车辆之间的桥梁，这就涉及自动驾驶领域环境感知的问题。环境感知的实现需要软硬件的结合，硬件捕获场景信息，算法进行信息处理。本节要介绍的就是感知硬件部分——传感器。

本节将依托 Matlab 案例 "Generate Sensor Detection Blocks Using Driving Scenario Designer" 介绍如何使用驾驶场景设计器 APP 实现传感器检测模块的搭建，并使用生成的传感器配置测试驱动算法。下面网页有此案例的详细信息：

https：//ww2.mathworks.cn/help/driving/ug/generate-sensor-detection-blocks-using-driving-scenario-designer.html

可以在 Matlab 命令行窗口运行如下命令打开案例：

```
1: openExample('driving/GenerateSimulinkSensorModelsUsingDriving
        ScenarioDesignerExample')
```

为了方便，本节使用已经搭建好的场景模型和算法，在此基础上更改传感器配置方案，最后使用新的方案测试算法。

1. 检查并理解已有模型

已经搭建好的场景模型和算法属于 Matlab 案例 "Autonomous Emergency Braking with Sensor Fusion example"，即基于传感器融合的自动紧急制动实现案例。本节将在此案例的基础上生成新的传感器配置。首先简单介绍此案例的内容。

首先使用如下命令添加 Matlab 示例文件夹至路径：

```
1: addpath(genpath(fullfile(Matlabroot,'examples','driving')))
```

接下来使用命令打开模型：

```
1: open_system('AEBTestBenchExample')
```

图 C-27 展示了打开的 Simulink 模型，该模型详细介绍可参见

https：//ww2.mathworks.cn/help/driving/examples/autonomous-emergency-braking-with-sensor-fusion.html

如图 C-27 所示，这个模型主要包含两大模块：左侧为 AEB 信息融合模块（AEB with Sensor Fusion），其包含传感器融合算法，能够依据传感器信息完成 AEB 控制功能；右侧为车辆与环境模块（Vehicle and Environment），其对车辆动力学和驾驶场景进行建模，模块包含驾驶场景读取子模块和雷达及视觉检测子模块等，这些子模块能够提供传感器检测的一系列信息。

显而易见，这里需要关注的传感器配置，是存在于车辆与环境模块中的，所以将其双击打开，然后打开 "Actors and Sensor Simulation" 子模块。如图 C-28 所示。

这里有 4 个模块。左侧的本车设计文件（Pack Ego Actor）将本车信息输入到中间的驾驶场景读取模块（Scenario Reader）。驾驶场景读取模块加载一个驾驶场景文件

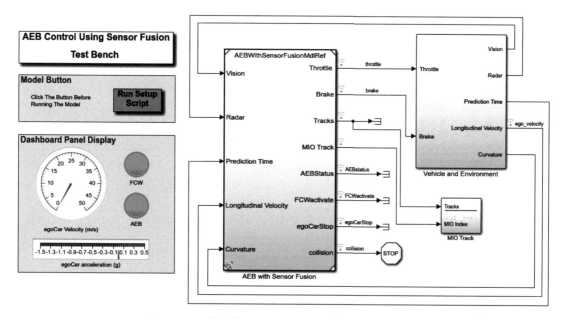

图 C-27 基于传感器融合的自动紧急制动实现案例

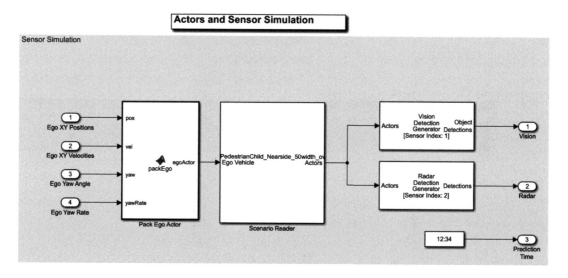

图 C-28 "Actors and Sensor Simulation" 子模块

(.mat),从中读取驾驶场景信息,包括 actor 信息和道路信息。然后驾驶场景读取模块输出非本车的 actor 信息输出给下面的两个子模块:雷达及视觉检测子模块(Radar Detection Generator and Vision Detection Generator),这两个模块分别为视觉检测生成器和雷达检测生成器,最终这两个模块的输出结果为传感器对于除了本车之外 actor 的检测信息。可以看出,最后的这两个模块是设计传感器配置的核心模块。

基于传感器融合的 AEB 算法案例的 Simulink 的架构至此介绍完毕,可以运行仿真观察效果。如图 C-29 所示,首先点击工具栏中的显示鸟瞰图,然后点击左上角"Find Signals",最后点击"Run"运行仿真。在仿真视频中可以看到,AEB 模型会是使本车及时制动,以避免与过马路的行人发生碰撞。

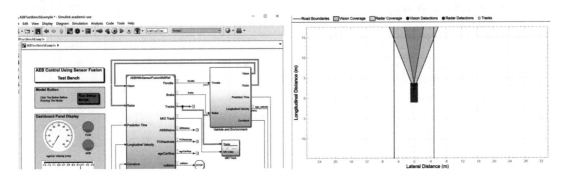

图 C-29 基于传感器融合的 AEB 算法案例仿真

2. 更新传感器配置方案

至此,相信读者对已有的 AEB 模型已有了大致的认识。下面将介绍如何更改传感器配置方案。这也是本节的核心部分。

1) 加载驾驶场景模型至 Driving Scenario Designer APP

如图 C-30 所示,首先打开之前介绍过的驾驶场景读取模块利用的驾驶场景文件,即使用如下命令完成驾驶场景在 APP 中的加载:

```
1: drivingScenarioDesigner('AEB_PedestrianChild_Nearside_50width_
   overrun.mat')
```

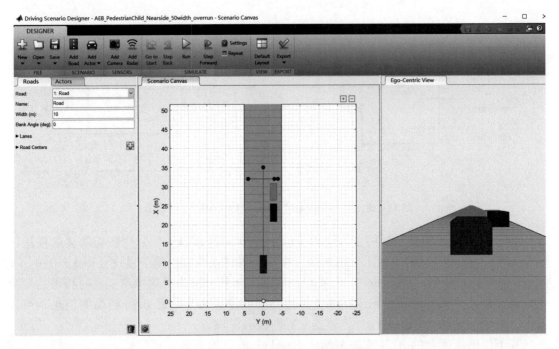

图 C-30 在 APP 中加载驾驶场景

2）加载传感器配置方案至 Driving Scenario Designer APP

由于步骤1）仅仅加载了 actor 和道路信息，而传感器配置方案是保存在另外单独的文件当中的，因此现在需要加载传感器配置方案。如图 C-31 所示，打开此路径下的文件，加载传感器配置。显示为图 C-32 即为加载成功。

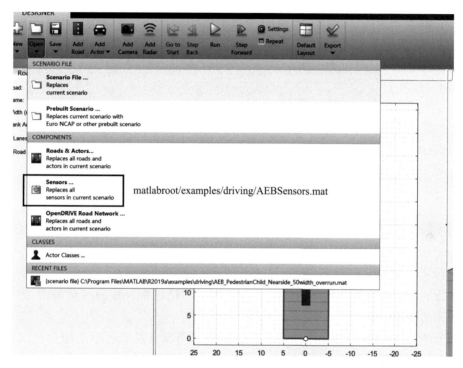

图 C-31 加载传感器配置方案 1

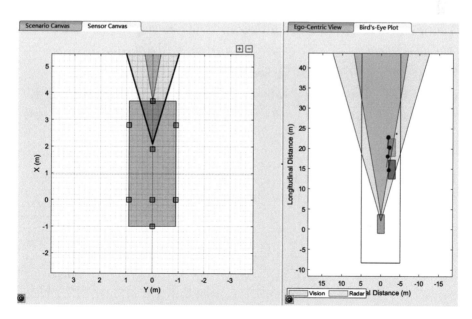

图 C-32 加载传感器配置方案 2

3）更新传感器配置方案

可以删除原有传感器，将雷达传感器放在前窗位置，将视觉传感器放在前保险杠位置，以此更改传感器配置方案，如图 C-33 所示。在最左侧可以修改传感器的参数，

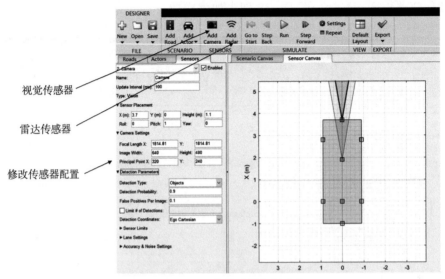

图 C-33 更新传感器配置方案

可更改的雷达传感器的参数为位置、发现概率、错检率、探测视角范围/方位角、仰角、检测距离范围等。

可更改的视觉传感器参数为位置、等效焦距、图像分辨率、原点位置（图像物理坐标系原点在图像像素坐标系中的位置）、检测类型（目标/车道线）、发现概率、假正率（被预测为正的负样本）等。

想要进一步了解传感器的配置，可以参考此以下链接：

https：//ww2.mathworks.cn/help/driving/ug/build-a-driving-scenario-and-generate-synthetic-detections.html

4）导出驾驶场景和传感器方案至 Simulink

最后点击上方的"Export"→"Export Simulink Model"可以将新的传感器方案对应的 Simulink 模型导出。导出结果如图 C-34 所示。这里也可以使用如下命令直接打开案例预设好的 Simulink 模型：

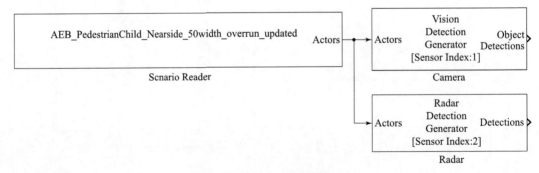

图 C-34 导出 Simulink 模型

```
1: open_system('AEBGeneratedScenarioAndSensors')
```

3. 利用新的方案测试算法

经过上面的操作，成功更改了传感器的配置方案，并进行了导出。接下来，用导出的模型替换原有方案的模型测试 AEB 算法。

1）将导出的模型替换原有模型

重新打开基于传感器融合的 AEB 算法案例，并打开"Actors and Sensor Simulation"子模块。可以直接在命令行输入：

```
1: open_system('AEBTestBenchExample/Vehicle and Environment/
   Actors and Sensor Simulation')
```

将刚导出的驾驶场景和传感器方案复制进入 Simulink，如图 C-35 所示。双击点开复制进来的驾驶场景读取模块，将本车来源（Source of ego vehicle）设置为 Input port，这样模块左侧会多出一个接口，用来输入本车信息，如图 C-36 所示。

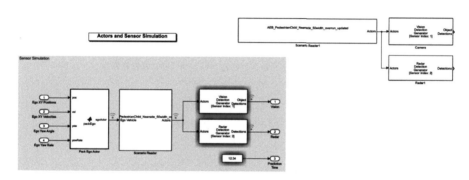

图 C-35　将刚导出的驾驶场景和传感器方案复制进入 Simulink

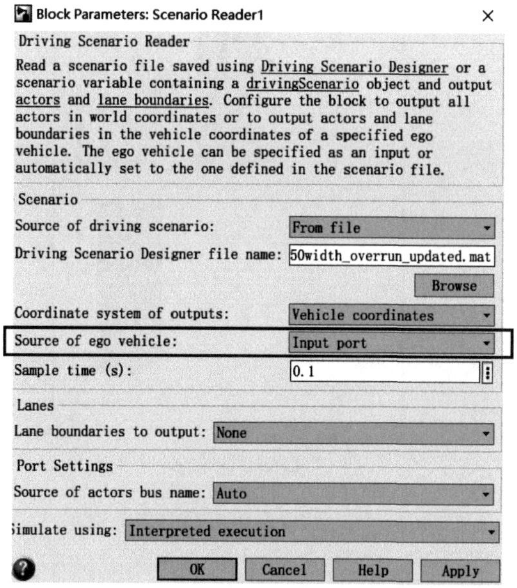

图 C-36　将本车来源（**Source of ego vehicle**）设置为 **Input port**

接下来删除现有的场景读取模块和后面的检测生成器并连接上复制进去的模块,然后可选择工具栏的 Auto Arrange 进行自动布局。效果如图 C-37 所示。

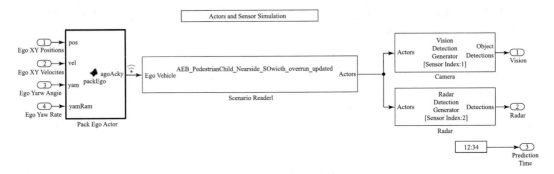

图 C-37　自动布局

最后运行仿真,步骤如图 C-29 所示。仿真效果如图 C-38 所示,可以看到,传感器方案已经变化。并且车辆同样能够实现自动紧急制动,从而避免与行人相撞。至此,不同传感器配置之下 AEB 算法的适用性测试完毕。

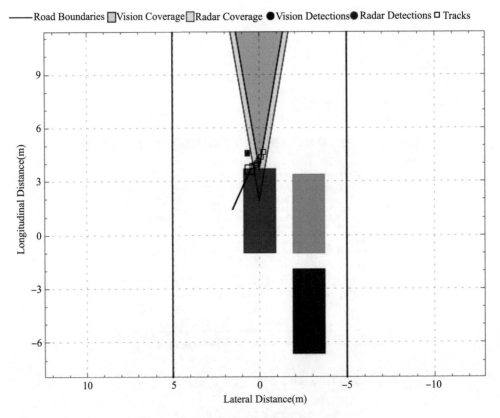

图 C-38　新传感器方案的仿真效果

C.3 路径规划案例

C.3.1 PRM方法

随机路径图法（Probabilistic Roadmap，PRM），将连续空间转换成离散空间，在路线图上寻找路径，以提高效率。

这种方法能用相对少的随机采样点找到一个解，对多数问题而言，相对少的样本足以覆盖大部分可行的空间，并且找到路径的概率为1。显然，当采样点过少，或者分布不合理时，PRM算法是不完备的，但是随着采样点的增加，也可以趋于完备。

PRM进行路径规划的步骤：

（1）学习阶段：在给定图的自由空间里随机撒点（自定义个数），构建一个路径网络图。

（2）查询阶段：查询从一个起点到一个终点的路径。

其中，学习阶段的输入为地图、随机采样点数量 n、扩展邻近点数量 k；输出为无向网络图 $G(V, E)$，V 为随机采样点集，E 为所有可能的两点之间的路径集。学习阶段的伪代码如下所示：

```
1:  V←∅
2:  E←∅
3:  while |V| < n do
4:     repeat
5:        q←a random configuration in Q
6:     until q is collision-free
7:     V←V∪{q}
8:  end while
9:  for all q∈V do
10:    N_q← the k closest neighbors of q chosen from V according to dist
11:    for all q'∈N_q do
12:       if (q,q')∉E and Δ(q,q')≠NIL then
13:          E←E∪{(q,q')}
14:       end if
15:    end for
16: end for
```

对于学习阶段，在Matlab中可以利用Robotics System Toolbox中的mobileRobotPRM对象进行实现。如图C-39所示。

这个距离值，在Matlab中是指以此值为半径的圆范围的采样点都进行扩展。

图C-40展示了不同 n 值下建立的无向网络图对比。图C-41展示了不同Distance值下建立的无向网络图对比。

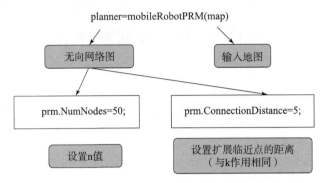

图 C-39　学习阶段

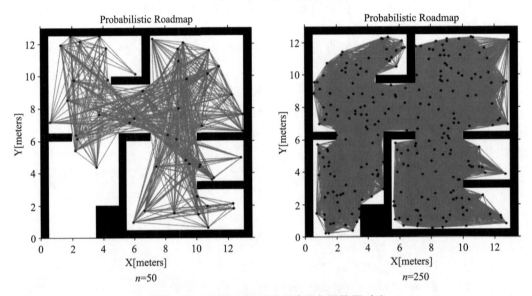

图 C-40　不同 n 值下建立的无向网络图对比

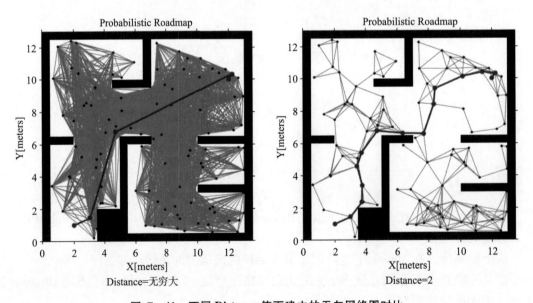

图 C-41　不同 Distance 值下建立的无向网络图对比

查询阶段的输入为无向网络图 $G(V, E)$、起点 s、终点 g，输出为连接 s 到 g 的可通行路径。

查询阶段可以由 Matlab 中 Robotics System Toolbox 的 findpath 函数实现，如图 C-42 所示。

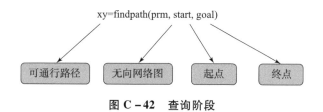

图 C-42 查询阶段

PRM 在计算地图上的无障碍路径时未考虑机器人尺寸，使用障碍物生长法可以避免由此带来的问题。如图 C-43 所示。

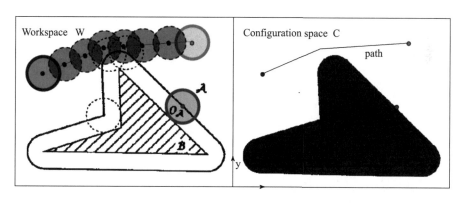

图 C-43 PRM 缺陷

在 Matlab 中可以利用 Robotics System Toolbox 中的 inflate 函数实现。如图 C-44 所示。

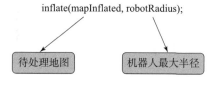

图 C-44 障碍物生长法

C.3.2 PRM 案例详解

下面将以 Matlab 案例 "Path Planning in Environments of Different Complexity" 为主线介绍 PRM 路径规划。该案例链接为：

https://ww2.mathworks.cn/help/robotics/examples/path-planning-in-environments-of-difference-complexity.html

在 Matlab 命令行中输入

```
1: openExample('robotics/PathPlanningExample')
```

首先，导入示例地图以规划路径。在命令行中输入如下命令：

```
1: load exampleMaps.mat
2: whos *Map*
```

变量查询结果如图 C-45 所示。

```
Name          Size          Bytes    Class      Attributes

complexMap    41x52         2132     logical
emptyMap      26x27         702      logical
simpleMap     26x27         702      logical
ternaryMap    501x501       2008008  double
```

图 C-45 whos *Map* 输出

接下来定义机器人尺寸并使用障碍物生长法。在命令行中输入如下命令：

```
1: % 设置机器人尺寸
2: robotRadius = 0.2;
3: % 障碍物生长法处理地图
4: mapInflated = copy(map); inflate(mapInflated,robotRadius);
5: % 显示地图
6: show(mapInflated)
```

接下来构造 PRM 并设置参数，命令如下：

```
1: % 构造 PRM
2: prm = mobileRobotPRM;
3: % 处理地图
4: prm.Map = mapInflated;
5: % 设置 n 值
6: prm.NumNodes = 50;
7: % 设置 Distance 值
8: prm.ConnectionDistance = 5;
```

接下来在构建的 PRM 上找到可行路径，命令如下：

```
1: % 设置起点和终点
2: startLocation = [2 1]; endLocation = [12 10];
3: % 查询路径
4: path = findpath(prm,startLocation,endLocation)
5: % 显示地图
6: show(prm)
```

结果如图 C-46 所示。

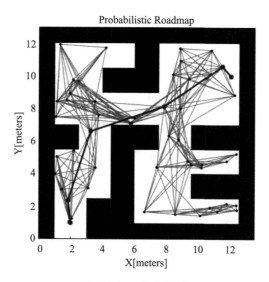

图 C – 46 仿真结果

接下来尝试对大型复杂的地图使用 PRM。图 C – 47 展示了复杂地图情形，可用如下代码获得：

```
1: % 选择复杂地图
2: map = binaryOccupancyMap(complexMap,1);
3: % 展示地图
4: show(map)
```

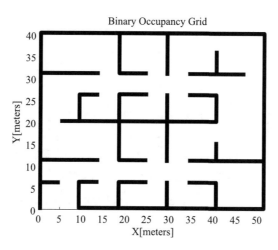

图 C – 47 大型复杂地图

定义机器人尺寸并使用障碍物生长法，代码如下：

```
1: mapInflated = copy(map);
2: inflate(mapInflated,robotRadius);
3: show(mapInflated)
```

效果如图 C-48 所示。

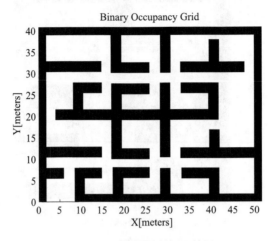

图 C-48　障碍物生长法效果

接下来对新地图构建 PRM 并设置参数，代码如下：

```
1: prm.Map = mapInflated;
2: prm.NumNodes = 20;
3: prm.ConnectionDistance = 15;
4: show(prm)
```

效果如图 C-49 所示。

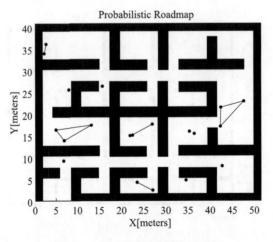

图 C-49　对新地图构建 PRM

接下来在构建的 PRM 上找到可行路径，代码如下：

```
1: startLocation = [3 3];
2: endLocation = [45 35];
3: path = findpath(prm,startLocation,endLocation);
```

```
4:  While isempty(path)
5:  % 找不到可行的路径,增加节点数
6:  prm.NumNodes = prm.NumNodes + 10;
7:  % 使用 update 函数重新创建属性更新的 PRM;
8:  update(PRM);
9:  % 使用更新的 PRM 搜索可行路径
10: path = findpath(prm,startLocation,endLocation);
11: end
12: path
13: show(prm)
```

最终显示地图效果如图 C-50 所示。

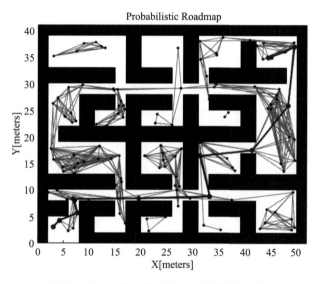

图 C-50　在构建的 PRM 上找到可行路径

C.4　路径跟踪案例

首先简单介绍 Matlab 中的 Stanley 横向控制器模块,如图 C-51 所示。Stanley 横向控制器模块计算转向角指令,以度为单位,根据车辆的当前速度和方向,调整车辆的当前位姿以匹配参考位姿。控制器使用 Stanley 方法计算该命令,其控制律基于运动学和动力学自行车模型。若要在模型之间进行更改,请使用车辆模型参数,如图 C-52 所示。其中,运动学自行车模型适用于低速环境,如停车场,惯性效应小;而动力学自行车模型适用于高速公路等惯性效应比较明显的高速环境下的路径跟随。

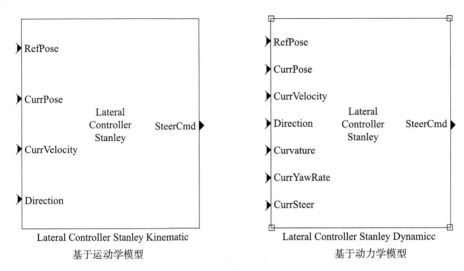

图 C-51　Stanley 横向控制器模块

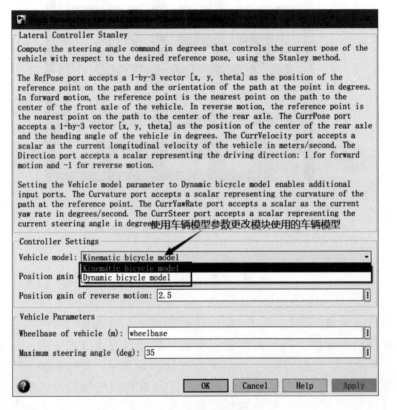

图 C-52　车辆模型

1. 模块端口

输入端口：

（1）RefPose——参考位姿 $[x, y, \theta]$。对于前进中的车辆，参考点是最接近车辆前轴中心的路径上的点，如图 C-53 所示。对于反向运动的车辆，参考点是最接近车辆后轴中心的路径上的点，如图 C-54 所示。

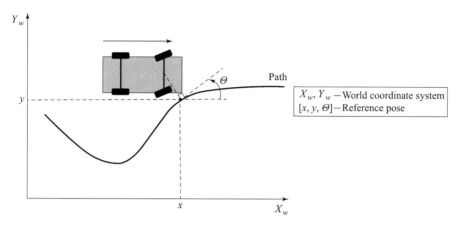

图 C-53　前进车辆的参考点

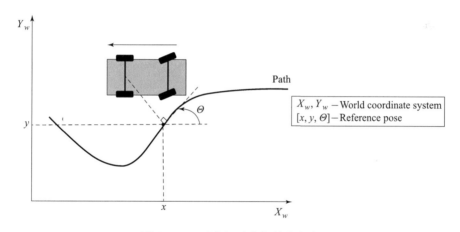

图 C-54　反向运动车辆的参考点

（2）CurrVelocity——当前纵向速度，单位为 m/s。如果车辆是向前运动的，那么这个值必须大于 0；如果车辆是反向运动，那么这个值必须小于 0；值为 0 表示车辆没有运动。

（3）Direction——车辆行驶方向。正向运动指定为 1，反向运动指定为 -1。驱动方向的确定用于计算转向角命令的位置误差和角度误差。

（4）Curvature——路径曲率（指定为动力学自行车模型）。在参考点处的路径曲率，以 rad/m 为单位。

（5）CurrYawRate——当前的偏航率（指定为动力学自行车模型）。当前偏航率是车辆角速度的变化率，以°/s 为单位。

（6）CurrSteer——当前转向角（指定为动力学自行车模型）。车辆的当前转向角，逆时针方向规定为正。

输出端口：

SteerCmd——转向角命令。

2. 模块参数

（1）Vehicle model——车辆模型（运动学/动力学自行车模型）；选择车辆模型的类型来设置模块所使用的 Stanley 方法控制律。

（2）Position gain of forward motion——车辆前向运动的位置增益。此值决定位置误差对转向角的影响程度。典型值在［1，5］范围内。增加该值以增加转向角的大小。

（3）Position gain of reverse motion——车辆反向运动的位置增益。此值决定位置误差对转向角的影响程度。典型值在［1，5］范围内。增加该值以增加转向角的大小。

（4）Yaw rate feedback gain——偏航率反馈增益（指定为动力学自行车模型）。这个值决定了当模块计算转向角命令时，给车辆当前偏航率的权重。

（5）Steering angle feedback gain——转向角反馈增益（指定为动力学自行车模型）。此值确定当前转向角命令 SteerCmd 和当前转向角 CurrSteer 之间的差异对下一个转向角命令的影响有多大。

（6）Wheelbase of vehicle——轴距（指定为运动学自行车模型），以 m 为单位。此值仅适用于车辆正向运动时，即方向输入端口为 1 时。

（7）Vehicle mass——车辆质量（指定为动力学自行车模型），以 kg 为单位。

（8）Longitudinal distance from center of mass to front axle——车辆质心到前轴的纵向距离（指定为动力学自行车模型），以 m 为单位。

（9）Longitudinal distance from center of mass to rear axle——车辆质心到后轴的纵向距离（指定为动力学自行车模型），以 m 为单位。

（10）Front tire corner stiffness——前轮侧偏刚度（指定为动力学自行车模型），以 N/rad 为单位。

（11）Maximum steering angle——车辆最大允许转向角，以°为单位。SteerCmd 端口的输出在［-M，M］范围内，其中 M 是最大转向角参数的值。低于 -M 的值设置为 -M。高于 M 的值设置为 M。

3. 模块算法

为了计算转向角命令，控制器将当前位姿相对于基准位姿的位置误差和角度误差最小化。需根据车辆的行驶方向确定这些误差值：

（1）当车辆正向运动时（方向参数为 1），位置误差是从前轴中心到路径上的参考点的横向距离；角度误差是前轮相对于参考路径的角度。

（2）当车辆反向运动时（方向参数为 -1），位置误差是从后轴中心到路径上的参考点的横向距离；角度误差是后轮相对于参考路径的角度。

C.4.1 在 Simulink 中建立横向控制模型

接下来基于前面介绍的 Stanley 横向控制器，建立一个横向控制模型。本节将以 Matlab 案例 "Lateral Control Tutorial" 为主线介绍，本例说明了如何在一个变换车道的场景中用 Simulink 中的横向控制模型来模拟车辆的横向控制，实现路径跟踪。该案例在以下链接：
https：//ww2. mathworks. cn/help/driving/examples/lateral - control - tutorial. html
在 Matlab 命令行中输入：

```
1: openExample('driving/LateralControlTutorialExample')
```

如图 C-55 所示，模型主要包含三个组件：横向控制器变体子系统、路径辅助分析模块、车辆和环境子系统。

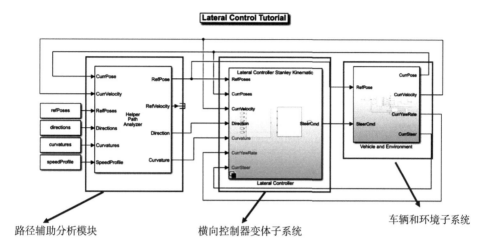

图 C-55　Simulink 横向控制模型

1. 横向控制器变体子系统

横向控制器变体子系统，变体模型包含两个横向控制器 Stanley 模块，如图 C-56 所示。一个配置了运动学自行车模型，另一个配置了动力学自行车模型。它们都可以控制车辆的转向角度。

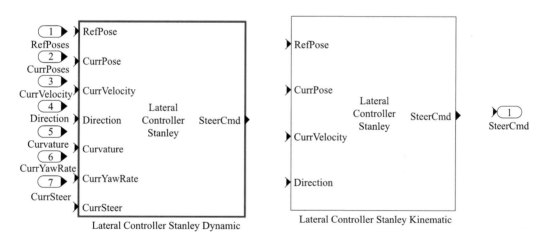

图 C-56　横向控制器变体子系统

可以从命令行指定活动的一个。例如，要选择右侧控制器 Stanley 运动块，使用以下命令：

```
1:  variant = 'LateralControlTutorial/Lateral Controller';
2:  set_param(variant,'LabelModeActivechoice','Kinematic');
```

两个横向控制器 Stanley 模块的参数设置如图 C-57 所示。

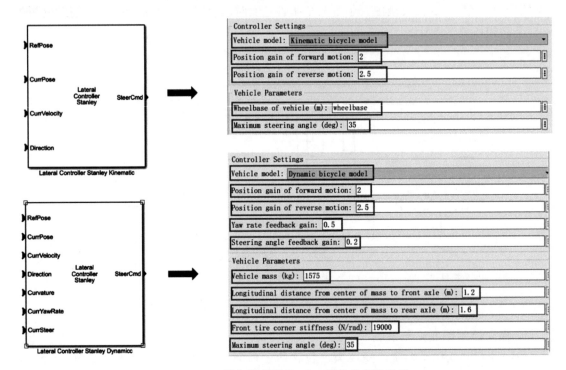

图 C-57 横向控制器 Stanley 模块的参数设置

2. 路径辅助分析模块

路径辅助分析模块为横向控制器提供参考信号。给定车辆的当前位姿，它通过搜索参考路径上与车辆最近的点来确定参考位姿。路径辅助分析模块是一个类定义函数。类名为 HelperPathAnalyzer。代码如下：

```
1:  classdef HelperPathAnalyzer < Matlab.System &...
2:          Matlab.system.mixin.Propagates &...
3:          Matlab.system.mixin.SampleTime &...
4:          Matlab.system.mixin.CustomIcon...
```

HelperPathAnalyzer 为车辆横向控制器提供参考输入，给定车辆的当前位姿，它通过搜索参考路径上与车辆最近的点来确定参考位姿和参考速度。

1）类属性

首先定义类属性。HasReferenceInports 标志，指示在 stepImp 中是否有 refPoses, Directions 和 SpeedProfile 输入，如图 C-58 所示。在 Matlab 中，所有这些值都是通过属性设置的，而在 Simulink 中，它们作为输入通过输入端口传递。代码如下：

```
1:  properties(Nontunable)
2:      Wheelbase = 2.8  % 车辆轴距(m)
3:  end
4:
5:  properties  % Matlab 公共属性
```

```
 6:            RefPoses       % 参考位姿
 7:            SpeedProfile   % 速度
 8:            Directions     % 方向
 9:            Curvatures     % 路径曲率
10:      end
11:
12:      properties(Nontunable,Logical)  % Simulink 公共属性
13:            HasResetOutput = false;  % 是否重置输出端口
14:      end
15:
16:      properties(Access = private,Nontunable,Logical)
17:            HasReferenceInports = false% 输出端口是否有输入
18:      end
```

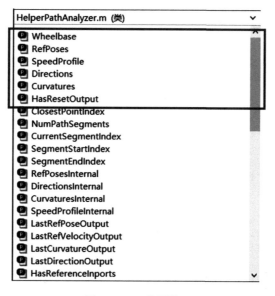

图 C-58　类属性 1

RefPosesinternal、Directionsinternal、Curvaturesinternal、SpeedProfileInternal 四个属性用于在系统对象中传输引用数据。根据对象执行的环境,它们在 Matlab 中由公共属性 RefPoses、SpeedProfile、Directions 和 Curvatures 分配,在 Simulink 中由输入端口分配,如图 C-59 所示。选择由 HasReferenceInports 属性决定。代码如下:

```
1:  properties(Access = private)
2:       ClosestPointIndex = 1    % 最近点的索引
3:       NumPathSegments = 1      % 路径的段数
4:       CurrentSegmentIndex = 1  % 当前路段的索引
5:       SegmentStartIndex        % 存储所有路段起始点索引
```

```
 6:         SegmentEndIndex    % 存储所有路段终点索引
 7:         % 用于在系统对象中传输引用数据
 8:         RefPosesinternal
 9:         Directionsinternal
10:         Curvaturesinternal
11:         SpeedProfileInternal
12:         % 存储上面四个属性的输出
13:         LastRefPoseOutput      = [0 0 0]
14:         LastRefVelocityOutput  = 0
15:         LastCurvatureOutput    = 0
16:         LastDirectionOutput    = 1
17:     end
```

图 C-59　类属性 2

2）类方法 1——设置属性值

在类中，可以使用属性 set 方法来验证分配给属性的值，如图 C-60 所示。代码如下：

```
1:  function obj = HelperPathAnalyzer(varargin)
2:      setProperties(obj,nargin,varargin{:},'RefPoses',...
3:          'SpeedProfile','Directions','Wheelbase');
4:  end
```

```
 5:
 6: function set.RefPoses(obj,refPoses)
 7: function set.Directions(obj,directions)
 8: function set.Curvatures(obj,kAPPas)
 9: function set.SpeedProfile(obj,speedProfile)
10: function set.Wheelbase(obj,wheelbase)
```

图 C-60　类方法——设置属性值

3）类方法 2——实现主要算法

实现主要算法的类方法如图 C-61 所示。

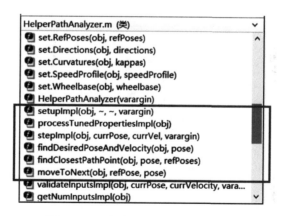

图 C-61　类方法——实现主要算法

使用 setupImpl 输入规范设置系统对象。setupImpl 在创建系统对象之后第一次运行时执行。它还在对象被释放后下一次运行该对象时执行。其定义如下：

```
1:  function setupImpl(obj,~,~,varargin)
2:      % setupImpl Perform one-time calculations
3:      obj.ClosestPointIndex = 1;
4:      obj.NumPathSegments = 1;
5:      obj.CurrentSegmentIndex = 1;
6:
7:      if isSimulinkBlock(obj) % In Simulink
8:          obj.HasReferenceInports = true;
9:
10:         obj.RefPosesinternal = nan(size(varargin{1}),'like',varargin{1});
11:         obj.Directionsinternal = nan(size(varargin{2}),'like',varargin{2});
12:         obj.Curvaturesinternal = nan(size(varargin{3}),'like',varargin{3});
13:         obj.SpeedProfileInternal = nan(size(varargin{4}),'like',varargin{4});
14:     else % In Matlab
15:         obj.HasReferenceInports = false;
16:     end
17: end
```

processTunedPropertiesImpl 在调用系统对象时,可调属性 RefPoses、SpeedProfile、Directions 发生变化时执行操作。代码如下:

```
1:  function processTunedPropertiesImpl(obj)
2:      % processTunedPropertiesImpl Perform actions when tunable
3:      % properties change between calls to the System object
4:      propChange = isChangedProperty(obj,'RefPoses')||...
5:          isChangedProperty(obj,'SpeedProfile')||...
6:          isChangedProperty(obj,'Directions');
7:      % 可调属性发生变化时执行该操作
8:      if propChange
9:          obj.CurrentSegmentIndex = 1;
10:         obj.ClosestPointIndex  = 1;
11:     end
12: end
```

stepImpl 实现主算法,返回参考位姿、速度、驱动方向信息。varargout 是 Simulink 中的一个可选输出 Reset,表示在引用路径内达到中间目标,即达到换向位置。代码如下:

附录 C Matlab 自动驾驶工具箱案例介绍

```matlab
1:  function [refPose, refVel, direction, curvature, varargout] = stepImpl(obj,...
2:          currPose,currVel,varargin)
3:      % stepImpl Implement the main algorithm and return the reference
4:      % pose,velocity and driving direction. varargout is an
5:      % optional output in Simulink that signifies reaching
6:      % intermediate goals within a reference path,i.e.,reaching
7:      % the direction-switching positions.
8:
9:      if obj.HasReferenceInports
10:         % Check if the reference path is new
11:         if ~isequal(obj.RefPosesinternal,varargin{1})
12:             obj.RefPosesinternal    = varargin{1};
13:             obj.Directionsinternal  = varargin{2};
14:             obj.Curvaturesinternal  = varargin{3};
15:             obj.SpeedProfileInternal = varargin{4};
16:
17:             obj.CurrentSegmentIndex = 1;
18:             obj.ClosestPointIndex   = 1;
19:         end
20:     else % In Matlab,values are from properties
21:         obj.RefPosesinternal    = obj.RefPoses;
22:         obj.Directionsinternal  = obj.Directions;
23:         obj.SpeedProfileInternal = obj.SpeedProfile;
24:         obj.Curvaturesinternal  = obj.Curvatures;
25:     end
26:
27:     % Divide the path to segments based on driving direction
28:     findSegmentBoundaryPointIndex(obj);
29:
30:     % Check if reaching the final goal. If yes,use the previous
31:     % outputs
32:     if obj.CurrentSegmentIndex > obj.NumPathSegments
33:         refPose   = obj.LastRefPoseOutput;
34:         refVel    = obj.LastRefVelocityOutput;
35:         direction = obj.LastDirectionOutput;
```

```
36:          curvature = obj.LastCurvatureOutput;
37:          if obj.HasResetOutput && isSimulinkBlock(obj)
38:              varargout{1} = 1;
39:          end
40:          return
41:      end
42:
43:      % Get the desired pose, desired velocity and driving direction
44:      [refPose,refVel,direction,curvature] = findDesiredPoseAndVelocity(obj,currPose);
45:
46:      % Check if the vehicle reaches the intermediate goal. If yes,
47:      % increment the path segment index and reset reference velocity
48:      % to zero as the vehicle needs to switch direction at the
49:      % intermediate goal positions
50:       currGoalIndex = obj.SegmentEndIndex(obj.CurrentSegmentIndex);
51:      nextGoal      = obj.RefPosesinternal(currGoalIndex,:);
52:      endRefVel     = obj.SpeedProfileInternal(currGoalIndex,:);
53:
54:      reset = 0;
55:      if helperGoalChecker(nextGoal,currPose,currVel,endRefVel,direction)
56:          obj.CurrentSegmentIndex = obj.CurrentSegmentIndex + 1;
57:          refVel = endRefVel;
58:          reset  = 1;
59:      end
60:
61:      if obj.HasResetOutput && isSimulinkBlock(obj)
62:          varargout{1} = reset;
63:      end
64:
65:      % Store the output
66:      obj.LastRefPoseOutput     = refPose;
67:      obj.LastRefVelocityOutput = refVel;
```

```
68:        obj.LastDirectionOutput    = direction;
69:        obj.LastCurvatureOutput    = curvature;
70:    end
```

输入与输出中的参考位姿、速度、驱动方向的不同处在于，输入的是一整条路径上的所有的参考位姿，而输出的是在搜索了参考路径上与当前位姿最近的点后确定的的参考位姿、速度、驱动方向。

stepImpl 函数中调用了多个其他的函数。findSegmentBoundaryPointIndex 函数的作用是将路径根据行驶方向分为多段；findDesiredPoseAndVelocity 函数根据当前位姿确定所需的位姿和速度，所需的位姿是通过搜索该段参考路径上最近的点来确定的，要求的速度是与最近点对应的速度；findDesiredPoseAndVelocity 函数根据当前位姿确定所需的位姿和速度，所需的位姿是通过搜索该段参考路径上最近的点来确定的，要求的速度是与最近点对应的速度，helperGoalChecker 函数通过计算当前位置与目标参考位置的距离，并与设定的距离进行比较，来确定当前位姿是否已到达目标位姿；findDesiredPoseAndVelocity 函数、findClosestPathPoint 函数、moveToNext 函数层层调用，以确定当前路段的参考位姿和速度。

4）类方法3——通用方法

接下来，validateInputsImpl 函数在初始化时验证主算法中的输入，getNumInputsImpl 函数定义系统的输入总数，getNumOutputsImpl 函数定义系统的输出总数，saveObjectImpl 函数设置结构 s 的属性，并附上对象 obj 中的值，loadObjectImpl 函数设置对象 obj 结构 s 的属性，并附上结构 s 中的值。它们共同组成了路径辅助分析模块的通用方法，如图 C-62 所示。

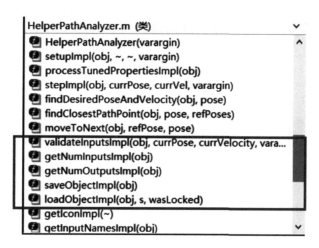

图 C-62 类方法——通用方法

5）类方法4——仅用于 Simulink 的方法

getIconImpl 函数为系统模块定义图标，getInputNamesImpl 函数定义系统模块输入端口名称，getOutputNamesImpl 函数定义系统模块输出端口名称，getOutputSizeImpl 函数定义每个输出端口的数据大小，getOutputDataTypeImpl 函数定义每个输出端口的数据类型，isOutputComplexImpl 函数对于具有复杂数据的每个输出端口返回 true，isOutputFixedSizeImpl

函数对于每个固定大小的输出端口返回 true，isinputSizeMutableImpl 函数在对系统对象的调用不能更改输入大小时返回 false，isinactivePropertyImpl 函数在属性基于对象配置可见时返回 false。

6）类方法 5、6——Simulink 对话框及公用函数

getPropertyGroupsImpl 函数为系统块对话框定义属性部分；isSimulinkBlock 函数检查系统对象是否在 Simulink 中使用，若在 Matlab 中使用则返回 0，在 Simulink 中使用则返回 1；findSegmentBoundaryPointIndex 函数根据行驶方向将路径划分为多段。

3. 车辆和环境子系统

车辆和环境子系统使用一个车身三自由度模块来模拟车辆的运动。子系统还通过使用场景读取模块从 LateralControl.mat 场景文件中读取道路和参与者来对环境建模。如图 C-63 所示。

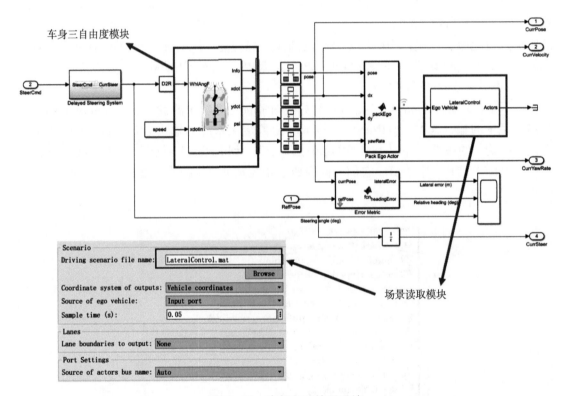

图 C-63　车辆和环境子系统

Pack ego Actor 函数将自主车辆信息打包到一个自主参与者总线中，此输出是 BusActorsActors 类型的总线，这是场景阅读器用于输出单个参与者的相同总线。Error Mertic 函数通过比较当前位姿和参考位姿，计算转向角命令的位置误差和角度误差。

4. 驾驶场景的创建

该场景是使用 Driving Scenario Designer APP 创建的。场景中包括一条单向三车道的道路和自主车辆。场景创建可参考本附录 C.2 节。

如图 C-64~图 C-67 所示，驾驶场景创建步骤如下：

（1）创建一个新的驾驶场景。打开应用程序，在 Matlab 命令行下，输入

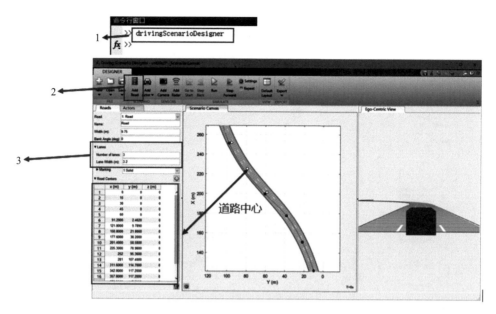

图 C-64 驾驶场景的创建 1

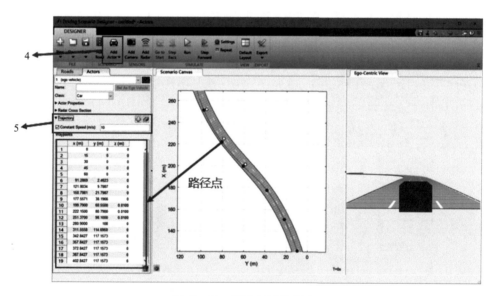

图 C-65 驾驶场景的创建 2

drivingScenarioDesigner。

(2) 在场景画布中添加一条弯曲的道路。在应用程序工具栏上,单击 Add Road。单击画布的一个角落,将道路延伸到对面的拐角,然后双击创建道路。右击道路中间,可选择"添加道路中心",增加多个道路中心。单击并拖动任何道路中心,可调整道路,使道路弯曲。

(3) 添加行车线。默认情况下,该道路为单线,并无行车标记。为了使情况更加现实,把这条路变成一条三车道单向公路。在左侧窗格中,在"道路"选项卡上,展开

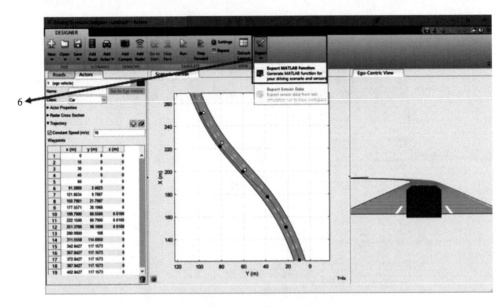

图 C-66 驾驶场景的创建 3

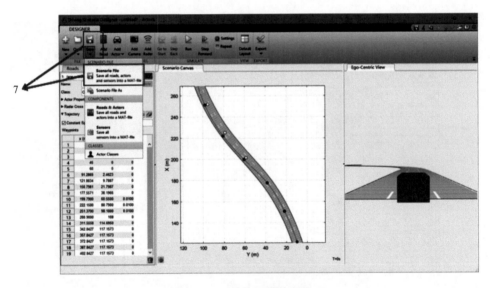

图 C-67 驾驶场景的创建 4

"车道"部分。将车道数设置为 3，车道宽度设置为 3.2 m。

（4）添加车辆。在应用程序工具栏上，单击 Add Actor。默认情况下，添加到场景中的第一辆车是自主车辆，它是驾驶场景中的主车。该自主车辆包含传感器，用于检测场景中的车道标记、行人或其他车辆。

要指定汽车的轨迹，右击汽车，选择"添加路径点"，并沿道路添加供汽车通过的路径点。在沿途添加最后一个路径点后，按 Enter 键。汽车自动转向第一个方向。

（5）调整车速。在左窗格中，在 Actors 选项卡上，将恒速设置为 10 m/s。若要更多地控制汽车的速度,请清除"恒速"复选框,并在"路径点"表中设置"路径点之间的速度"。

(6) 点击 Export > ExportMatlabFunction 按钮将场景作为 Matlab 函数从 APP 中导出,导出的函数名为 helperCreateDrivingScenario。

(7) 场景中的道路和参与者被保存到场景文件 LateralControl.mat 中。

C.4.2　在 Simulink 中运行模型以测试横向控制器

测试步骤如下:

(1) 打开模型同时运行 helperLateralControlTutorialSetup 脚本,该脚本初始化模型使用的数据。脚本加载 Simulink 模型所需的某些常量,如车辆参数、控制器参数、道路场景和参考位姿。其中,脚本调用先前导出的函数 helperCreateDrivingScenario 来构建场景,调用 helperCreateReferencePath 函数生成参考位姿、行驶速度、行驶方向等信息。该脚本还通过调用 helperCreateLaneSensorBuse 设置模型所需的总线。

(2) 运行 LateralControlTutorialExample 脚本,该脚本为主程序。helperPlotRoadAndPath 函数可画出场景道路和参考路径,如图 C-68 所示。还可以在使用车辆和环境子系统中的示波器来检查控制器在车辆遵循计划路径时的性能,如图 C-69 所示。示波器显示最大偏离路径偏差小于 0.3 m,最大转向角量值小于 3°。为了减少转向指令的横向偏差和振动,使用横向控制器 Stanley 的动力学模块,并再次模拟模型,示波器结果如图 C-70 所示。运行结果显示,与横向控制器 Stanley 运动学模块相比,横向控制器 Stanley 动力学模块具有更好的路径跟踪性能,且与参考路径的横向偏差较小。

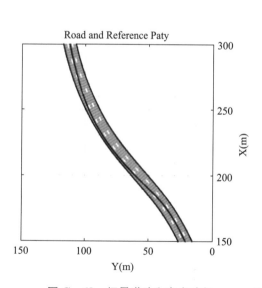

图 C-68　场景道路和参考路径

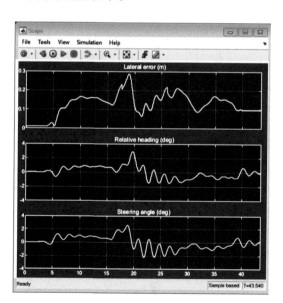

图 C-69　检查控制器在车辆遵循计划路径时的性能 1

(3) Bird's-Eye Scope(鸟瞰图)仿真分析。在 Simulink 工具栏"模拟"选项卡上的"查看结果"下,单击"鸟瞰范围"。打开示波器后,单击"查找信号"以设置信号。然后运行模拟来显示车辆、道路边界和车道标记。图 C-71 显示了这个例子中 25 s 的鸟瞰范围。就在这时,车辆转换到了左边车道。

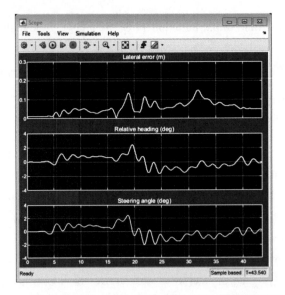

图 C-70 检查控制器在车辆遵循计划路径时的性能 2

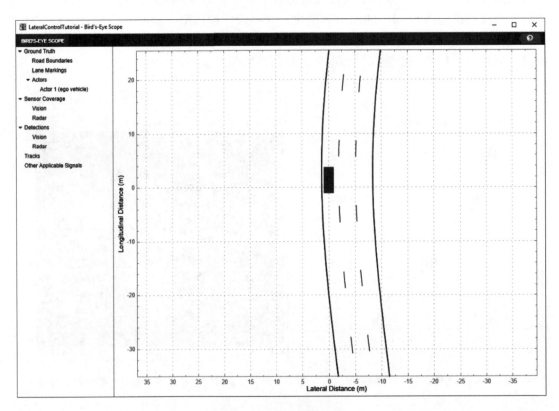

图 C-71 鸟瞰图分析

参考文献

[1] 陈慧岩, 熊光明, 龚建伟, 等. 智能车辆理论与应用 [M]. 北京: 北京理工大学出版社, 2018.

[2] 陈慧岩, 熊光明, 龚建伟. 无人驾驶车辆理论与设计 [M]. 北京: 北京理工大学出版社, 2018.

[3] 陈慧岩, 熊光明, 龚建伟, 等. 无人驾驶汽车概论 [M]. 北京: 北京理工大学出版社, 2014.

[4] 龚建伟, 姜岩, 徐威. 无人驾驶车辆模型预测控制 [M]. 北京: 北京理工大学出版社, 2014.

[5] 熊光明, 高利, 吴绍斌, 等. 无人驾驶车辆智能行为及其测试与评价 [M]. 北京: 北京理工大学出版社, 2015.

[6] Nitao J J, Parodi A M. An Intelligent pilot for an autonomous vehicle system [C] // Artificial Intelligence Applications, Caia 1985, The Engineering of Knowledge-Based Systems, Proceedings of the Second Conference, Miami Beach, Florida, Usa, December. DBLP, 1985: 176-183.

[7] Assembly bill No. 511-committee on transportation [EB/OL]. http://www.leg.state.nv.us/Session/76th2011/Reports/history.cfm?ID=1011, 2011-03-28.

[8] SB 1298, autonomous vehicles: safety and performance requirements [EB/OL]. ftp://leginfo.ca.gov/pub/11-12/bill/sen/sb_1251-1300/sb_1298_bill_20120925_chaptered.pdf, 2012-09-25/2012-09-26.

[9] 国务院关于印发《中国制造2025》的通知 [EB/OL]. http://www.gov.cn/zhengce/content/2015-05/19/content_9784.htm, 2005-05-08/2005-05-19.

[10] 中共中央 国务院印发《交通强国建设纲要》 [EB/OL]. http://www.gov.cn/gongbao/content/2019/content_5437132.htm, 2019-09-19.

[11] 关于印发《智能汽车创新发展战略》的通知 [EB/OL]. http://www.gov.cn/zhengce/zhengceku/2020-02/24/content_5482655.htm, 2020-02-10.

[12] SAE levels of driving automation [EB/OL]. http://cyberlaw.stanford.edu/blog/2013/12/sae-levels-driving-automation, 2013-12-18.

[13] Taxonomy and definitions for terms related to driving automation systems for on-road motor vehicles [EB/OL]. https://www.sae.org/standards/content/j3016_201806/, 2018-06-15.

[14]《汽车驾驶自动化分级》推荐性国家标准报批公示 [EB/OL]. http://www.miit.gov.cn/

n1146290/n1146402/c7797460/content.html,2020-03-09.

[15] Madhavan R, Messina E, Albus J S. Intelligent vehicle systems: A 4D/RCS approach [M]. New York: Nova Science Publishers, 2006.

[16] Urmson Chris, Anhalt Joshua, Bagnell Drew, et al. Autonomous driving in urban environments: Boss and the urban challenge [J]. Journal of Field Robotics, 2008, 25 (8): 425-466.

[17] 原堃. 猛士铁甲 4×4 轮式车横向控制技术研究 [D]. 北京: 北京理工大学, 2008.

[18] 洪涛. 基于无刷直流电机的智能车辆自动转向系统研究 [D]. 北京: 北京理工大学, 2011.

[19] 陈志刚. 电动液压转向助力系统仿真试验平台研究 [D]. 长沙: 湖南大学, 2013.

[20] Jonner W. D, Winnner H, Dreilich L, et al. Electrohydraulic brake system – The first approach to brake-by-wire technology [J]. Object Detection Collision Warning & Avoidance Systems, 1996, 10: 4271/960991.

[21] Durali L, Khajepour A, Jeon S. Design and optimization of a cam-actuated electrohydraulic brake system [J]. Proceedings of the Institution of Mechanical Engineers Part D Journal of Automobile Engineering, 2017, 232 (7): 095440701771310.

[22] 张瑞琳. 自动驾驶车辆电控制动技术研究 [D]. 北京: 北京理工大学, 2016.

[23] 孙兆亮. 丰田陆地巡洋舰纵向电控技术研究 [D]. 北京: 北京理工大学, 2018.

[24] 刘晓辉. 总泵助力式线控动系统的研究 [D]. 北京: 清华大学, 2018.

[25] Automated driving toolbox? User's guide [EB/OL]. https://www.mathworks.com/products/automated-driving.html.

[26] 高翔. 视觉 SLAM 十四讲: 从理论到实践 [M]. 北京: 电子工业出版社, 2017.

[27] Zhang Z. A flexible new technique for camera calibration [J]. IEEE Transactions on Pattern Analysis & Machine Intelligence, 2000, 22 (11): 1330-1334.

[28] TSAI, Roger Y. A versatile camera calibration technique for high-accuracy 3D machine vision metrology using off-the-shelf TV cameras and lenses [C] // IEEE Conference on Computer Vision & Pattern Recognition, 1987.

[29] Camera calibration toolbox for Matlab [EB/OL]. http://www.vision.caltech.edu/bouguetj/calib_doc/htmls/example.html.

[30] Gonzalez, Rafael C, Richard Eugene Woods, Steven L. Eddins. Digital image processing using Matlab [M]. India: Pearson Education, 2004.

[31] Viola P, Jones M. Rapid object detection using a boosted cascade of simple features [C] // Computer vision and pattern recognition, 2001. CVPR 2001. Proceedings of the 2001 IEEE Computer Society Conference on. IEEE, 2003: I-511-I-518 vol. 1.

[32] 毛星云, 冷雪飞. OpenCV3 编程入门 [M]. 北京: 电子工业出版社, 2015.

[33] HDL-32E User Manual, Velodyne LiDAR [EB/OL]. https://gpsolution.oss-cn-beijing.aliyuncs.com/manual/LiDAR/MANUAL%2CUSERS%2CHDL32E.pdf, 201-04-12.

[34] Lindner P, Richter E, Wanielik G, et al. Multi-channel lidar processing for lane detection and estimation [C] // 2009 12th International IEEE Conference on Intelligent Transportation

Systems. IEEE, 2009.

［35］黄安埠. 深入浅出深度学习原理剖析与 Python 实践［M］. 北京：电子工业出版社，2017.

［36］李玉鑑，张婷，单传辉，等. 深度学习-卷积神经网络从入门到精通［M］. 北京：机械工业出版社，2018.

［37］Lan Goodfellow, Yoshua Bengio, Aaron courville. Deep learning［M］. 北京：人民邮电出版社，2017.

［38］魏秀参. 解析卷积神经网络——深度学习实践手册［M］. 北京：电子工业出版社，2018.

［39］李航. 统计学习方法［M］. 北京：清华大学出版社，2012.

［40］J. Redmon, A. Farhadi. Yolov3：An incremental improvement［J］. ArXiv e–prints, 2018.

［41］Convolutional neural networks for visual recognition［EB/OL］. http：//cs231n.stanford.edu/，2020-06-30.

［42］交通标志检测和识别［EB/OL］. https：//ww2.mathworks.cn/help/deeplearning/examples/traffic-sign-detection-and-recognition.html? lang=en.

［43］Forward collision warning using sensor fusion［EB/OL］. https：//ww2.mathworks.cn/help/driving/examples/forward-collision-warning-using-sensor-fusion.html.

［44］张海鸣. 基于多传感器信息融合的多目标检测与跟踪研究［D］. 北京：北京理工大学，2019.

［45］Grisetti G, Stachniss C, Burgard W. Improved techniques for grid mapping with rao-blackwellized particle filters［J］. IEEE Transactions on Robotics, 2007, 23（1）：34-46.

［46］Kohlbrecher S, Stryk O V, Meyer J, et al. A flexible and scalable SLAM system with full 3D motion estimation［C］// IEEE International Symposium on Safety. IEEE, 2011.

［47］Konolige K, Grisetti G, Rainer Kümmerle, et al. Efficient sparse pose adjustment for 2D mapping［C］// IEEE/RSJ International Conference on Intelligent Robots & Systems. IEEE, 2010.

［48］Zhang J, singh S. LOAM：Lidar odometry and mapping in real-time［C］//Robotics：Science and Systems. 2014.

［49］Hess W, Kohler D, Rapp H, et al. Real-time loop closure in 2D LIDAR SLAM［C］// 2016 IEEE International Conference on Robotics and Automation（ICRA）. IEEE, 2016.

［50］Davison A J, Reid I D, Molton N D, et al. MonoSLAM：real-time single camera SLAM［J］. IEEE Transactions on Pattern Analysis and Machine Intelligence, 2007, 29（6）：1052-1067.

［51］Klein G, Murray D. Parallel tracking and mapping for small AR workspaces［C］// ACM, 2007.

［52］Engel J, Schps T, Cremers D. LSD-SLAM：Large-scale direct monocular SLAM［C］// European Conference on Computer Vision. Springer, cham, 2014.

[53] Forster C, Pizzoli M, Davide S. SVO: Fast semi-direct monocular visual odometry [C] // IEEE International Conference on Robotics & Automation. IEEE, 2014.

[54] Mur-Artal R, Montiel J M, Tardos J D. ORB-SLAM: A versatile and accurate monocular SLAM system [J]. IEEE Transactions on Robotics, 2015, 31 (5): 1147-1163.

[55] Wei J, Snider J M, Gu T, et al. A behavioral planning framework for autonomous driving [C] // Intelligent Vehicles Symposium Proceedings. IEEE, 2014: 458-464.

[56] Introduction to the A* Algorithm from red blob games [EB/OL]. https://www.redblobgames.com/pathfinding/a-star/introduction.html, 2020-07.

[57] Likhachev M, Ferguson D. Planning long dynamically feasible maneuvers for autonomous vehicles [J]. International Journal of Robotics Research, 28 (8): 933-945.

[58] Dubins L E. On curves of minimal length with a constraint on average curvature, and with prescribed initial and terminal positions and tangents [J]. American Journal of mathematics, 1957, 79 (3): 497-516.

[59] Reeds J A, Shepp L A. Optimal paths for a car that goes both forwards and backwards [J]. Pacific Journal of Mathematics, 1990, 145 (2): 367-393.

[60] Lavalle S M. Rapidly-exploring random trees: A new tool for path planning [J]. Computer ence, 1998, 98 (3): 5-7.

[61] Planning algorithms [EB/OL]. http://planning.cs.uiuc.edu/, 2012-04-20.

[62] Karaman S, Frazzoli E. Incremental sampling-based algorithms for optimal motion planning [J]. The International Journal of Robotics Research, 2010.

[63] Ros-planning/navigation [EB/OL]. https://github.com/ros-planning/navigation.git.

[64] Benjamin Shamah, Michael D. Wagner, Stewart Moorehead, et al. Steering and control of a passively articulated robot [J]. Proceedings of SPIE-The International Society for Optical Engineering, 2001, 4571: 96-107.

[65] Thrun S, Montemerlo M, Dahlkamp H, et al. Stanley: The robot that won the DARPA Grand Challenge [J]. Journal of field Robotics, 2006, 23 (9): 661-692.

[66] Robotics toolbox [EB/OL]. https://petercorke.com/toolboxes/robotics-toolbox.

[67] Corke P. Robotics, Vision and control: fundamental algorithms in Matlab second, completely revised [J]. Industrial Robot, 2017, 39 (6): 75-85.

[68] Englund C, Chen L, Ploeg J, et al. The grand cooperative driving challenge 2016: boosting the introduction of cooperative automated vehicles [J]. IEEE Wireless Communications, 2016, 23 (4): 146-152.

[69] Levent G, Ismail M, et al. Cooperative adaptive cruise control implementation of team mekar at the grand cooperative driving challenge [J]. IEEE Transactions on Intelligent Transportation Systems, 2012, 13 (3): 1062-1074.

[70] 两部门关于印发《国家车联网产业标准体系建设指南（智能网联汽车）》的通知 [EB/OL]. http://www.miit.gov.cn/n1146295/n1652858/n1652930/n3757016/c5996021/content.html, 2017-12-27/2017-12-29.

[71] 工业和信息化部关于印发《车联网（智能网联汽车）产业发展行动计划》的通知

[EB/OL]. http：//www. miit. gov. cn/n1146285/n1146352/n3054355/n3057497/n3057498/c6564019/content. html, 2018-12-25/2018-12-27.

[72] Perry L, Roberto H, Luis A, et al. An AVHS link layer controller for traffic flow stabilization [R]. CALIFORNIA PARTNERS FOR ADVANCED TRANSIT AND HIGHWAYS, 1995.

[73] 关于征求《公路工程适应自动驾驶附属设施总体技术规范（征求意见稿）》意见的函［EB/OL］. http：//xxgk. mot. gov. cn/jigou/glj/202004/t20200426_3367226. html, 2020-04-26.

[74]《北京市加快新型基础设施建设行动方案（2020—2022 年）》发布［EB/OL］. http：//www. beijing. gov. cn/fuwu/lqfw/ztzl/xytxms/zxxx/202006/t20200610_1922075. html, 2020-06-10.

[75] 杭绍甬高速打造中国首条"智慧高速"［EB/OL］. http：//www. xiaoshan. gov. cn/art/2019/12/2/art_1302903_40702919. html, 2019-12-02.

[76] 王诗源. 与匝道车辆交互的无人驾驶汽车避撞系统研究［D］. 北京：北京理工大学, 2015.

[77] 三部委关于印发《智能网联汽车道路测试管理规范（试行）》的通知［EB/OL］. http：//www. miit. gov. cn/n1146295/n1652858/n1652930/n3757018/c6128243/content. html, 2018-04-03/2018-04-11.

[78] 北京市经济和信息化委员会 北京市交通委员会 北京市公安局公安交通管理局关于印发《北京市自动驾驶车辆道路测试能力评估内容与方法（试行）》和《北京市自动驾驶车辆封闭测试场地技术要求（试行）》的通知［EB/OL］. http：//jxj. beijing. gov. cn/jxdt/tzgg/201911/t20191113_505861. html, 2018-02-02.

[79] 北京市交通委员会 北京市公安局公安交通管理局 北京市经济和信息化局关于印发《北京市自动驾驶车辆测试道路管理办法（试行）》的通知［EB/OL］. http：//jxj. beijing. gov. cn/jxdt/tzgg/201911/t20191113_506436. html.

[80] 北京市交通委员会 北京市公安局公安交通管理局 北京市经济和信息化局关于印发《北京市自动驾驶车辆测试道路要求（试行）》的通知［EB/OL］. http：//jxj. beijing. gov. cn/jxdt/tzgg/201911/t20191113_506060. html, 2019-06-28.

[81] UN regulations on cybersecurity and software updates to pave the way for mass roll out of connected vehicles［EB/OL］. https：//www. unece. org/? id=54667, 2020-06-25.

[82] UN regulation on automated lane keeping systems is milestone for safe introduction of automated vehicles in traffic［EB/OL］. https：//www. unece. org/? id=54669, 2020-06-25.

[83] 杭绍甬"智慧高速"助力高水平交通强省建设［EB/OL］. http：//fzggw. zj. gov. cn/art/2020/4/28/art_1620995_42740492. html, 2020-04-28.

[84] Preparing for the future of transportation：Automated vehicles 3.0［EB/OL］. https：//www. transportation. gov/av/3, 2018-10-04.

[85] The ITS JPO's new strategic plan for the first half of the decade［EB/OL］. https：//www. its. dot. gov/stratplan2020/index. htm.

[86] Virtual robot experimentation platform USER MANUAL［EB/OL］. http：//www.

coppeliarobotics. com/helpFiles/.

[87] Programming in Lua [EB/OL]. http://www.lua.org/pil/index.html, 2020-06-03.

[88] Driving scenario tutorial [EB/OL]. https://ww2.mathworks.cn/help/driving/examples/driving-scenario-tutorial.html.

[89] Automated driving toolbox [EB/OL]. https://ww2.mathworks.cn/help/driving/ref/drivingscenariodesigner-APP.html.

[90] Create driving scenario variations programmatically [EB/OL]. https://ww2.mathworks.cn/help/driving/ug/create-driving-scenario-variations-programmatically.html.

[91] Generate sensor detection blocks using driving scenario designer [EB/OL]. https://ww2.mathworks.cn/help/driving/ug/generate-sensor-detection-blocks-using-driving-scenario-designer.html.

[92] Path planning in environments of different complexity [EB/OL]. https://ww2.mathworks.cn/help/robotics/examples/path-planning-in-environments-of-difference-complexity.html.

[93] Kavraki L E, Svestka P, Latombe J C, et al. Probabilistic roadmaps for path planning in high-dimensional configuration spaces [J]. IEEE transactions on Robotics and Automation, 1996, 12 (4): 566-580.

[94] Lateral control tutorial [EB/OL]. https://ww2.mathworks.cn/help/driving/examples/lateral-control-tutorial.html.

[95] Hoffmann, Gabriel M., Claire J. Tomlin, et al. Autonomous automobile trajectory tracking for off-road driving: Controller design, experimental validation and racing [J]. American Control Conference. 2007, 2296–2301.

彩　　插

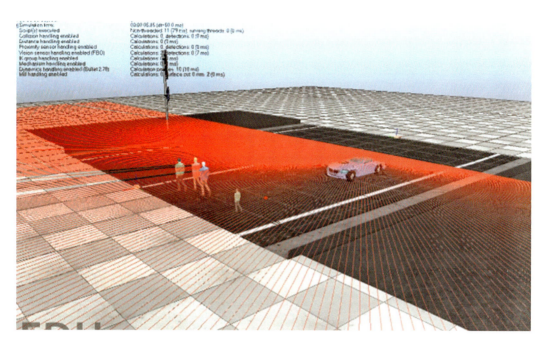

图 3-8　单线激光遇到行人过马路时仿真场景

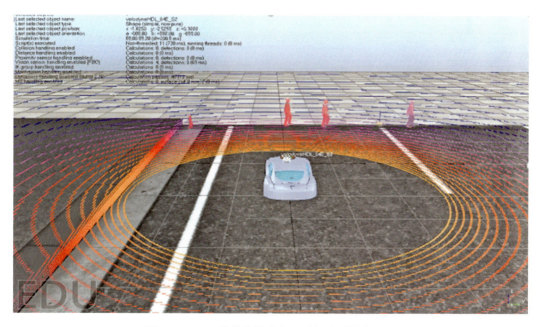

图 3-14　64 线激光雷达在遇到行人时仿真场景

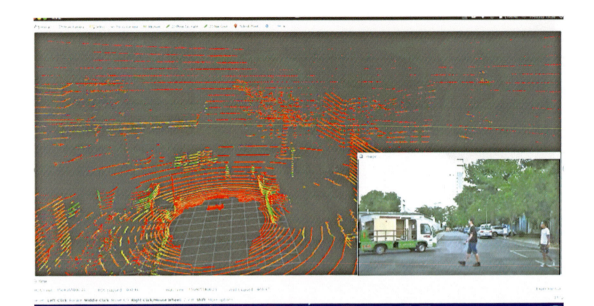

图 3-15　实验车辆在校园环境采取的数据回放

表 3-1　毫米波雷达目标数据示例

字节\位	7	6	5	4	3	2	1	0
0	0	0	0	0	0	1	1	1
1	0	0	0	0	1	0	1	0
2	0	0	0	0	1	1	1	0
3	0	0	0	0	1	0	1	0
4	0	0	0	0	1	0	1	0
5	0	0	0	0	0	0	0	1
6	0	0	0	0	1	0	0	0
7	0	0	0	0	1	0	1	0

■ 角度（°）　■ 距离（dm）　■ 速度（cm/s）

图 4-27　激光雷达点云与图像融合

图 5-15 灰度化示意图

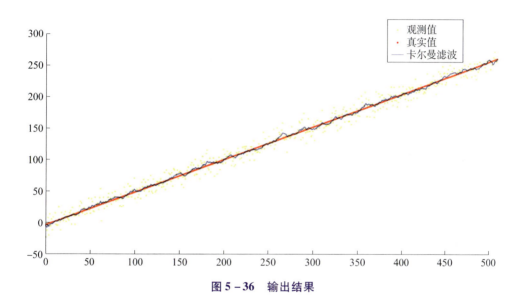

图 5-36 输出结果

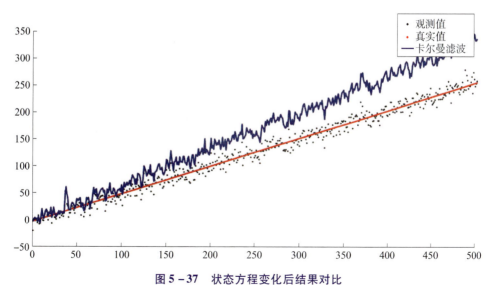

图 5-37 状态方程变化后结果对比

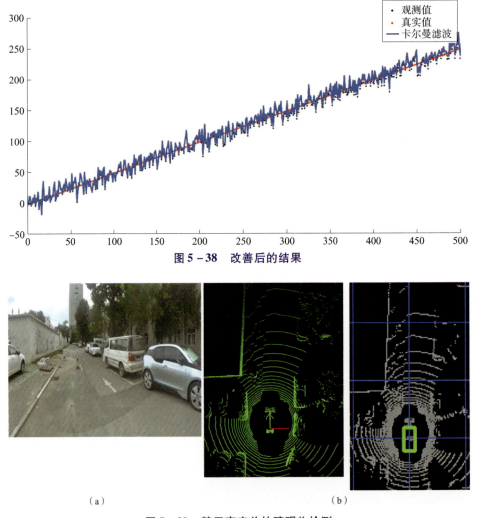

图 5-38 改善后的结果

图 5-39 基于高度差的障碍物检测
(a) 场景实物图；(b) 点云图和二维栅格地图

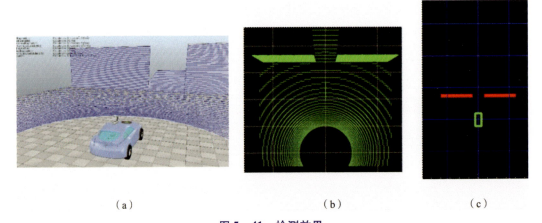

图 5-41 检测效果
(a) 原始场景；(b) 点云可视化；(c) 检测效果

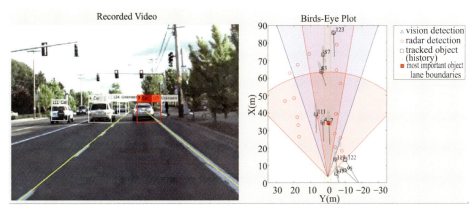

图 5-59　演示结果

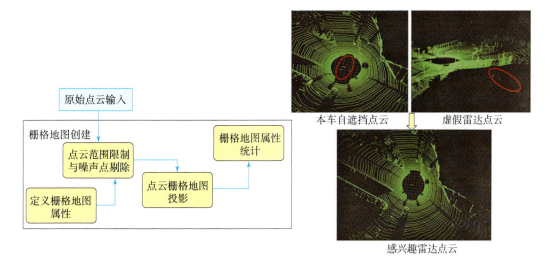

图 5-61　点云的预处理流程

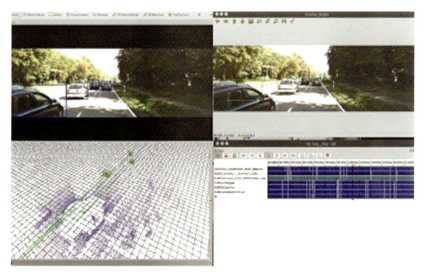

图 5-64　多目标检测与跟踪的效果图

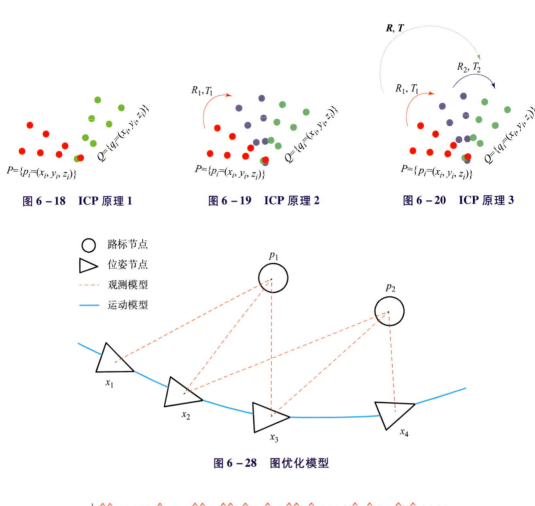

图 6-18 ICP 原理 1

图 6-19 ICP 原理 2

图 6-20 ICP 原理 3

图 6-28 图优化模型

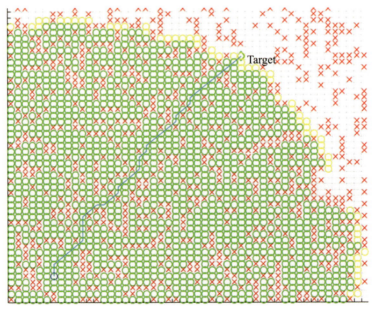

图 7-11 Dijkstra 算法 Matlab 示例 2

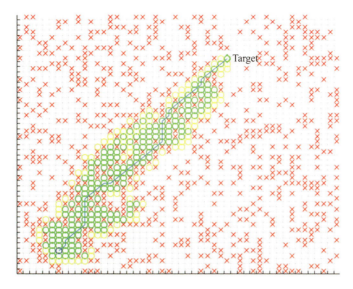

图 7-15 A*算法 Matlab 示例

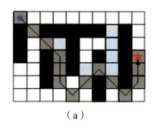
（a）

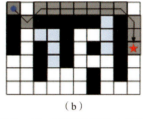
（b）

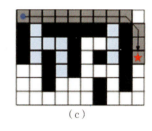
（c）

图 7-16 不同权重的 A*算法
（a）$\varepsilon=3$；（b）$\varepsilon=2$；（c）$\varepsilon=1$

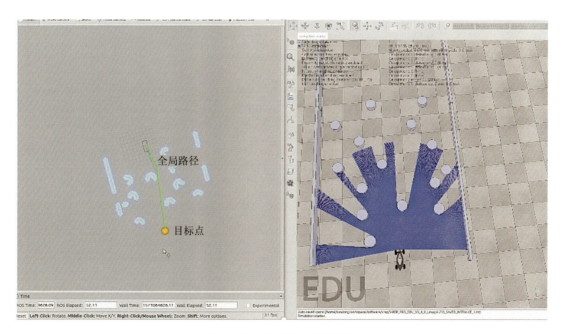

图 7-28 仿真运行起始阶段

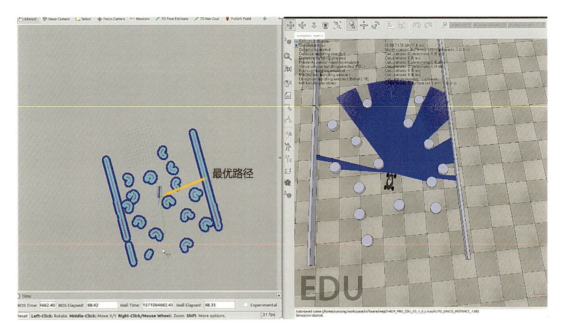

图 7-29　仿真运行中间阶段

图 8-7　联合仿真场景

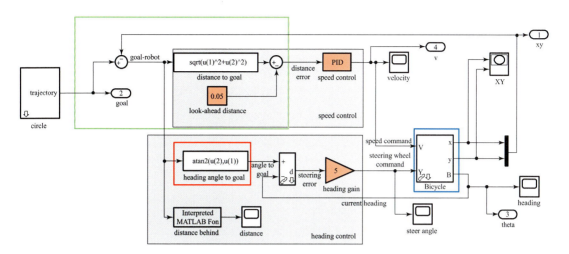

图 8-13　PID 控制系统模型

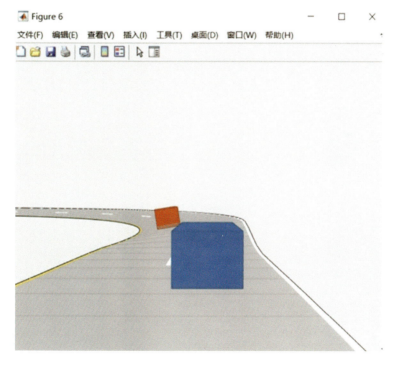

图 C-14　仿真场景

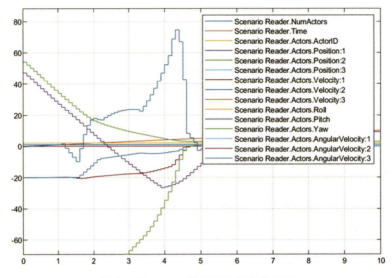

图 C–26 actor 的位姿和速度曲线图